MANFRED KOCH-HILLEBRECHT

Der Stoff,
aus dem die Dummheit ist

Eine Sozialpsychologie der Vorurteile

VERLAG C.H. BECK MÜNCHEN

Mit zahlreichen Abbildungen, Schaubildern und Tabellen im Text.

Das Umschlagbild („Fußschattner") geht auf Plinius zurück, der vom fremden Volk der Monoculi berichtet: „Sie haben nur ein Bein ... Sie liegen auf dem Rücken und schützen sich mit ihrem Bein gegen die Hitze der Sonne." Wie sind dagegen unsere Vorurteile über Südländer verfeinerter und subtiler!

CIP-Kurztitelaufnahme der Deutschen Bibliothek

Koch-Hillebrecht, Manfred
Der Stoff, aus dem die Dummheit ist: e. Sozial-
psychologie d. Vorurteile. – 1. Aufl. –
München: Beck, 1978.
    (Beck'sche Schwarze Reihe; Bd. 180)
    ISBN 3 406 06780 8

ISBN 3 406 06780 8

Einbandentwurf von Rudolf Huber-Wilkoff, München
Umschlagbild: Fußschattenmensch aus Lycostenes: Prodigiorum ac
ostentorum chronicon, 1557
© C. H. Beck'sche Verlagsbuchhandlung (Oscar Beck), München 1978
Satz: Georg Appl, Wemding – Druck: aprinta, Wemding
Printed in Germany

Die Herde Mensch denkt nicht nach – und das ist auch richtig so . . . Allgemein verbreitete Vorurteile tragen mehr zu Ruhe und Ordnung bei als es die eigenen privaten Überlegungen tun würden, unkultiviert und unverbessert wie sie nun einmal sind. Wir haben eine ganze Reihe dieser nützlichen Vorurteile in unserem Land, und ich wäre sehr traurig, wenn sie abgeschafft würden.

Lord Chesterfield 1749

Das Vorurteil ist eine Mauer, von der sich noch alle Köpf, die gegen sie ang'rennt sind, mit blutige Köpf zurückgezogen haben.

Nestroy 1843

In unserer Zeit der immer perfekteren Kommunikation ist die Masse mehr und mehr auf Informationen aus zweiter Hand angewiesen. Und die manipulieren *wir*! Wir erklären eine unwiderruflich komplizierte Welt in gräßlicher Simplifikation. *Das* sind die Träume, die wir verkaufen . . .

Wir verkaufen den Traum von einem Leben im Glanz! Farah Diba und Fabiola! Ehegeschichten der Reichen! Wir verhökern den Traum vom Helden . . . Wir übertragen alle Sorgen der Massen auf heile Symbolfiguren. Die Wahrheit geht dabei natürlich in den Eimer.

Johannes Mario Simmel 1971

Inhalt

1. Einleitung

1.1. Problemstellung

Dieses Buch handelt nicht von Intelligenz-Defekten. Es gibt auch keine Hinweise darauf, wie Kinder, die in der Schule sitzengeblieben sind, zu guten Noten kommen können. Das Problem der individuellen Intelligenz und ihres Fehlens ist überhaupt nicht Thema des Buches. Es befaßt sich vielmehr mit der kollektiven Dummheit. Salopp ausgedrückt: dieses Buch versucht eine wissenschaftliche Analyse des Bla-Bla. Es befaßt sich mit dem, was so geredet (und was so gedacht) wird: in Gesprächen, in Romanen, auf der Bühne, in den Massenmedien. Dieses Gerede wird ernst genommen. Wir wollen in die Welt der Stereotype eindringen und uns zur Aufgabe stellen, eine neue Deutung des Phänomens der Vorurteile zu geben. Sie sollen nicht nur als unausweichliche Bestandteile des Seelenlebens interpretiert werden, sondern auch als Bausteine unserer Kultur. Der Mensch wird als notwendigerweise vorurteilsbefangenes Lebewesen angesehen. Die Vorurteile werden gedeutet als der Stoff, aus dem die Dummheit besteht, aber auch als der Stoff, aus dem die Einsicht hervorgehen muß. Vorurteile sind unumgänglich, sie sind nämlich ein Weg zur Erkenntnis.

Seit den griechischen Anfängen hat dieses Problem der Vorurteile das europäische Denken nicht losgelassen. Schon früh waren die Philosophen über einen Punkt einig: Das, was die Leute reden und denken, gilt nichts. Nur die Wahrheit der Wissenschaft zählt. Alles andere ist Meinung, Vorurteil. Vorurteil ist vornehmlich die Meinung des anderen, des Laien, des Dummen, des religiösen, des weltanschaulichen Gegners. Bollnow (1962; 117) spricht von einem „Aschenputtel-Dasein", zu dem die Meinung „in der philosophischen Überlieferung verurteilt" war.

Seit den Tagen der klassischen griechischen Philosophen war es nämlich das erklärte Ziel der Wissenschaft, die Meinung zu überwinden. In den „griechischen Anfängen der Philosophie" ist der Begriff Meinung „in eine falsche Beleuchtung" geraten. Parmenides sprach in seinem Lehrgedicht vom Sein von „dem sterblichen Meinen, dem Glauben und Treue nicht zukommt". Dieses Meinen führe auf einen falschen Pfad: „ihn zu verlassen es gilt, führt er zur Wahrheit doch nicht. Nur der andere Pfad ist wirklich vorhanden und echt." Diese Theorie wird von Platon dann theoretisch weiterentwickelt.

„Man nahm die Meinung (die doxa) als ein unsicheres, seiner Gründe nicht bewußtes Wissen, also als ein Wissen niederen Ranges, wie es bei der gedankenlos dahinlebenden Menge verbreitet ist." (Bollnow 1962; 111)

Das zeichnete den Wissenschaftler vor dem Banausen aus, daß er dem Reich der Meinungen entfloh. Auch die Einstellungen sollte der Wissenschaftler bekämpfen, er sollte sine ira et studio sein Geschäft betreiben.

Im Mittelalter ging es dann um den Widerstreit von Glauben und Wissen, und wieder entschloß sich die Wissenschaft einseitig für das Wissen, indem sie den Glauben schlicht ausgliederte und dem Theologen überließ. Eine einflußreiche Richtung der Philosophie, die Aufklärung, hat schließlich im 18. Jahrhundert den Kampf gegen das Vorurteil auf ihre Fahnen geschrieben: „Écrasez l'infâme …". Die Beobachtung schien den Wissenschaftlern und Schriftstellern zur Zeit der französischen Revolution die Methode, ein für alle Male Irrtümer zu überwinden. „… Die Vorurteile werden der bisherigen Herrschaftsordnung zugewiesen." (Hölzle 1969; 88 über den Abbé Sieyès) Die Erkenntnis „sollte unter entschiedener Abkehr von der zuvor bestehenden Meinung, ganz von unten her, in einem in sich geschlossenen System errichtet werden". „Meinung und Wissen stehen … in einem scharfen, unüberbrückbaren Gegensatz." (Bollnow 1962; 111)

Die Gegenposition wurde in der Antike von den Sophisten vertreten, die sich gegen den anmaßenden Anspruch wehrten: Hier ist die Wahrheit, hier kniee nieder! In der Neuzeit erhob Edmund Burke seine abweichende Stimme gegen den Chor der philosophischen Überlieferung. Er war einer der wenigen, die das Gerede des Volkes ernst nahmen, in den Überlieferungen, in den Meinungen der Masse einen Wert sahen, den man nicht einfach wegen der tieferen philosophischen Einsicht der Intellektuellen kurzerhand über Bord werfen durfte. Burke, den man als einen Philosophen der Restauration, als einen Kämpfer gegen die Ideale der französischen Revolution ansieht, verfocht die Position des „common sense" gegenüber den Aufklärungsphilosophen. Diese wiederholten nämlich in diesem Punkte nur die alten überheblichen Ansichten der philosophischen Tradition. Die Masse ist dumm, also soll sie die niedere Arbeit tun, die Philosophen sollen die Könige sein, meinte Platon. Ecraséz l'infâme ... drückte Voltaire denselben Gedanken für seine Epoche aus. Indem man die Ansichten des breiten Volkes abwertet, erhebt man Anspruch auf die „Priesterherrschaft der Intellektuellen" (Schelsky 1977).

Beim Problem der Vorurteile gibt es jedoch nicht nur den britisch-französischen Gegensatz, der zugleich ein Gegensatz zwischen dem konservativen und dem progressistischen Standpunkt ist – es gibt auch eine Kluft zwischen der deutschen und der westeuropäischen Tradition. Während nun in der britischen und französischen Überlieferung des Empirismus der Augenschein als Richtschnur der Wahrheit angesehen wird, betont die deutsche Klassik seit Kant die subjektive Komponente der Wahrnehmung: „Wir sehen nicht, sondern wir erschaffen uns Bilder", formuliert Herder (1787) diesen Standpunkt, der gegenüber einem schlichten Wahrheitsanspruch der Wahrnehmung Skepsis anmeldet.

Schopenhauer wertet ebenfalls die Wahrnehmung als Quelle der Erkenntnis ab. Er betont den Einfluß des Willens. „Der Grundirrtum der bisherigen Philosophie liege darin, daß sie den Menschen primär als erkennendes, anstatt wollendes Wesen aufgefaßt habe." (Mühlmann 1968; 141 f.) Immer behauptet der Wille seine „Oberherrschaft in letzter Instanz". Bestimmte Vorstellungen kann der Wille geradezu verbieten: „Was dem Herzen widerstrebt, läßt der Kopf nicht ein." (Werke II; 240 ff.)

Der Gegensatz zwischen dem Briten Burke, der in den Vorurteilen eine notwendige Etappe auf der Straße der Wahrheit sah, und dem Franzosen Voltaire, der sie als Sackgasse, als Irrweg betrachtete, ist heute noch lebendig.

Zur Ablehnung der Vorurteile, zu ihrer strikten Bekämpfung führt jedoch nicht nur eine aufklärerische, sondern auch eine naturwissenschaftliche Betrachtungsweise. Die Naturwissenschaft braucht scheinbar keine Umwege, auch nicht die der Vorurteile. Die Methode scheint ihr die Sicherheit zu verleihen, auf dem geraden Wege zur Wahrheit vorzudringen. Die Anwendung der Statistik garantiert die Vermeidung des Irrtums. Dieser wird kalkuliert, mitberechnet und damit ausgeschaltet.

Dieser naiven, noch weitverbreiteten naturwissenschaftlichen Betrachtungsweise entspricht ein bestimmtes Menschenbild, in dem die Vorurteile keinen Platz mehr haben. Das lebensfeindliche System Platons in modernem Gewande: Eine konsequente Erziehung werde schließlich den vorurteilsfreien Menschen hervorbringen. Die nationalen Vorurteile würden durch Lernprogramme ebenso verschwinden wie die Stereotype der Geschlechterrolle und alle Formen politischer Voreingenommenheit. Dieser Optimismus breitet sich auch in der Politik aus. Die mit Steuergeldern veranstalteten Besuchsreisen fremder „Multiplikatoren", worunter zumeist Journalisten zu verstehen sind, sollen durch Augenschein die Vorurteile abbauen. Das deutsch-französische Jugendwerk setzt ganz aufklärerisch schon im Jugendalter an, um die Vorurteile gewissermaßen an der Wurzel zu bekämpfen. Das Deutschenbild, das falsche Bild der Frau, der Gastarbeiter, der alten Menschen, sie alle würden im Zuge dieser Entwicklung immer mehr den Klischeecharakter verlieren und der tatsächlichen Erkenntnis Platz machen. Das Vorurteil wird durch das Urteil ersetzt. Schon die Sprache deutet den geforderten Läuterungsprozeß an. Zuversicht über die Herstellbarkeit vernünftiger kalkulierbarer Ziele erfüllt noch viele Naturwissenschaftler und Politiker gleichermaßen.

Der Mensch wird als vernunftbegabtes, wahrnehmendes und schließlich urteilendes Wesen interpretiert. Als vernünftig und urteilend wird er vor allem dann angesehen, wenn er genau so urteilt, wie es ihm eine philosophische, naturwissenschaftliche oder politische Ideologie vorschreibt. Diese Konzeption ist in unserer Kultur, vor allem auch im Wissenschaftsbetrieb, festgeschrieben. Den Aufbau der psychologischen Disziplin stellt man sich folgerichtig so vor, daß auf der Grundlage einer statistischen Methodenlehre Wahrnehmung, Lernen und Denken als die Grundfunktionen des menschlichen Erkennens auf ihre Gesetzmäßigkeiten hin untersucht werden. Diese Funktionen sind nach dieser Ansicht die wichtigsten menschlichen Mittel auf dem Wege zur Wahrheit, zur berechenbaren Beherrschung der Welt.

Diese Ansicht der Naturwissenschaften ist ein nicht durchdachtes Erbe der platonischen Philosophie. In einer frühen Zeit, als die Philosophenschulen Geheimbünden mit esoterischen Praktiken glichen, hoben sie sich aus dem Kreis der Uneingeweihten durch ihre besonderen Methoden heraus, mit denen sie die Wahrheit erreichen wollten, die dem uneingeweihten Banausen für immer verschlossen war. Verstöße gegen die Methode sind Verfehlungen gegen den Ritus und führen selbstverständlich automatisch zu einer wissenschaftlichen Exkommunikation. Hofstätter (1957) hat die religiösen Hintergründe der behavioristischen Methodenlehre klargelegt.

Der Fortschritt der Naturwissenschaft schien mit der Methode der Verifizierung oder Falsifizierung von Hypothesen sicher und unvermeidlich. Die Statistik konnte entscheiden, ob man auf dem rechten gesicherten Weg der Wahrheit war oder auf dem falschen des Vorurteils.

Die Verteidigung der Vorurteile wird hingegen in der aktuellen Theoriediskussion vor allem von geisteswissenschaftlichen Ansätzen aus betrieben. Mit einer veränderten Einstellung zu den Vorurteilen gehen veränderte Auffassungen über das Menschenbild, über die zu verwendenden Methoden und über den Aufbau der Wissenschaft Hand in Hand. Insofern treffen wir mit einer Diskussion über die Vorurteile mitten in den ideologischen Streit um die Methoden und Erkenntnisse der Psychologie. Methodenfragen, so hatte Rothacker (1952; 143) erkannt, sind immer Weltanschauungsfragen.

Wir versuchen nun, den geisteswissenschaftlichen Standpunkt, den wir vertreten wollen, kurz zu umreißen. Er unterstreicht die

Wichtigkeit der Vorurteile als einer Form des „Vorverständnisses" (Gadamer 1974), als eines Angriffspunktes des Interesses auf dem Wege der Erkenntnis.

Von mehreren Seiten ist diese wissenschaftstheoretische Position in den letzten Jahren vorbereitet worden, zum Beispiel von Karl Popper (1969), der die 2-Wege-Theorie, das Sackgassenbild der Wissenschaftsentwicklung ablehnt. Wissenschaftler und Laie unterscheiden sich nicht dadurch, daß der eine von vornherein eine durch Methode gesicherte Erkenntnis gewönne, der andere nur das Vorurteil, die doxa, besitze. „Die Weise, in der unsere Erkenntnis fortschreitet, und insbesondere unsere wissenschaftliche Erkenntnis, geschieht durch ungerechtfertigte (und nicht zu rechtfertigende) Vorwegnahme, durch Raten, durch versuchte Lösungen unserer Probleme, durch Konjekturen."

Die Vorurteile sind wichtiger Bestandteil des Prozesses der Erkenntnisgewinnung, der erst a posteriori, nachdem der ganze Weg überblickt wird, kritisch gereinigt werden kann.

Ganz ähnlich, wenngleich ohne näheres Eingehen auf die naturwissenschaftliche Methodenlehre, aber nicht minder überzeugend, hatte Spranger (1929) argumentiert. Auch er erkennt in der Haltung Platons eine wissenschaftliche Fehlentwicklung. Auch er legt die Phase der Kritik an den Schluß.

Den noch immer zahlreichen naiven Verfechtern einer voraussetzungslosen Wissenschaft hält Spranger (1929. 1963; 21) entgegen, daß jede Einzelwissenschaft „durch und durch philosophiegeladen" sei, in einem Maße, „daß die Verächter der Philosophie darüber erschrecken würden, wenn sie einmal merkten, wie philosophisch (allerdings auf fremde Rechnung) sie schon in ihren ersten Ausgangspunkten sind".

Bollnow (1962; 112) präzisiert den geisteswissenschaftlichen Standpunkt: „Die jahrhundertelangen vergeblichen Bemühungen der neuzeitlichen Erkenntnistheorie haben schließlich zu dem unabweislichen Ergebnis geführt, daß es grundsätzlich unmöglich ist, in der Erkenntnis einen ‚archimedischen Punkt' zu finden, bei dem man voraussetzungslos von vorn beginnen könnte."

Die Einsicht, daß man vor der Bekämpfung das Verabscheuungswürdige erst einmal genau untersuchen müsse, konnte von der Medizin profitieren, die auch Harn und Sputum als wichtige Erkenntnisquellen entdeckt hat. Die Wendung zum psychologischen Interesse an den Fehltritten, den Abfallprodukten des Erkenntnisprozesses setzt bei Nietzsche und dann endgültig bei Freud ein. Nietzsche (III; 503) erkennt: „Es gibt keinen Tatbestand ...; das Dauerhafteste sind noch unsere Meinungen." Die Widerstände gegen die Lehre Freud's haben eine Reihe von Ursachen. Sie mögen teilweise darin bestanden haben, daß er in den Träumen ein Arbeitsobjekt in Angriff nahm, das in der Nähe des akademisch verfemten Bereiches der doxa, des Glaubens, des Vorurteils lag.

Auch von der Phänomenologie Husserls her ist der Zugang zu den traditionell tabuisierten Formen menschlicher Erlebnisse gewagt worden. Wenn man der Überzeugung ist, daß das genaue Eingehen auf das Phänomen ein wesentliches Prinzip der Wissenschaft ist, muß man auch das alltägliche Reden in einem anderen Licht sehen als die bisherige Philosophie.

L. Binswanger tat die Meinungen der Geisteskranken nicht als dummes und irres Gerede ab, sondern nahm sie wissenschaftlich ernst, erfaßte sie, hörte ihnen genau zu und erreichte so neue Erkenntnisse über das menschliche Seelenleben.

Auch von einem ganz anderen Standpunkt kommt Habermas (1963) zu einem ähnlichen Ergebnis. Er fordert auf, die Ideologien nach ihren eigenen Intentionen zunächst einmal ernst zu nehmen.

Den Weg zu dieser verstehenden Betrachtung hatten schon der deutsche Idealismus und die historische Schule gebahnt (Meinecke 1959, Rothacker 1960). Ranke hatte das bahnbrechende Wort ausgesprochen, daß jede Epoche unmittelbar zu Gott sei. In den nachgelassenen Papieren formuliert der große Historiker in den dreißiger Jahren: „Nicht die Meinungen prüfen wir ..., wir haben über Irrtum und Wahrheit schlechthin nicht zu urteilen. Es erhebt sich nur Gestalt neben Gestalt, Leben neben Leben, Wirkung und Gegenwirkung." Hölzle (1969; 58 ff.) weist verwandte Gedanken bei Goethe und Hölderlin nach.

Auch die Wissenssoziologie (Scheler 1924, 1955, Mannheim 1952, Geiger 1953) hat erkannt, daß die Ideologien etwas Alltägliches sind. Das falsche Bewußtsein ist das normale Bewußtsein. Sorel formuliert diese Erkenntnis 1894: „Der Mensch lebt ebenso sehr von Illusionen wie von Realitäten". Pareto (1916) nennt die Meinungen, die Auffassungen der Leute, das, was sie für wahr halten, „Derivationen", weil er glaubt, daß die geistige Welt aus den Triebstrukturen abzuleiten sei. Der Amerikaner Shils bezeichnet 1968 die Ideologien als „Ausdruck eines menschlichen Bedürfnisses, der Welt eine vernünftige Ordnung aufzuerlegen, und findet jene in allen Hochkulturen" (Hölzle 1969; 154).

Schließlich kommt Holzkamp (1973) in seiner kritischen Psychologie zur Ablehnung des platonisch-behavioristischen Modells, das er als „bürgerliche" Psychologie bezeichnet. Er legt eine geisteswissenschaftliche Psychologie vor, die er in einen marxistischen Mantel hüllt.

Es beginnt sich die Ansicht durchzusetzen, daß das Gerede der Leute, die Meinungen, ein ernstzunehmender Gegenstand der Wissenschaft sind.

Die grundsätzliche Wichtigkeit der Einstellungen und verwandter Phänomene in der Psychologie unterstreicht Metzger (1966; 10f.): „Für die Erlebnisseite steht fest, daß sie im allgemeinen nicht aus Wahrnehmungen, sondern aus mehr oder weniger gesicherten Kenntnissen, aus Überzeugungen, aus mehr oder weniger tief verwurzelten Meinungen und Glaubensinhalten, aus ‚Selbstverständlichkeiten' besteht ..."

Die Wirkung von Einstellungen ist auf dem Gebiete der angewandten Psychologie oft nachgewiesen worden, z. B. in der pädagogischen Psychologie, wo die Leistungen in bestimmten Fächern von der Einstellung zum Lehrer und von der Einstellung des Lehrers zum Schüler abhängig sind (Höhn 1967). Auch in der Militärpsychologie (Stouffer et al. 1950), in der Werbepsychologie, in der politischen und in der forensischen Psychologie spielen Einstellungen eine entscheidende Rolle (Kleining 1959, Lazarsfeld, Berelson, Gaudet 1948, Stern 1902).

In benachbarten Disziplinen ist das Problem der Einstellungen ebenfalls erkannt worden. Die Friedensforschung untersucht u. a. Einstellungen (Bronfenbrenner 1961, Kelman 1965, Thomae

1966). Auch der soziale Friede innerhalb von Gesellschaften ist von den Einstellungen ihrer Mitglieder abhängig. Eine schon fast unübersehbare Literatur liegt über die Einstellungen der weißen Majorität zur schwarzen Minorität in den USA und zu den Reaktionen der Minorität auf die Einstellungen der Majorität vor (Clark u. Clark 1947, Radke, Trager u. Davis 1949, Radke u. Trager 1950).

1.2. Terminologie

Unklarheiten im Denken führen oft zu Unsicherheiten in der Terminologie. Die Problematik einer begrifflichen Klärung unseres Themas geht schon aus einer fast unübersehbaren Zahl und einer merkwürdigen Unschärfe der Ausdrücke hervor, die darauf hinweisen, daß auf das menschliche Erleben und Sozialverhalten gewisse Prädispositionen einwirken können.

Wir haben im Titel die Begriffe Dummheit und Vorurteil verwendet, in der Hoffnung, allgemein verstanden zu werden. Statt von Vorurteil hätten wir auch von Stereotyp oder von Haltung oder auch von Einstellung reden können.

Weitgehend synonym mit dem Begriff Einstellung wird eine ganze Reihe anderer Begriffe verwendet. Im Handbuch für Psychologie gebraucht Eyferth (1964) den Begriff Haltung, wo im Englischen von attitude die Rede ist. Als Synonyme für Einstellungen notiert Rothacker (1966; 36 ff.): „Gesichtspunkte", „Auffassungen", „Betrachtungsweisen", „Blicke", „beseelende Akte", „Perspektiven", „Blickpunkte", „Dimensionen der Formung". Für die englische Sprache hat sich Campbell (1963; 100 f.) die Mühe gemacht, eine eindrucksvolle Liste von nicht weniger als 76 Wörtern zusammenzustellen, die „alle wenigstens teilweise die Tatsache ins Bewußtsein rufen, daß die Erfahrung die Verhaltenstendenzen des Organismus modifiziert hat".

Gegenüber der deutschen Sprache hat nun die englische noch den Vorteil, daß sich wenigstens in der Sozialpsychologie das Wort „attitude" als eine Art Oberbegriff weitgehend durchgesetzt hat

(Cooper und McGaugh 1962; 240). Einige Forscher (z. B. Irle 1967) haben vorgeschlagen, das englische Wort „attitude" im Deutschen als Attitüde wiederzugeben. Doch hat dieses Kunstwort nicht recht Schule gemacht, wohl deswegen, weil es mit einer abweichenden, fest umrissenen Bedeutung in der deutschen Sprache bereits verwendet wird und somit manchen Kunstverständigen ans Ballett erinnert, mit dem die moderne Psychologie sonst nur wenige Berührungspunkte hat.

Im übrigen erleichtert die Einführung des Wortes Attitüde in die Sozialpsychologie die Arbeit des Übersetzers, löst aber das Problem in keiner Weise.

Während Mittenecker (1964) den deutschen Begriff Einstellung so definiert, daß er dem englischen Begriff attitude völlig entspricht, glaubt Irle (1967), daß es fehlerhaft sei, attitude mit Einstellung zu übersetzen, man müsse wenigstens soziale Einstellung sagen. Hierzu ist zu bemerken, daß auch im Englischen – ganz analog wie im Deutschen – bisweilen eine Scheu davor besteht, schlicht von „attitude" zu reden und daß statt dessen der Begriff „social attitude" verwendet wird (Campbell 1950, Campbell 1963, Eysenck 1961, Horowitz u. Horowitz 1938, Taylor 1960, Thompson 1962, Triandis 1964, Young 1931).

Erst durch Einstellungen und in Einstellungen erhellt sich die Welt. „Kein Phänomen ohne historisch gewordene Hinsicht" (Rothacker 1966; 22). Thomae (1968; 220 ff.) gibt eine Übersicht über die Terminologie, die von verschiedenen Psychologen bei der Erfassung subjektiver Erlebniswelten herangezogen wurde. Der Begriff Einstellung ist nun erstens der in der Sozialpsychologie übliche Terminus, der für diese Disziplin die auch den anderen Gebieten der Psychologie auffallende Grundtatsache der Perspektivität der subjektiven Welten betont. In diesem Sinne ist etwa von einer „autoritären Einstellung" die Rede. Diese Einstellung läßt ihren Inhaber die Welt durch eine bestimmte Optik sehen. Diese globale Verwendung des Begriffes rückt ihn in die Nähe der Bedeutung der Begriffe Stimmung und Haltung (Bollnow 1943; 144 ff.). Die sozialpsychologische Komponente kommt im Begriff der Einstellung dadurch zum Ausdruck, daß wir ihn zur Bezeichnung der Prädispositionen, Hinsichten nicht nur von Individuen sondern auch von Gruppen bis hin zu Völkern verwenden.

Zweitens aber wird der Begriff Einstellung auch in einem engeren Sinne verwendet, wenn nicht von der Gesamtfärbung eines Erlebnisreliefs die Rede ist, sondern nur von Segmenten, kleineren Ausschnitten. So sprechen wir von unserer Einstellung zu bestimmten Menschen, Streitfragen. Wenn der Begriff Einstellung in diesem eingeschränkten Sinne verwendet wird, kann er durch andere Begriffe ersetzt werden, etwa durch „Vorurteil", „Stereotyp" oder „Image".

Diese drei Begriffe decken sich weitgehend. Sie wollen alle drei die Tatsache hervorheben, daß das Bild, die Vorstellung, die sich ein einzelner oder eine Gruppe von einem Gegenstand oder von anderen Menschen oder Menschengruppen machen, mit der wirklichen Beschaffenheit des Gegenstandes, von dem die Rede ist, oft nicht übereinstimmt. Die drei Begriffe wollen darauf hinweisen, daß eine Diskrepanz zwischen dem Vorgestellten und der Vorstellung besteht.

Bei gleicher Grundbedeutung bekommen sie jedoch eine verschiedene Nuance durch das wissenschaftliche Gebiet, in dem sie am häufigsten verwendet werden. Der älteste Begriff ist der des Vorurteils. Er stammt aus der Philosophie. Bei der Betonung der Diskrepanz zwischen Schein und Sein steckt in ihm zugleich der Anspruch, den Schein zu überwinden und zur Wirklichkeit vorzudringen. Eine Aufgabe der Philosophie, insbesondere zur Zeit der Aufklärung, bestand darin, die Vorurteile zu vertreiben und sie durch Urteile zu ersetzen. Im Begriff des Vorurteils steckt also ein Erziehungsprogramm. Es ist der Begriff, der die stärksten abwertenden Akzente trägt. In der Psychologie wird der Begriff Vorurteil meist reserviert für negativ verfälschte Vorstellungen und Bilder (Allport 1954, Karsten 1953, Peters 1955/56).

Wesentlich jünger ist der Begriff des Stereotyps. Der Ausdruck wurde zuerst von Walter Lippmann im Jahre 1922 in seiner heutigen Bedeutung verwendet. Die Stereotype sind nach Lippmann „pictures in our head". Er prägte den Ausdruck, um die Grundbestandteile der öffentlichen Meinung zu kennzeichnen.

Zwar ist auch im Begriff Stereotyp eine leise Abwertung enthalten: stereotypes Denken, Bewegungsstereotype sind nicht gerade Wörter, mit denen man die wertvollsten Formen menschlichen Verhaltens benennt. Beim Begriff des Stereotyps liegt der negative Akzent jedoch anders als beim Begriff des Vorurteils. Stereotype kann man nicht – so wie Vorurteile – auf dem Wege des Lernens, der Erfahrung, der Aufklärung, durch Urteile oder richtige Auffassungen ersetzen. Der Akzent beim Begriff des Stereotyps liegt vor allen Dingen auf der Gesetzmäßigkeit, mit der es entsteht, mit der es sich aufbaut. Während der Begriff des Vorurteils etwas Reformerisches in sich trägt, ist der Begriff des Stereotyps der Betrachtungsweise des Naturforschers oder des Arztes adäquat. Der Begriff Stereotyp deutet an, daß das „Bild im Kopf" ein eigenständiges untersuchungswürdiges Phänomen ist, das um seiner selbst willen interessant genug ist, studiert zu werden, und nicht einfach eine wertlose Vorstufe darstellt, die überwunden werden sollte.

Noch jünger als der Begriff des Stereotyps ist der Begriff des Image. „Der Begriff des Image in unserem Sinn ist jung. Er taucht Anfang der 50er Jahre in der Diskussion und in Untersuchungsberichten der amerikanischen Absatzforschung – und vorwiegend der sozialpsychologisch orientierten – auf." (Spiegel 1961; 33) Von den beiden anderen Begriffen unterscheidet sich das Image dadurch, daß es im Bereich der Wirtschaftspsychologie beheimatet ist. Dort wird vorwiegend von Brand-Images gesprochen, Markenbildern bestimmter Waren, und erst in zweiter Linie vom Image von Politikern oder Völkern (vgl. Kleining 1959).

Eine Abgrenzung des Begriffes Einstellung zu den in der Psychologie sonst noch gebräuchlichen Begriffen Aufgabe, Bewußtseinslage und Bewußtsein, determinierende Tendenzen, Gesinnung, Set, Meinung (opinion), Stereotyp und schließlich Wert und Wertsystem gibt Roth (1967; 38 ff.).

Auch die tiefenpsychologischen Schulen kennen den Einfluß verzerrter Vorstellungen und verzerrender Einstellungen im menschlichen Leben. Sie haben ihre eigenen Begriffe geprägt, z. B. Imago: Das durch frühkindliche Wünsche und Erfahrungen geformte Vaterbild wird in der Psychoanalyse als Vater-Imago bezeichnet.

C. G. Jung (1960; 451 ff., 503 ff., 515 ff.) hat für stereotyp-ähnliche Erscheinungen eine Reihe von Begriffen verwendet. Er spricht allgemein von „Bildern". Diese sind immer „Phantasiebilder", die „sich nur indirekt auf Wahrnehmung des äußeren Objektes" beziehen. Ein Bild „beruht vielmehr auf unbewußter Phantasietätigkeit, als deren Produkt es dem Bewußtsein mehr oder weniger abrupt erscheint, etwa in der Art einer Vision oder Halluzination, ohne aber den pathologischen Charakter einer solchen zu besitzen". Ein kollektives urtümliches Bild ist der „Archetypus", der „ganzen Völkern oder Zeiten gemeinsam ist". Seelenbilder können in reale, manchmal aber auch ganz unbekannte oder mythologische Personen verlegt werden. Ein solches unbewußtes idealisiertes Partnerbild nennt Jung beim Mann „Anima", das Partnerstereotyp der Frau „Animus".

Auch in Thomaes (1968) Analyse individueller Welten spielt der Begriff „Bild" eine hervorstechende Rolle. Der Begriff „Bild" plaziert das Stereotyp in den Bereich der optischen Wahrnehmung, die viele, teilweise kaum zusammengehörige Einzelheiten gleichzeitig zu einer gewissen Einheit zusammenfaßt. Es gibt jedoch auch die Form der sukzessiven, sich entwickelnden Darlegung, wie sie sich in der Sprache dem Ohr darbietet. Alte Erzählungen, Märchen, Reime, Volkslieder, Sprüche überliefern stereotype Bilder, die in diesem Falle Mythen genannt werden können, weshalb Lück (1938) seine Untersuchungen über das Deutschenbild in Polen unter den Titel „Der Mythos vom Deutschen" stellt. Die Mythenforschung hat eine Reihe von Erkenntnissen über die Natur und die Entwicklungsgeschichte von Stereotypen hervorgebracht (vgl. Cassirer 1932).

Schließlich soll der Einstellungsbegriff mit einem psychopathologischen Begriff verglichen werden. In der Psychopathologie wird der Wahn als eine „verkehrte Vorstellung" definiert, „die unbeirrbar festgehalten wird" (Jaspers 1959; 78). So gesehen wären Wahn und besonders rigide Formen der Einstellung fast identisch. Aber Jaspers führt noch weitere Merkmale des Wahns an, die eine

Unterscheidung ermöglichen. Es sind „1. Die außergewöhnliche Überzeugung, mit der (am Wahn) festgehalten wird, die unvergleichliche subjektive Gewißheit. 2. Die Unbeeinflußbarkeit durch Erfahrung und durch zwingende Schlüsse. 3. Die Unmöglichkeit des Inhaltes." Die ersten beiden Punkte treffen auch auf Stereotype zu, nicht dagegen das dritte Merkmal. Bei den Stereotypen fehlen auch die „Wahnstimmung" und der „große Rest von Unbegreiflichem, Unanschaulichem, Unverständlichem", die den Wahn kennzeichnen.

1.3. Positionen und Ergebnisse der gegenwärtigen Einstellungsforschung

Ehe wir unsere eigenen Untersuchungen vortragen, soll ein knapper Überblick über den Stand der Forschung gegeben werden. Wir beginnen mit der Entwicklungspsychologie, weil ein allgemeiner Konsensus darüber besteht, daß Vorurteile durch den Prozeß der Sozialisation entscheidend beeinflußt werden.

1.3.1. Entwicklungspsychologische Ansätze

> Hast du schon von Ausländern gehört? Ja, es gibt Deutsche und Franzosen. Gibt es zwischen diesen Ausländern irgendwelche Unterschiede? Ja, die Deutschen sind schlecht, sie machen immer Krieg. Die Franzosen sind arm und dort ist alles dreckig. Dann habe ich noch von den Russen gehört, die sind überhaupt nicht nett. Kennst du selbst Franzosen, Deutsche oder Russen, oder hast du etwas über sie gelesen? Nein. Woher weißt du es denn? Alle Leute sagen das.
>
> (*Piaget u. Weil* 1951)

„So redet man auf der ganzen Welt den Kindern alle möglichen Meinungen ein, bevor sie selbst urteilen können," heißt es im Stichwort „Préjugés" in Voltaires „Dictionnaire philosophique" (Voltaire 1967; 351): „Wenn unsere Amme uns sagt, daß Ceres über das Korn herrscht, oder daß Wischnu und Xaca zu wiederholten Malen Mensch geworden sind, oder daß Sammonocodom gekommen ist, um einen Wald abzuholzen, oder daß Odin uns in einem Saal gen Jütland erwartet, oder daß Mahomet oder jemand anderes eine Reise in den Himmel gemacht hat, schließlich, wenn unser Lehrer das noch vertieft, was unsere Amme uns ins Gehirn graviert hat, dann hält das für das ganze Leben.‘‘

An dieser Ansicht der Aufklärung ist sicher ein richtiges Moment, die Betonung der Wichtigkeit der Erziehung für die Entstehung der Einstellungen. Wenn jedoch diese Priestertrugs- und Ammenmärchentheorie die Möglichkeit unterstellt, daß Kinder bei richtiger Erziehung völlig ohne Vorurteile aufwachsen könnten, da die Seele der Kinder unverbildet aus der Hand des Schöpfers gekommen sei, dann verkennt sie einen wesentlichen Zug der kindlichen Natur, auf den Piaget mit äußerst eindrucksvollen Demonstrationen hinweist.

In einer neuen Würdigung der kindlichen Erkenntnismöglichkeiten wird die seit der Aufklärung auftretende Lehre von der vorurteilsfreien Kindheit und Jugend widerlegt. Piaget und Inhelder (1948) konnten zeigen, daß das Kind in seiner geistigen Entwicklung (ohne äußerlichen Einfluß der Erziehung) ein Stadium durchläuft, die egozentrische Stufe, die man geradezu als ein Musterbeispiel vorurteilsbeladener Befangenheit ansehen kann.

Die Versuchsanordnung des Experiments sei kurz beschrieben. Hundert Kinder im Alter zwischen vier und zwölf Jahren wurden vor ein dreidimensionales Pappmodell gestellt, das eine schweizerische Landschaftsszene darstellte, auf der drei Berge zu sehen waren, nämlich ein kleinerer grüner Hügel mit einem roten Haus auf seiner Spitze, ein brauner Berg mit einem Kreuz auf dem Gipfel und schließlich ein hoher schneebedeckter Berg. Die Kinder nahmen einen Standpunkt vor dem Modell auf einer Seite ein, an zwei anderen Seiten des Modells, um das man herumgehen konnte, saßen zwei Puppen. Die Aufgabe bestand darin, anzugeben oder auf Photographien zu identifizieren, wie das Modell aus der Perspektive der Puppen aussah, aus einer Perspektive also, die das Kind im Augenblick der Aussage nicht selbst einnahm. Es wurde somit die Fähigkeit geprüft, den eigenen Standpunkt aufzugeben und ihn zugunsten eines anderen zu vertauschen. Bei dieser Aufgabe versagten die Kinder im egozentrischen Stadium, also in einem Alter bis zu 7 Jahren (vgl. auch Aebli u. Montada 1968).

Piaget und Weil (1951) übertrugen diese Ansätze auf die Untersuchung nationaler Vorurteile. Sie ziehen Parallelen zwischen dem Egozentrismus des Kindes und dem Ethnozentrismus der Gruppen. Achtjährige Schüler in Genf werden über die englischen Mitschüler befragt, die in ihrer Klasse sind. Die Schweizer antworten: „Das sind Ausländer." Weitere Frage: „Und wenn ihr alle mit den Engländern nach England geht, wie sieht dann die Sache für Euch Schweizer aus?" Antwort der Achtjährigen: „Dann bleiben die Engländer Ausländer. Wir bleiben immer Inländer, weil wir ja Schweizer sind." Das Kind ist auch hier nicht in der Lage, den egozentrischen Standpunkt zu verlassen.

Im egozentrischen Stadium sehen es die Kinder als selbstverständlich an, daß das eigene Land besser ist als alle anderen. Eine nähere Begründung ist für sie nicht nötig. Beim Verlassen des egozentrischen Weltbildes mit zwölf Jahren wird auch das selbstverständliche Verhältnis zum Vaterland erschüttert. Von jetzt an sucht das Kind nach nationalen Begründungen für die Superiorität des Heimatlandes. Piaget und Weil berichten einige typische Antworten der älteren Schweizer Kinder. Die Schweiz sei besser als alle anderen Länder, „weil wir das Rote Kreuz haben". Oder „weil wir neutral sind" oder „weil wir die beste Schokolade machen".

Eine Vielzahl von Einzeluntersuchungen zeigt die Entwicklung der sozialen Einstellung in den einzelnen Altersphasen (Übersicht bei Eyferth 1964).

Die Ablehnung von Fremden scheint eine angeborene Komponente zu besitzen. „Im Laufe des zweiten Vierteljahres beginnt das Baby das Gesicht seiner Bezugsperson von anderen Gesichtern zu unterscheiden; später werden fremde Gesichter sogar abgelehnt, das Kind ‚fremdelt'." (Hassenstein 1974; 49).

Die Fähigkeit, zwischen den Hautfarben weiß und farbig zu unterscheiden, tritt zwischen dem dritten und fünften Lebensjahr auf (Clark u. Clark 1947, Goodman 1952). Sie ist sowohl bei der

Begegnung mit Personen nachgewiesen worden als auch bei Bildvorlagen und bei Spielgerät. Zwischen dem neunten und zwölften Lebensjahr bilden sich die Stereotype aus. Das weiße Kind lernt zunächst eine allgemeine ungünstige Haltung gegenüber Negern, die davon abhält, ihnen gute, angenehme Charakterzüge zuzuschreiben. Mit zwölf Jahren ist das Schwarz–weiß–Schema bei Negerkindern nachweisbar, den Negern werden die Züge „cheerful, feeling easily hurt, easy going, happy-go-lucky" zugeordnet, den weißen „cruel, flashy clothes, selfish" (Blake u. Dennis 1943). Weiße Kinder erkennen in einer Kultur, in der sie die Majorität bilden, ihre eigene Hautfarbe früher, sie wissen eher, daß sie Weiße sind. Die in der Minorität befindlichen Negerkinder erkennen später, daß sie Neger sind. Die Bevorzugung weißer Puppen, also eine kindliche Angleichung an die Normen der Majorität, ist bei den amerikanischen Negerkindern vom dritten bis fünften Lebensjahr anzutreffen. Weiße Kinder vom fünften bis neunten Lebensjahr weisen in ihren Spielen den Negerpuppen niedere Rollen zu. Eine gewisse politische Berühmtheit haben diese Ergebnisse von Radke und Trager (1950) und von Radke, Trager und Davis (1949) im amerikanischen Segregationsproblem erlangt. In der besonderen Situation der amerikanischen Farbigen schien das Gesetz durchbrochen zu werden, daß das Gleichartige dem Andersartigen vorgezogen wird. Ähnliche xenozentrische Ergebnisse ergaben die Untersuchungen an Bantu-Kindern in Südafrika (Gregor u. McPherson 1966). Vom fünften bis achten Lebensjahr bevorzugen die Negerkinder in den USA aber dann schwarze Puppen, die jungen Schwarzen werden selbstbewußt. Mit dem neunten Lebensjahr setzt bei den jungen Negern eine Entwicklung ein, die Radke und Trager „Philosophy of prejudice" nennen: Die Negerkinder reagieren auf der einen Seite mit Minderwertigkeitsgefühlen, auf der anderen mit Überkompensation, indem sie über Gebühr auf ihr Negertum stolz sind.

Ein großer Teil der entwicklungspsychologischen Vorurteilsuntersuchungen sind in den USA entstanden, und fast alle beschäftigten sich mit der Problematik der amerikanischen Neger.

Erst nach dem zweiten Weltkriege wurden auch andere Völker

und Minderheiten in den Kreis der entwicklungspsychologischen Einstellungsstudien mit einbezogen. Zunächst dienten die Deutschen als beliebtes Beispiel, um die Genese des autoritären Charakters zu demonstrieren (Schaffner 1948, Cohn u. Carsh 1954). Heute ist die Einstellungsforschung an Kindern auf allen Kontinenten anzutreffen (vgl. den UNESCO-Bericht von 1966). Als Beispiel seien die Untersuchungen über die Einstellung norwegischer Kinder zu Lappen (Guggenheim u. Hoem 1967), von neuseeländischen Kindern zu Maoris (Vaughan u. Thompson 1961), von Südtiroler Kindern zu Italienern angeführt (Doob 1964). Die amerikanischen Ergebnisse werden von diesen Studien weitgehend bestätigt: Starre Einstellungen sind für das Jugendalter typisch.

Wir müssen erkennen, daß die Bilder, die wir uns von der Jugend („beweglich", „vorurteilsfrei", „risikofreudig") und vom Alter („starr", „unbeweglich", „stumpf") machen, mit der Wirklichkeit nicht immer übereinstimmen (vgl. Thomae u. Lehr 1968). Es könnte nämlich durchaus sein, daß die Freiheit von Vorurteilen wenn überhaupt, dann allenfalls am Ende eines dornenvollen Weges erreicht werden könnte, also eine typische Frucht des Alters ist, während Kindheit und Jugend eine strukturelle Neigung zur Einseitigkeit, zur Parteilichkeit und damit zum Vorurteil besitzen.

In das Gebiet einer allgemeinen Entwicklungspsychologie gehören auch die Ansichten, die im Zuge aufklärerischer Ideen die vorurteilsfreie Betrachtungsweise nun nicht beim unverdorbenen Kind, sondern bei den unverdorbenen Naturvölkern oder bei einer unverdorbenen Klasse, Schicht oder Bevölkerungsgruppe suchen. Bei Mannheim (1952) ist die „freischwebende Intelligenz" der Wahrheit näher, nach marxistischer Auffassung liegt die Vorurteilsbefangenheit einseitig bei der verblendeten Bourgeoisie. Der Arbeiterklasse hingegen wird eine weitgehend vorurteilsfreie Betrachtungsweise zugestanden. Die empirischen Untersuchungen können dieses Bild nicht bestätigen. Popitz (1957; 82) untersucht die Topik der Arbeiter und erkennt, daß ihre Vorstellungen größtenteils eine Gleichförmigkeit aufweisen, die „bis in die Formulierungen hineinreicht". Dem Arbeiter stehe ein begrenztes Meinungsrepertoire zur Verfügung, er übernehme die „Sprachhülsen", „Schlagwörter", „stereotypen Klischees" und einen „fertig liegenden Vorrat von Argumenten". Bernsteins (1970) Studien über die sprachliche Sozialisation zeigen, daß den Arbeiterkindern nur ein begrenzter Code, ein beschränkter Wortschatz und damit begrenzte gedankliche Kategorien zur Verfügung stehen, um Sachverhalte zu erfassen. Kogan (1973) konnte zudem nachweisen, daß Kinder der Mittelklasse überlegter, adäquater an die Beantwortung von Fragen herangehen, die Arbeiterkinder spontaner. Die Untersuchungen über das Leseverhalten zeigen, daß Arbeiter eher Medien konsumieren, die die Wirklichkeit weniger differenziert, weniger nuanciert, sondern schlagzeilenartig darbieten. Ebensowenig wie es ein vorurteilsfreies Alter gibt, gibt es vorurteilsfreie Schichten oder Klassen. Auch hier wird die Vorurteilsfreiheit erst durch eine Odyssee des Geistes erreicht.

Mit steigender Schulbildung nimmt jedenfalls die Bereitschaft ab, Vorurteile auszudrücken (Kraak 1968, Hember 1961). Je länger die Ausbildung eines Menschen dauert, umso weniger ist er bereit, extreme Vorurteile zu vertreten (Allport 1954, Mischel 1970). In den Vereinigten Staaten neigen die Vertreter der oberen Schichten weniger zu Vorurteilen gegenüber Farbigen (Bettelheim u. Janowitz 1964).

Zwei weitere Ansätze, die im weitesten Sinne der Entwicklungspsychologie zugerechnet werden können, zeigen ebenfalls eine strukturell unüberschreitbare Einengung des Gesichtsfeldes, die von der Organisationshöhe des Lebewesens abhängt.

K. Goldstein (1932) untersuchte die Umwelten hirnverletzter Soldaten des Ersten Weltkrieges. Dem Abbau der Hirnfunktionen entsprachen bestimmte Verhaltensweisen, bestimmte Daseinstechniken (coping devices). Die Verletzten schränkten ihre Welt ein, strukturierten und ordneten sie sorgfältig. „Sie geometrisierten ihr kleines Reich in dem Bestreben, es voraussagbar, kontrollierbar und sicher zu machen. Sie zeigten die Tendenz, es zu statischen unveränderbaren Formen erstarren zu lassen und jeden Wechsel zu vermeiden." Der Ausbruch aus der engen Welt der Vorurteile setzt eine gewisse Unbekümmertheit, einen beschwingten Mut voraus, der wohl nur bei einem gesund funktionierenden Gehirn vorzufinden ist.

J. von Uexküll (1921, 1928) konnte zeigen, daß den Bauplänen der Tiere jeweils eingeschränkte Merk- und Wirkwelten entsprechen. Die Zecke lebt in einer Umwelt, die nur zwei Qualitäten kennt: Wärme und den Geruch von Fettsäure. Ein Hund hat eine differenzierte Welt des Geruchs. Ein Raubvogel kann feine Unterschiede visuell wahrnehmen. Wenn man so will, ist jedes Tier in seiner Welt gefangen. Uexküll (1952) überträgt seine von Kant inspirierte Betrachtungsweise auch auf den Menschen. Eine Vorurteilsbefangenheit ist aus der jeweiligen Umwelt gegeben. Uexküll zeigt, daß es zu schwer überwindbaren Mißverständnissen kommt, wenn zwei Menschen aus verschiedener Umwelt aufeinander treffen.

1.3.2. Tiefenpsychologische Ansätze

Freud (1900; 466ff.) sah im Traum zunächst „eine besondere Form unseres Denkens", die systematische Deskription dieses Phänomens zeigte jedoch, daß es eine eigene Gesetzmäßigkeit besaß, die sich weder aus den Regeln der Wahrnehmung, noch aus denen des Lernens und auch nicht aus den bekannten Denkgesetzen ableiten ließ. 1911 paßte Freud die Theorie den empirischen Ergebnissen an, Denken und Träumen werden für ihn die beiden Beispiele für eigenständige Prinzipien des psychischen Geschehens. Die psychoanalytischen Beiträge zur Denkpsychologie (Hartmann 1939, Rapaport 1950, Rapaport 1965) sind insofern für uns besonders interessant, als sie die Schwierigkeiten zeigen, die Eigengesetzlichkeiten eines seelischen Phänomens aufzuweisen, das bisher deswegen verkannt wurde, weil es unter einer falschen Rubrik subsumiert wurde.

Ein zweiter Beitrag der tiefenpsychologisch orientierten Autoren ist in der Kasuistik der Neurosen zu finden. Hier finden sich eingehende Deskriptionen von Einstellungen, die freilich vom ärztlichen Blickwinkel her als Fehleinstellungen dargestellt werden. Aber ebenso wie der Arzt Krankheitssymptome möglichst genau erfaßt, so werden auch hier die in den Neurosen auftretenden Fehlhaltungen getreulich beschrieben. Freud (1900; 518) spricht in diesem Zusammenhang von einem „heiligen Text", den man erhalten müsse, um eine Interpretation zu beginnen.

Eine ganze Reihe von Eigentümlichkeiten, die für Einstellungen typisch sind, sind zunächst von den tiefenpsychologischen Autoren beschrieben worden, so die Veränderung der gesamten Weltansicht, die in Neurosen und bei Einstellungen auftreten, Abschirmeffekte, auch der Nutzen dieser Mechanismen für das seelische Gleichgewicht. Die Analyse der Fehlhandlungen zeigte den Einfluß von (unbewußten) Einstellungen auf das Verhalten.

Freuds Theorie der Verdrängung regt Hofstätter (1973; 85) zu einer Deutung des Stereotyps an, das sich die Deutschen von den Russen machen. Er findet eine „an den klassischen Narzißmus grenzende Selbstgefälligkeit sowohl des kollektiven (nationalen) Selbstbildes als auch der individuellen Selbstbilder und auf der anderen Seite eine ganz starre Ablehnung des russischen Menschen, der in der Tat als ‚Gegen-Deutscher' aufgefaßt wird. Was der Deutsche nicht ist (negative Identifikation), ist der Russe (positive Identifikation) und umgekehrt."

Freud nahm also an, daß sich unser Bewußtsein durch allerlei Tricks davor schützt, daß sich bei ihm Inhalte des Unbewußten melden. Einer dieser Tricks besteht in der Projektion. Ich glaube, bei anderen Triebregungen festzustellen, die in Wirklichkeit in meinem Unbewußten anzutreffen sind. Ein Beispiel für diese Projektion bei der Genese der Vorurteile ist die weitverbreitete Ansicht, der Fremde, der Unbekannte neige zu gesteigerter Sexualität. Diese wird allen Fremdgruppen nachgesagt: etwa Negern – die angeblich danach trachten, weiße Frauen zu vergewaltigen –, der Unterschicht – und der Oberschicht – von der wohlanständigen Mittelschicht (vgl. Rasehorn 1974; 49), aber auch den Kindern (dumme Spiele, Onanieren), den Männern (von Frauen: nichts anderes im Sinn!) und den Frauen von Männern.

Devereux (1967) sieht in den meisten Berichten der Ethnologen von Völkern Projektionen. Das fremde Volk als Rorschach-Tafel: An ihm werden die Verhaltensweisen bemerkt, die der Beobachter verdrängt. „Der Naturmensch ist ein Produkt exotischer Phantasie" (Leires 1977; 89). „Alles, was nicht der Norm entspricht, nach der man selber lebt, wird aus der Kultur in den Bereich der Natur verwiesen" (Lévi-Strauss 1952; 17). Kramer (1977; 50) entlarvt die Völkerkunde des 19. Jahrhunderts als „imaginäre Ethnographie". „Der Orient seiner (Creuzers) Mythologie ist die ‚schöne Fremde', der die romantische Sehnsucht gilt. Das Ziel dieser Sehnsucht ist wesentlich unbestimmt, und ihr Ursprung kann gerade nicht in der Bekanntschaft mit dem Orient liegen."

Freud überträgt seine Lehre auch auf das Gebiet der Sozialpsychologie, wenn er von großen Religionen als „Illusionen" redet. „Die kollektiven Wunschphantasien, die für die Kulturverzichte entschädigen, werden, da sie nicht privat sind, sondern auf der Ebene öffentlicher Kommunikation selber ein abgespaltenes, nämlich der Kritik entzogenes Dasein führen, zu Interpretationen der Welt ausgebaut und als Rationalisierungen der Herrschaft in Dienst genommen. Das nennt Freud den ‚seelischen Besitz der Kultur': religiöse Weltbilder und Riten, Ideale und Wertsysteme, Stilisierungen und Kunstprodukte, die Welt der projektiven Bildungen und des objektiven Scheins, kurz: der ‚Illusionen'." (Habermas 1968; 339)

Dann leistete die Tiefenpsychologie einen wichtigen Beitrag zur Analyse der Bilder, die bei den primären Prozessen auftreten. Neben Freud war es vor allem C. G. Jung, der sich dem Reich dieser Bilder zuwandte. Eine Übertragung seines Ansatzes auf den Bereich der nationalen Vorurteile ist am ehesten in der Erörterung des Bildes des „Edlen Wilden", des „Bon Sauvage" zu sehen, dessen Geschichte Baudet (1965) verfolgt. Dieses Bild verdichtete sich in den literarischen Figuren des „Freitag" und des „Winnetou", es spielt sicher in unsere Auffassung der Südseevölker mit hinein. Mühlmann (1968; 50) weist darauf hin, daß besonders im 18. Jahrhundert unter dem Einfluß Rousseaus die Einstellungen zu fernen Völkern von traumähnlichen Bildern überlagert wurden. „Die inbildliche Motivation und poetisierende Tendenz herrschten also vor und bestimmten die Optik. Man suchte sein Arkadien oder seine ‚glücklichen Inseln'." „Stärker entzündete sich die Phantasie an der eben erst (1768) entdeckten polynesischen Insel Tahiti. Der Bericht des Kapitäns Bougainville (1771) nennt sie La Nouvelle

Cythère und schildert sie als ein Land, in dem der paradiesische Urzustand im Sinne Rousseaus verwirklicht scheint." Finney (1961/2) glaubt zeigen zu können, daß das Heterostereotyp der Amerikaner von den Hawaianern von Projektionen geprägt werde. An den Bewohnern Hawais würden die Eigenschaften festgestellt, die die Amerikaner in ihrem eigenen Es finden könnten, wenn sie es nicht vorzögen, den Weg der Projektion zu gehen.

Möglicherweise sind auch die populären völkerpsychologischen Bilder wie etwa der deutsche Michel, die französische Marianne, Englands John Bull, der amerikanische Uncle Sam ebenso tiefenpsychologisch deutbar wie die Identifizierung von Völkern mit Tieren (der russische Bär, der gallische Hahn, der chinesische Drache) (vgl. Brachfeld 1964, Ketchum 1959, Grote 1966). Mühlmann (1968; 29) weist auf den Einfluß von urtümlichen Bildern bei der Reaktion der Europäer im Mittelalter auf die asiatischen Reitervölker hin. Das Bild der Teufelsvölker Gog und Magog verschmolz „mit den historischen Erfahrungen an den von Osten einbrechenden Nomadenvölkern der Hunnen, Awaren und Mongolen ...". „Die fremdartig häßlichen Rassenzüge dieser Nomaden vermehrten die archaische Angst vor ihnen, und die Kirche förderte ihre Dämonisierung, die bis heute nachwirkt." Literarische Topoi (vgl. Curtius 1954) werden zu verhaltenssteuernden Einstellungen.

Immer wieder wurde versucht, eine Brücke zu schlagen zwischen den Archetypen der komplexen Psychologie und den angeborenen auslösenden Schemata, die Lorenz bei Tieren nachwies (vgl. Portmann 1953; 234). Möglicherweise spielt das „Kinderköpfchenschema" (Lorenz 1943) in unsere Auffassung einiger fremder Nationen mit hinein, wenn diese rundköpfig und von kleiner Gestalt sind. Möglicherweise ist auch die große Anteilnahme der Welt an den Vorgängen in Vietnam und in Biafra teilweise damit zu erklären, daß häufig Bilder von Kriegsopfern zu sehen sind, die in das Lorenzsche Schema hineinpassen.

Entscheidenden Anteil hat schließlich die tiefenpsychologische Theorie bei der Ausbildung der Lehre von der autoritären Persönlichkeit. Der einflußreichste Beitrag, der bestimmte Einstellungen mit Neuroseformen auf eine Stufe stellt, ist die Studie von Adorno, Frenkel-Brunswik, Levinson und Sanford (1950).

Schon Freud sah die realitätsbezogene Einstellung als Kennzeichen seelischer Gesundheit. Diese Lehre wird mit den älteren westeuropäischen Ansätzen vom common sense und vom bon sens verknüpft, die Kant in seiner Kritik der Urteilskraft versucht hatte zu widerlegen. Den bon sens verteidigt Bergson. Er preist die „Richtigkeit des Urteils, die aus der Geradheit der Seele kommt" (Gadamer 1965; 23). Realitätsbezug ist bei Adorno dann mehr als eine Bürgertugend. Er ist der Angelpunkt alles menschlichen Zusammenlebens. Faschismus ist ein Charaktermakel.

Die Neigung zur Vorurteilsbildung wird als Kriterium für eine Typologie benutzt. Der zu Vorurteilen neigende Typ wird als „autoritäre Persönlichkeit" bezeichnet. Er wird mit dem sadomasochistischen Charakter der psychoanalytischen Theorie verglichen. Ihm sei der Übergang von Haß zur Liebe zu seinem Vater während der Entwicklung nicht gelungen. Oft nehme nun der Jude die Stelle des verhaßten Vaters ein (Grunberger 1962). Der Autoritäre habe deswegen eine negative Einstellung zu den Juden. Er sehe sie als „kalt, herrschsüchtig, sogar als sexuelle Rivalen" (Adorno et al. 1950; 759). Das Ich versage gegenüber dem Über-Ich. Das Ich versuche manchmal, sich plötzlich (rauschhaft) dieses Über-Ichs zu entledigen. Das Über-Ich könne auch gegen eine strikte äußerliche Kontrolle eingetauscht werden, z. B. eine staatliche Kontrolle.

Besonderen Einfluß auf die Bildung nationaler Vorurteile gewann die Theorie vom autoritären Charakter dadurch, daß der deutsche Nationalcharakter und der autoritäre Charakter als verwandt angesehen wurden. Schon die Bezeichnung der F-Skala („Faschismus"-Skala) mußte zu derartigen Fehldeutungen verleiten. Das Deutschenbild ganz allgemein litt unter diesen Parallelen. Während des Krieges und kurz danach entstand in den Vereinigten Staaten eine Reihe von wissenschaftlichen Untersuchungen, deren Objektivität zu Zweifeln Anlaß gibt (Dicks 1950, Cohn u. Carsh 1954, Schaffner 1948, vgl. auch Hermens 1945).

Menschen mit extremen politischen Ansichten neigen besonders zu krassen Vorurteilen. Im Anschluß an Arbeiten von Coulter (1953) versucht Eysenck (1954, 1956), psychologische Ähnlichkeiten zwischen Linksfaschisten und Rechtsfaschisten nachzuweisen.

Die Motivationen der Studentenrevolte in Deutschland und Frankreich sind sicher oft tiefenpsychologisch erklärbar. Der Kampf geht eigentlich gegen den Vater, gegen die Autorität, und die Widerstandshandlungen gegen den Staat sollen im Grunde die väterliche Autorität treffen. Ebenso wie der Jude beim Rechtsfaschisten als Sündenbock für unausgelebte Aggressionen herhalten muß, so jetzt der Polizist (der „Bulle"), der Staatsanwalt oder der Universitätsprofessor. Die gestörte Familiensituation (wohlhabende Eltern, geschieden, in Streit lebend, die den Sohn im Internat erziehen lassen) ist bei vielen Anführern der Studentenrevolte nachzuweisen.

Besondere Verzerrungen der Weltsicht werden aus der familiären Dynamik erklärt (Richter). Adler wies darauf hin, daß Organminderwertigkeit zu Überkompensation führen kann. Das schwächliche Kind, das mit dem verkrüppelten Arm, sieht in den anderen Menschen vornehmlich Gegner, die es zu übertrumpfen gilt. In diesem Sinne kann die vorurteilsbefangene eifersüchtige Art Wilhelms II., die englische Flotte zu betrachten, die er gern überflügelt hätte, aus der Tatsache seines verkrüppelten Armes erklärt werden. Eine sehr umfangreiche Literatur versucht die beiden Leitlinien in Hitlers politischem Leben, seinen extremen Judenhaß und sein unbändiges Streben nach Lebensraum aus seiner Familienkonstellation zu erklären (Fromm 1977, Erikson 1950, Binjon 1973). Stierlin (1975) sieht im Kinde einen Delegierten seiner Eltern, der nicht nur Vorurteile nachahmend übernimmt, sondern auch eine spezifische vorurteilsbefangene Perspektivität aus seiner Sozialisationsgeschichte mitbringt. Eine Erkenntnis der psychoanalytischen Theorie läßt sich so zusammenfassen: Wahrheitsfindung ist persönlichkeitsabhängig. Der neurotische Mensch hat eine geringere Chance auf dem Weg zur Wahrheit. Bessere Selbsterkenntnis macht bessere „Wisser" (Maslow 1977; 100ff.).

1.3.3. Einstellung und Anpassung

Die Gegenposition zu der Auffassung, die in den Einstellungen, den Vorurteilen Krankheitssymptome sieht, weist darauf hin, daß Einstellungen helfen können, das Leben zu meistern. Dies läßt sich an einem trivialen Beispiel zeigen. Nur der Autofahrer, der auf ein Verkehrslicht gefaßt ist, kann auf den Wechsel von Grün, Gelb und Rot richtig reagieren.

Tiere sind in weit geringerem Maße auf Einstellungen als Lebenshilfen angewiesen. Sie sind unmittelbarer an ihre Umgebung angepaßt, jede Art lebt in ihrer eigenen Umwelt (Uexküll 1921, 1928). Die Ausrüstung des Tieres ist sparsam. Umstellungen sind nicht nötig, das zum Leben Notwendige wird ohne Umschweife wahrgenommen, aufgefaßt. „Das Tier hat eine borniere Indifferenz gegenüber allen den möglichen Wahrnehmungen, die für es nicht lebenswichtig oder triebinteressant sind." (Gehlen 1955; 188) Die Abhängigkeit von besonderen Einstellungen ist der Preis, den der Mensch für seine Weltoffenheit zahlt. Beim Tier hingegen ist Einstellung zugleich Anpassung.

Eine automatische Einstellung, die als Anpassung fungiert, ist beim Menschen nur im physiologischen Bereich zu finden. Auf psychologischem Gebiete jedoch ist der Mensch nicht festgelegt. Er ist stets darauf angewiesen, Einstellungen zu finden, die ihm das Leben ermöglichen. Dies gilt schon auf dem Gebiete der Wahrnehmung. Die Strategien, die einen Entlastungseffekt zustandebringen, sind besonders von der amerikanischen Wahrnehmungspsychologie unter dem Stichwort „social perception" untersucht worden (Graumann 1955/56, Toch u. Smith 1968). Graumann (1966; 1074ff.) hat die Einstellungseffekte in der Wahrnehmung zusammengestellt, so die Selektivität, die Auffassung usw. Zweifellos trägt es nicht wenig zur Seelenruhe bei, wenn sich die Umwelt in der eigenen Wahrnehmung geradeso verhält, wie man es erwartet hatte.

Ein und dasselbe Objekt ist je nach Einstellung für verschiedene Leute etwas anderes. Was dem einen sein Uhl ist dem anderen seine Nachtigall. „Eine Kuh ist für den ‚Schweizer', für den Metzger, für den modernen Großstädter, für ein Kind, für Vieh thesaurierende Nomaden, für den Inder, der sie für heilig hält und sie den Straßenverkehr stören läßt, für den Ägypter mit seinen heiligen Stieren, für den Chinesen, der alle Milchprodukte verabscheut, etwas total Verschiedenes." (Rothacker 1966; 23) Das Individuum lebt in seiner Welt (Thomae 1968; 219 ff.).

Einstellungen haben für das Individuum eine mit Daseinstechniken (Thomae 1953) vergleichbare Funktion. Sie sind ebenso „Kunstgriffe der menschlichen Natur zur Ermöglichung des Daseins" (Thomae 1968; 334). Eine Verteidigung des Vorurteils als eines nützlichen, auch politisch wertvollen Bestandteils des öffentlichen Lebens findet sich bei Burke (1970, 1968; 183). Der konservative Denker nimmt eine Gegenposition zu den französischen Aufklärern ein: Mögen die Franzosen alle Vorurteile wegwerfen, in England sehe man die Dinge anders: „Wir haben Bedenken, jeden einzelnen ins Leben und in den Handel zu stellen und sich dabei allein mit seinem eigenen privaten Vorrat an Vernunft begnügen zu lassen, denn wir haben den Verdacht, daß dieser Vorrat klein ist und daß die einzelnen besser fahren, wenn sie sich das allgemeine Kapital zugänglich machen, gewissermaßen die Bank der Nationen und der Zeitalter. Statt die allgemeinen Vorurteile zu widerlegen, verwenden viele unserer tieferen Denker ihren Scharfsinn darauf, die verborgene Weisheit zu entdecken, die in den Vorurteilen liegt. Wenn sie das finden, was sie suchen, und dabei scheitern sie selten, dann halten sie es für vernünftiger, ein Vorurteil bewußt beizubehalten als den Mantel des Vorurteils wegzuwerfen und nichts übrig zu lassen als die nackte Vernunft. Denn das Vorurteil, gepaart mit Vernunft, verleiht dieser eine tiefere Motivation und eine Wärme des Gefühls und damit Dauerhaftigkeit. Das Vorurteil läßt sich in einer Notsituation sofort anwenden; es legt den Verstand auf einen festen Kurs der Weisheit und der Tugend fest und läßt den Menschen nicht unschlüssig im Moment der Entscheidung stehen, skeptisch, zögernd und verwirrt. Das Vorurteil läßt die Tugend eines Mannes zu seiner Gewohnheit werden und nicht zu einer Reihe unverbundener Einzelakte.

Gerade durch das Vorurteil wird die Pflicht zu einem Teil seiner Natur."

„Sie sehen, mein Herr, in diesem aufgeklärten Zeitalter bin ich kühn genug zu bekennen, daß wir im allgemeinen Menschen mit unbelehrbaren Gefühlen sind; statt alle unsere alten Vorurteile wegzuwerfen, hegen und pflegen wir sie zu einem beträchtlichen Teil und, um noch mehr Schande auf uns zu laden, wir hegen und pflegen sie, weil sie Vorurteile sind, und je länger sie bestanden haben und je allgemeiner sie verbreitet waren, um so mehr hegen und pflegen wir sie."

Gegen die Revolutionäre, die blinden Neuerer, gelte es für den Konservativen, das Vorurteil zu verteidigen. Die Haltung gegenüber dem Vorurteil wird damit in der europäischen Geistesgeschichte ein Indikator für eine mehr rechte oder mehr linke Einstellung. Die Frankfurter Schule nimmt die linke Tradition des „Écrasez l'infâme" auf, während Gehlen eher eine Linie vertritt, die schon bei Burke vorgezeichnet ist.

Der Gedanke vom Nutzen der Vorurteile ist auch in Nietzsches Schriften häufig zu finden. Als Beispiel sei ein Abschnitt aus „Jenseits von Gut und Böse" angeführt (Von den Vorurteilen der Philosophen. Nietzsche II; 569). „Die Falschheit eines Urteils ist noch kein Einwand gegen ein Urteil ... Die Frage ist, wie weit es lebenfördernd, lebenerhaltend, Art-erhaltend, vielleicht gar Art-züchtend ist; und wir sind grundsätzlich geneigt zu behaupten, daß die falschesten Urteile ... uns die unentbehrlichsten sind, daß ohne ein Geltenlassen der logischen Fiktionen, ohne ein Messen der Wirklichkeit an der rein erfundenen Welt des Unbedingten, Sich-selbst-Gleichen, ohne eine beständige Fälschung der Welt durch die Zahl der Mensch nicht leben könnte – daß Verzichtleisten auf falsche Urteile ein Verzichtleisten auf Leben, eine Verneinung des Lebens wäre. Die Unwahrheit als Lebensbedingung zugestehn: das heißt freilich auf eine gefährliche Weise den gewohnten Wertgefühlen Widerstand leisten und eine Philosophie, die das wagt, stellt sich damit allein schon jenseits von Gut und Böse."

Die Anpassungsfunktion der Einstellungen ist in der Psychopathologie besonders beachtet worden. Menninger (1963) sieht in den Einstellungen und Weltbildern der Neurotiker und auch der Psychotiker „coping devices", Schutzmechanismen, die vor lebensbedrohenden Einsichten schützen (vgl. auch Jaspers 1911, Jaspers 1912).

Die klassische Untersuchung von Hastorf und Cantril (1954) zeigt, daß die Wahrnehmung Partei ergreift. Die beiden Professoren (der eine in Princeton, der andere in Dartmouth) untersuchten die Wahrnehmungen der (studentischen) Zuschauer eines Football-Spieles Princeton gegen Dartmouth. Die zuschauenden Princeton-Studenten sahen das Spiel anders als die zuschauenden Dartmouth-Studenten. „Es scheint klar", meinen die beiden Psychologen, „daß es eine äußere Realität wie das Spiel an sich nicht gibt, das dann von den Zuschauern angesehen würde. Das Spiel existiert für eine Person und wird von ihr nur insofern wahrgenommen, als es einen bestimmten Zweck, einen Stellenwert in ihrem Weltbild besitzt." Die Untersuchung zeigt, daß auf psychologischer Ebene tatsächlich zwei verschiedene Spiele stattgefunden haben, ein Spiel durch die Brille von Princeton gesehen und ein ganz anderes Spiel, gesehen mit den Augen von Dartmouth.

Diese Effekte, die schon in den Laboratoriumsexperimenten der Wahrnehmungspsychologie und in den Sprechstunden der Nervenärzte auffallen, sind ein zentrales Thema der Sozialpsychologie. In aller Regel findet der Mensch den Schutz vor Fremdem und Unverständlichem in der Gruppe. Die Coping devices funktionieren kollektiv. „Die Völker sind wie Individuen in diese rätselhafte Welt geworfen." (Rothacker 1966; 54) Die Gruppenmitglieder haben eine gemeinsame Sprache, ein gemeinsames Weltbild, in dem sich der einzelne geborgen fühlen kann. Diese Geborgenheit wird erhöht, wenn die eigene Verhaltensweise als die einzig richtige angesehen wird. Sumner (1906) hat für dieses natürliche Überheblichkeitsgefühl der Gruppen, das dem einzelnen Halt gibt, den Namen „Ethnozentrismus" geprägt. „Was eine menschliche Gemeinschaft tut, das tut sie mit Überzeugung ... In einem Akt stellt sie fest und fordert sie, wenn sie sagt, so leben wir ... Immer heißt das: So wollen es unsere Götter; und das heißt dasselbe wie: Unsere Sitten sind die wahren." (Rothacker 1966; 31)

Die Realität wird von der Gesellschaft konstituiert (Berger u. Luckmann 1975). Auf die ethnozentrischen Fehldeutungen bei der Beschreibung fremder Völker geht Mühlmann (1968) ein. Den Gruppeneinfluß bei der Wahrnehmung weisen z. B. Asch (1952) und Sherif (Sherif, Sherif u. Nebergall 1965) nach. Die Gruppe deutet die Welt für den einzelnen. Die Begegnung mit einem Menschen, dessen Eigenschaften sich von den eigenen unterscheiden, löst einen „Prozeß der Selbst-Infragestellung und des Zweifels aus" (Morse u. Gergen 1970). Hofstätter (1957; 100) nennt deshalb Meinungen eine „Gruppenleistung vom Typus des Bestimmens." Er erklärt die Stereotypenbildung der öffentlichen Meinung als Stress-Phänomen. Bettelheim und Janowitz (1964) weisen nach, daß der Antisemitismus bei Gruppen steigt, die Stress ausgesetzt sind. Er ist häufig bei Leuten zu finden, die im Konkurrenzkampf nicht mithalten können. Die Stereotypenbildung wird bei Hofstätter als Abwehrmechanismus aufgefaßt, mit dem es dem Organismus gelingt, in einem Meer der Ungewißheit eine Insel der Sicherheit zu erreichen.

Ähnliche Gedanken sind der Denkpsychologie nicht fremd. In seiner Analyse der Schematisierung weist Herrmann (1965; 83) auf die „intellektuelle Entlastung" hin, die die Schemabildung mit sich bringt. „Die Reizmannigfaltigkeit wird chiffriert." Auch Gehlen (1957; 48) hatte betont, daß „schematische Vorstellungen" einen „Entlastungswert" besitzen, „indem sie uns der Spannung des Schwankens, der Ungewißheit entheben und weil ihre Überprägnanz uns erspart, sie der wirklichen Erfahrung auszusetzen ..."

Die Betrachtung der Anpassungsfunktion der Einstellungen führt zu einem Punkt, von dem aus ihre Lebensfeindlichkeit auffällt. Eine zu starke Ausrichtung des Verhaltens nach fixierten Einstellungen schränkt die Plastizität ein, die Anpassungsleistungen sinken. Das Verhalten wirkt schließlich dumm, maschinenartig, rigide. Adorno und seine Mitarbeiter (1950) hatten offenbar diese Fehlanpassungen im Auge, als sie auf die Gefährlichkeit der autoritären Einstellungen hinwiesen. Jaspers (1954) zeigt, wie die „Gehäuse" zwar Schutz bieten, aber auch immer wieder zerbrochen werden müssen, wenn sie allzusehr erstarren und das Leben nicht mehr durchlassen. Bei den nationalen Vorurteilen ist das Erstarrte, das Nachhinkende, das hinter der Zeit Zurückgebliebene besonders auffällig. Auf dem Gebiete der Persönlichkeitsforschung weisen Luchins und Luchins (1959) auf die Verschlechterung von Leistungen aufgrund der Rigidität der Einstellungen hin.

1.3.4. Gleichgewichts-Theorien

Auch bei den Gleichgewichts-Modellen steht der Gesichtspunkt der Entlastung im Vordergrund, sie gehen jedoch insofern über die bisher referierten Ansätze hinaus, als in ihnen das Verhalten nach einem formalisierten Modell in bestimmten Grenzen vorhersagbar sein soll (Übersicht bei Irle 1967). Die Gleichgewichtstheorien gehen davon aus, daß unsere Wahrnehmung vom Organismus nicht so sehr zu einer Erkenntnis der Wahrheit eingesetzt wird, sondern zur Stabilisierung des seelischen Gleichgewichts. Ein Autokäufer liest nach dem Kauf besonders gern die Werbung der gekauften Marke. Durch das Herausstreichen der Vorzüge seiner Wahl wird sein seelisches Gleichgewicht gestärkt. Gegen Konkurrenz-Reklame schirmt er sich ab. Auch im sozialen Verhalten sucht der Mensch Bestärkung. Irritation durch abweichende Meinungen und abweichendes Verhalten vermeidet er weitgehend.

Die Tatbestände, die den homöostatischen Theorien zugrundeliegen, sind seit eh und je bekannt. Schon im deutschen Sprichwort „Gleich und gleich gesellt sich gern" ist der Gedanke ausgedrückt, dem Heider (1958) und Newcomb (1956) dann eine strengere Form gegeben haben. Auch die bekannte Vorurteilstheorie G. W. Allports (1954) kommt der Sache nach zu ähnlichen Ergebnissen: „To reject outgroups is ... a salient need." (Allport 1954; 48f.) „P similar to O induces P likes O, or P tends to like a similar O." (Heider 1958; 184). („Gruppenfremde abzuweisen ist ... ein herausspringendes Bedürfnis." „Wenn P. dem O. gleicht, führt das dazu, daß P. den O. mag. P. tendiert dazu, einen ähnlichen O. zu mögen.")

Eine Beeinflussung der Bilder, die ich mir von anderen Menschen mache durch mein Selbstbild, also eine Beeinflussung der Heterostereotype von Autostereotypen hat Newcomb (1953) nachgewiesen. Die Ähnlichkeit der Meinung befreundeter Personen mit der eigenen wird überschätzt. Es lebt sich leichter, wenn man glaubt, die Freunde seien der gleichen Meinung wie man selbst. 1956 stellte Newcomb die Ähnlichkeit als wichtigsten Faktor der zwischenmenschlichen Attraktion heraus. Weitere Untersuchungen zeigten, daß nicht nur die tatsächliche Ähnlichkeit sympathiefördernd wirkt, sondern vor allem die Ähnlichkeit der Heterostereotype mit den Autostereotypen (Newcomb 1959). „Wahrgenommene Ähnlichkeit (Newcomb 1956), angenommene Ähnlichkeit (Fiedler 1958) und tatsächliche Ähnlichkeit sind signifikante Korrelate zwischenmenschlicher Anziehung." (Izard 1960)

Während alle Theorien, die mit dem Gleichgewichtsmodell oder einem anderen homöostatischen Modell operieren, darüber einig sind, daß bei der Bildung von Stereotypen Dissonanzen vermieden werden, gibt es nach diesen Theorien mehrere grundsätzliche Möglichkeiten der Reaktion, wenn sich Dissonanzen aufdrängen und schwer vermeidbar sind. Zunächst soll ein knapper Überblick über die Möglichkeiten gegeben werden, mit drohenden Dissonanzen fertig zu werden.

Einmal kann die Dissonanz übersehen werden. Für diesen Vorgang gibt es eine Reihe experimenteller Belege. Bruner und Postman (1949) nehmen an, daß in unserer Wahrnehmung ein Vigilanzprinzip sowie ein Abwehrmechanismus wirksam sind. Schon Freud hat auf den Vorgang der Verdrängung von unangenehmen Inhalten hingewiesen. Auch bei der Anwendung von Projektionstests ist das absichtliche und unabsichtliche Übersehen von unangenehmen oder schwer einzuordnenden Inhalten an der Tagesordnung.

Die zweite Methode besteht im Aufsuchen eines archimedischen Punktes, eines Ankers. Das Meinungsfeld ist schon normalerweise in einem schwer erschütterbaren Gleichgewicht. Innerhalb des Feldes kann es aber einige Meinungen geben, die schlechthin unerschütterlich sind, nach denen das ganze übrige Feld ausgerichtet wird. Unter Umständen besteht die Bereitschaft, lieber das gesamte Feld umzustrukturieren, als an der positiven oder negativen Bewertung einer einzelnen Meinung festzuhalten. Verankerungstendenzen sind in der Wahrnehmung nachweisbar (Helson 1964).

Beispiele für solche Verankerungspunkte im Meinungsfeld liefert die Religionspsychologie, aber auch die Psychopathologie. Aus einem Schlüsselerlebnis kann sich bei starkem Engagement (ego-involvement) ein ganzes Wahnsystem aufbauen (vgl. z. B. Kretschmer 1950; 49 ff.). Festinger, Riecken und Schachter (1956) untersuchten die Anhänger einer Sekte, die fest an eine Prophetie glaubten. Sie zogen sich auf eine Farm zurück, um den Weltuntergang zu erleben, von dessen Eintreffen an einem bestimmten Datum sie überzeugt waren. Als der festgesetzte Tag ohne weitere Vorkommnisse verfloß und die Welt wider Erwarten nicht unterging, glaubten sie, sie hätten sich vielleicht um ein Jahr verrechnet. Außerdem interpretierten sie viele Anzeichen als Bestätigung ihrer These. Von der Idee des nahen Weltunterganges wurde jedenfalls nicht abgegangen. Sie waren bereit, die Wirklichkeit weitgehend nach ihrer Auffassung umzustrukturieren. Experimentelle Belege für die Wirkung von Richtpunkten (anchors) im Meinungsgefüge geben Sherif, Sherif und Nebergall (1965). Zur Psychologie dogmatischer Haltungen vgl. Roskeach (1960).

Drittens können Dissonanzen durch die gegenseitige Annäherung der negativen und der positiven Meinungen vermindert werden. Besonders Osgood weist auf diesen Prozeß hin. Nach Osgoods, Sucis und Tannenbaums faktorenanalytischen Untersuchungen (1957) sind unsere Meinungen nach den drei Dimensionen Wertschätzung, Potenz und Aktivität geordnet. Wir beschränken uns hier auf die Darstellung der Dimension der Wertschätzung. Wenn wir erfahren, daß eine Person, die positiv eingeschätzt wird – etwa der Bundeskanzler Adenauer – einen Staat lobt, der negativ eingestuft wird – etwa Sowjetrußland –, dann könnten wir diese Meinung übersehen, in der Zeitung nicht beachten, überblättern oder nicht behalten. Nehmen wir sie aber zur Kenntnis, so würde nach dem Osgood'schen Modell die Wertschätzung für Adenauer etwas vermindert und für Sowjetrußland etwas erhöht.

Die vierte Möglichkeit der Vermeidung von Dissonanzen besteht in der Differenzierung. Bleiben wir bei unserem Beispiel des Rußlandlobes des Bundeskanzlers. Man kann das eher negativ getönte Bild des Staates mit dem positiven Image des Staatsmannes auch noch auf andere Weise verbinden: Man kann differenzieren. Während nach dem homöostatischen Modell auch die mühevolle Neueinordnung der Meinungsgegenstände in das Feld möglichst vermieden wird, bleibt bei der Differenzierung dieser Umstrukturierungsprozeß erspart. In der Differenzierung kann man entweder das Image des Staatsmannes oder das Image Sowjetrußlands zerlegen. Die erste Möglichkeit ergreifend, würde man darauf hinweisen, daß Adenauer zwar ein hervorragender Kenner der westlichen Verbündeten ist, daß er aber offensichtlich von den Problemen des Ostens nichts versteht. Dies sei aber auch gar nicht nötig. Ein Staatsmann könne ein hervorragender Staatsmann sein, ohne etwas von Kommunismus zu verstehen. Oder das Image Sowjetrußlands wird differenziert. Man unterscheidet zwischen der kommunistischen Führung und dem braven Volk mit der großen Seele. Während man die Kommunisten verdammt, nimmt man an, daß Adenauer das Volk gemeint habe, usf.

Eine fünfte Möglichkeit ist gegeben. Man nimmt die Spannung hin, ohne sonstige Reaktionen zu zeigen. Diese Haltung ist eher ein wissenschaftliches Ideal als eine experimentell nachgewiesene Verhaltensweise. Graumann weist 1965 darauf hin, daß man nicht ausschließen könne, daß es auch Menschen gebe, für die Spannung einen Reiz darstelle, den sie aufsuchten.

Schließlich kann die Dissonanz noch durch kognitive Überlappung (Festinger 1957) überwunden werden. In dieser Haltung eliminiert man alle positiven oder negativen Vorzeichen bei Kognitionen, z. B. entweder in gehobener Stimmung, in der man alles rosig sieht, oder in einer mehr abgeklärten, in der alles als eitel angesehen wird. Die Dissonanz der Entscheidung, ob man die Heirat als positiv oder negativ ansehen soll, wird durch Überlappung (cognitive overlap) mit dem Rat umgangen: Heirate, und du wirst es bereuen – heirate nicht, und du wirst es auch bereuen.

Die Wirkungen der Dissonanz auf dem Gebiet der Meinungsbildung sind besonders von der Columbia-Schule unter Leitung von

Lazarsfeld (1948) beim Wahlverhalten in den USA untersucht worden. Ein Beweis für homöostatische Tendenzen ist zunächst aus einer Feststellung der Parteipräferenz der Besucher von Wahlversammlungen zu sehen. Lazarsfeld und seine Schüler konnten feststellen, daß Wahlversammlungen zum überwiegenden Teil von den ohnehin begeisterten Anhängern einer Partei besucht werden, so daß Wahlversammlungen auf den Wahlausgang nicht durch Umstimmung Andersdenkender Einfluß bekommen, sondern durch Aktivierung der Anhänger. Die Besucher von Wahlversammlungen würden nämlich ihre Partei ohnehin wählen, auch wenn sie die Versammlung nicht besucht hätten.

Wahlpropaganda ist dann am erfolgreichsten, wenn sich die Umworbenen in einer Dissonanzsituation befinden. In den deutschen Wahlverhältnissen ist eine Dissonanzsituation bei einem katholischen Arbeiter gegeben. Aufgrund seiner Berufsschicht würde er dazu tendieren, eine linksgerichtete Partei, also etwa die SPD, aufgrund seines religiösen Bekenntnisses wäre er geneigt, eine christliche Partei, also etwa die CDU, zu wählen.

Lazarsfeld analysiert das Verhalten der Bürger, die sich in solchen Felddissonanzen (cross-pressures) befinden. Er konnte mit dem Gleichgewichtsmodell die gefundenen Verhaltensweisen erklären.

1.3.5. Die behavioristische Position

Beim Pawlowschen Hund kann man, wenn man so will, von einer „Einstellung" auf das Signal reden. Die Behavioristen sind davon überzeugt, mit den klassischen Konditionierungsexperimenten die Grundgesetze der Einstellungsbildung erforscht zu haben (Hull 1943, Guthrie 1935, Hilgard u. Marquis 1940). Die Einstellungen unterscheiden sich nicht von den anderen menschlichen Verhaltensweisen, die ebenfalls durch klassisches oder instrumentelles Konditionieren zustande kommen (Golightly u. Byrne 1964).

Diesen Grundgedanken transponieren Staats u. Staats (1958) auf das Gebiet der nationalen Vorurteile. Sie wollen beweisen, daß auch hier Einstellungen nur erlernte Reaktionen sind. Eine Reihe von Experimenten zeigt, daß Versuchspersonen, denen unangenehme Wörter zusammen mit dem Namen von bestimmten Nationen präsentiert werden, diese Namen anschließend schlechter einschätzen als Versuchspersonen, denen angenehme Wörter zusammen mit demselben Nationennamen geboten werden. Die verbale Verstärkung von Einstellungen untersuchen Insko (1965) und Himmelstrand (1960). Der Prozeß, der hierbei in den Versuchspersonen vorgehen soll, wird von den Behavioristen als mediatisierte Generalisation bezeichnet (Keller 1943, Lott 1955).

Viel Mühe wird darauf verwendet nachzuweisen, daß mit den Methoden des Konditionierens und instrumentellen Lernens meßbare intervenierende Variable im Laboratorium produziert werden können (Cofer u. Foley 1942, Cofer u. Foley 1943, Cofer, Janis u. Rowell 1943, Foley u. Mathews 1943, Foley u. MacMillan 1943).

Die Behavioristen unterstellen von vornherein, daß sich die Einstellungen im wirklichen Leben nach denselben Gesetzen bilden wie die künstlich produzierten mediatisierten Generalisationen. Allerdings haben die referierten Experimente mehr den Sinn prinzipieller Demonstrationen.

Ansätze zu einem „subjektiven Behaviorismus", der eine mediatisierte Repräsentation von Symbolen in Form von Plänen annimmt, die dann steuernd auf das Verhalten einwirken, finden sich bei Miller, Galanter u. Pribram (1960; vgl. Graumann 1965 a).

Eine vielbeachtete Entwicklung nahm der behavioristische Ansatz in den Untersuchungen Banduras (Bandura 1962, Bandura u. Walters 1963, Bandura 1965), der die Imitationsneigung seiner Versuchspersonen nach Fernsehszenen und nach Handlungen realer Vorbilder prüfte. Es zeigte sich, daß sich beim imitierenden Verhalten die Aneignungsphase und die Ausführungsphase trennen lassen. Die Versuchspersonen bewiesen bei ihren späteren Imitationen, daß sie Prädispositionen für Verhaltensweisen offenbar ohne sofortige manifeste Reaktionen erworben hatten. Es ließen sich also in den Versuchen einstellungsartige Phänomene nachweisen, die durch einen Lernvorgang besonderer Art hervorgerufen worden sind.

Die eigensinnige Auffassung der Behavioristen, das menschliche Innenleben mitsamt seinen Erlebnissen aus der wissenschaftlichen Betrachtung auszuklammern, es als „black box", als „schwarzen Kasten" anzusehen, hatte in unserem Fall einen Vorteil. Während die anderen psychologischen Richtungen durch Vorannahmen über die Natur dieser Binnenprozesse festgelegt waren, sie als „Wahrnehmung", „Denken", „Lernen", „Motivation" kategorisierten, standen die späteren Behavioristen zunächst Phänomenen gegenüber, die es nach ihrer Theorie eigentlich gar nicht geben durfte. Aus dieser Situation heraus leisteten sie einen wesentlichen Beitrag zur Bestimmung der Einstellungen. Freud hatte die treibenden Kräfte unseres seelischen Apparates, die Bestandteile der primären Prozesse als „Bilder" bestimmt. In der vom Behaviorismus ausgehenden Verhaltenstherapie werden die Einstellungen als „inneres Sprechen" gekennzeichnet. Eine Reihe von Forschern hat festgestellt, daß Kinder ihr Tun mit Worten begleiten. Im Verlaufe der Entwicklung geht dieses laute Sprechen verloren, das Piaget „egozentrisches Sprechen" genannt hat. Piaget glaubt nun, das egozentrische Sprechen werde in das kommunikative Sprechen der Erwachsenen überführt. Vygotsky (1962) sieht aber in einem subvokalen Sprechen die logische Fortsetzung des egozentrischen Sprechens. „Er kam dabei zu dem Ergebnis, daß dieses durchaus eine positive Funktion besitzt, nämlich die der kognitiven Selbststeuerung des Verhaltens." (Hartig 1975; 53) Flavell nennt dieses das menschliche Handeln mehr oder minder stumm begleitende Verbalisieren „private speach" (private Sprache). Eine große Anzahl von Untersuchungen deuten darauf hin, daß sich die private Sprache der Neurotiker von der der Gesunden unterscheidet. (Hartig 1975; 69) Das Sich-in's-Gedächtnisrufen vergangener Leistungen ist eine normale Funktion dieser privaten Sprache.

Mit der Bestimmung der Einstellungen als private Sprache könnten bestimmte Phänomene gedeutet werden, etwa die Wirkung der Werbung. Erst dann kommt es zum Kaufentschluß, wenn der Slogan Bestandteil meiner privaten Sprache geworden ist. Eine Situation wird mir ungemütlich, wenn ich in meiner privaten Sprache öfter wiederhole: Du gehörst hier nicht hin; hier bist du fehl am Platz; hier mag man dich nicht. Auch die Harmonie zwischen Partnern und in Gruppen scheint in mancher Hinsicht davon abzuhängen, daß Übereinstimmungen der privaten Sprache bestehen. Hängt der Haussegen schief, so sind Diskrepanzen des „inneren Klingens" (Sokolow 1969) wahrscheinlich. Ein erfolgreicher Redner trifft mit dem ersten Satz seiner Ausführungen Kernstücke der privaten Sprache seiner Zuhörer. Aber so weit gehen die Überlegungen der Behavioristen nicht.

Meist werden Einstellungen von ihnen schlicht mittels Fragebogen erfaßt. Allerdings sind Fragebogen als Instrument der Einstellungsforschung in Ländern kaum verwendbar, in denen ihre Technik völlig unbekannt ist, also z. B. in Entwicklungsländern. Die Methode beschränkt in aller Regel den Kreis der Versuchspersonen auf Universitätsstudenten in den Ländern der westlichen Zivilisation. Ferner setzen Fragebogen ein „gewisses Maß an verbalisierbarer Einsicht in eigenes Verhalten, eigene Vorlieben, Neigungen usw." voraus (Mittenecker 1964; 477). Bei Untersuchungen in fremden Ländern ist es für einen Versuchsleiter viel schwieriger, wenn nicht gar unmöglich, abzuschätzen, ob diese Einsicht bei den Untersuchten vorhanden ist. Zu welchen Schwierigkeiten diese Beschränkung der Forschung auch in den westlichen Industriestaaten führt, soll das nächste Kapitel zeigen.

1.4. Schwierigkeiten der gegenwärtigen Einstellungsforschung: Widersprüchliche Untersuchungsergebnisse

Unsere knappe Übersicht über die Positionen der verschiedenen wissenschaftlichen Richtungen der Einstellungsforschung zeigte nicht das erfreuliche Bild einer Wissenschaft, die auf sicherem Fundament aufbauend von Jahr zu Jahr neue Erkenntnisse sammelt. Vielmehr stellen sich die einzelnen Richtungen und die Ergebnisse ihrer Untersuchungen in Frage. Auf einige hierbei auftretende Schwierigkeiten und Widersprüche soll jetzt hingewiesen werden.

Im Jahre 1934 führte LaPiere eine inzwischen berühmt gewordene Untersuchung durch. Er verschickte Fragebogen an Hotels und Restaurants, in denen diese gefragt wurden, ob sie bereit seien, „Angehörige der chinesischen Rasse" als Gäste zu akzeptieren. (Wortlaut der Frage: „Will you accept members of the Chinese race as guests in your establishment?") Die Mehrzahl der angeschriebenen Gastwirte beantwortete die Frage negativ. Nun stieg LaPiere in Begleitung eines chinesischen Ehepaares in den angeschriebenen Hotels ab. Es zeigte sich, daß in der Mehrzahl der Fälle die schriftlich ausgedrückte Einstellung von der tatsächlichen Verhaltensweise abwich. Die „Mitglieder der chinesischen Rasse" erhielten in den meisten Hotels Unterkunft und wurden in den meisten Restaurants bewirtet.

Das Ergebnis dieser Untersuchung hat die Sozialpsychologen bis heute beschäftigt. Vor allem ein wichtiges Argument wurde vorgetragen, um die Diskrepanz zwischen Einstellung und Verhalten zu erklären: Als die Wirte in dem Fragebogen von „members of the Chinese race" lasen, stellten sie sich schmutzige Kulis, schlitzäugige Zopfträger, aber kein adrettes, wohlgekleidetes freundliches Paar vor. Die Testfrage hatte die später auftretende Situation nicht richtig beschrieben. Eine Diskrepanz zwischen Einstellung und Verhaltensweise ist in Wirklichkeit nicht aufgetreten.

Bei der Entscheidung, ob sie Gäste bewirten wollen oder nicht, richten sich Wirte nach der augenblicklichen Gesamtsituation. Die Testfrage hat einseitig nur die negativen Valenzen der Situation hervorgehoben, die positiven dagegen verschwiegen. In diesem Falle sei von der guten Qualität des Gepäcks der Reisenden nicht die Rede gewesen, auch nicht davon, daß sie mit einem Automobil vorfuhren, das zur Zeit der Untersuchung noch den deutlichen Charakter eines Statussymbols besaß.

Das Problem des Verhältnisses zwischen den Ergebnissen von Fragebogen und dem tatsächlichen Verhalten ist ungelöst. Einigkeit besteht darüber, daß sich Einstellungen und Verhalten nicht genau decken. „Es ist gefährlich, anzunehmen, daß eine Kenntnis der Einstellungen als solche Verhaltenskonsequenzen in einer spezifischen Situation vorhersagen könnte." (Jahoda u. Warren 1966; 211) Diese Auffassung könnte dahin gedeutet werden, daß die Einstellungen ein übergreifenderes, generelleres Moment der menschlichen Orientierung darstellten, die Verhaltensweisen dagegen ein kürzeres, engeres. Dann müßten die Verhaltensweisen über einen längeren Zeitabschnitt erfaßt werden, um sie mit den Einstellungen zu vergleichen. Es hätte dann nicht genügt, die Wirte nur in einem Fall zu beobachten, man hätte dies öfter tun müssen.

DeFleur und Westie (1958) beklagen „den Mangel an Untersuchungen über den verbal ausgedrückten Einstellungen entsprechende offene Verhaltensweisen …" Ihre Untersuchung bildet mit Hilfe von Fragebogen zwei Gruppen von Soziologiestudenten, die sich hinsichtlich ihrer Vorurteile gegenüber Negern, nicht jedoch hinsichtlich soziologischer Variablen unterscheiden. Sowohl die laut Fragebogentest extrem vorurteilsbelasteten wie die vorurteilsfreien Versuchspersonen sollen dann einen Revers unterschreiben, daß eine Photographie, auf der sie zusammen mit einer schwarzen Person des anderen Geschlechts zu sehen sind, für verschiedene Zwecke verwendet werden kann. Die Verwendungszwecke steigern sich vom einfachen Laborexperiment bis zu einer Anzeigenkampagne über die gesamten USA. Es zeigte sich, daß bei den vorurteilsbelasteten Versuchspersonen deutlich eine größere Abneigung als bei den vorurteilsfreien bestand, sich mit einem Neger photographieren zu lassen. Immerhin ein Drittel der besonders Vorurteilsbelasteten waren jedoch zum Photographieren bereit, und ebenfalls ein Drittel der Vorurteilsfreien lehnte das Ansinnen des Versuchsleiters ab. Wieder klaffen Fragebogenergebnis und Verhalten auseinander. Selbst wenn man mit Lazarsfeld (1959) erkennt, daß Fragebogen nicht das Verhalten, sondern nur die statistische Wahrscheinlichkeit eines eintretenden Verhaltens messen können, bleibt eine gewisse Ratlosigkeit.

Auch die Untersuchung von Lohmann und Reitzes (1954) gibt zu denken. Hier wurden 151 Gewerkschaftsmitglieder untersucht, die zugleich Mitglieder eines Hausbesitzerschutzbundes waren. War in dem Fragebogen zuerst von Gewerkschaftsfragen die Rede, dann zeigten die Versuchspersonen eine negerfreundliche Haltung. Es war das erklärte Ziel der Gewerkschaft, Negern gleiche Chancen einzuräumen. Als Hausbesitzer hingegen hatten die Versuchspersonen negerfeindliche Einstellungen. Sie waren jetzt Mitglieder eines Bundes, dessen erklärtes Ziel es war zu verhindern, daß Neger Häuser kaufen durften in Gegenden, die bisher den Weißen vorbehalten waren. Wie sollte man nun die Einstellung der Untersuchten einstufen, als negerfreundlich oder als negerfeindlich?

Die in der Einstellungsforschung auftretenden Widersprüchlichkeiten beschränkten sich jedoch nicht auf Diskrepanzen zwischen Fragebogenergebnissen und Verhalten. Auch zwischen den Ergebnissen verschiedener Methoden zeigen sich Widersprüche. Stanton und Litwak (1955) fanden Diskrepanzen zwischen den Einstellungen von Pflegeeltern zu Adoptivkindern in einer Rollenspiel-Situation und im Interview. Stanton, Back und Litwak (1956) zeigten, daß auch die Rollenspielsituation nicht in jedem Fall ein sicherer Indikator für die Einstellung ist. Bei Experimenten mit Versuchspersonen, die Puertoricaner als Nachbarn hatten, verrieten sich die Einstellungen im Rollenspiel nur dann, wenn die Rollenspiel-Situation sehr getreu die tatsächliche Rolle wiedergab.

Die Problematik der Einstellungsforschung kommt dann besonders klar zum Vorschein, wenn man die Widersprüche zwischen Befragungs- und Laboratoriumsergebnissen einerseits und die zwischen beiden Ergebnissen und tatsächlichen Verhaltensweisen betrachtet. M. Koch (-Hillebrecht) (1961) konnte zeigen, daß Frauen bei Befragungen angaben, sie seien an Abbildungen von mehr oder minder unbekleideten Angehörigen des anderen Geschlechts auf den Titelbildern von Druckerzeugnissen nicht interessiert. An Darstellungen von spärlich bekleideten Angehörigen des eigenen Geschlechts hingegen bekundeten sie ein gewisses Interesse. Männer hingegen verhehlten bei Befragungen nicht ihr Interesse an Darstellungen von spärlich oder überhaupt nicht bekleideten Angehörigen des anderen Geschlechts. Physiologische Messungen zeigten ein anderes Bild. E. Hess u. Polt (1960) wiesen nach, daß sowohl bei Männern eine Pupillenerweiterung bei Vorlage von Photos unbekleideter Frauen als auch (ganz analog) bei Frauen eine Pupillenerweiterung bei Vorlage von Photos unbekleideter Männer eintrat.

Die tatsächlichen Verhaltensweisen zeigten ein drittes Bild, sie folgten weder stets den Befragungsergebnissen noch stets den Ergebnissen der physiologischen Messung. M. Koch (Hillebrecht 1961) zeigte, daß im Jahre 1960 Druckerzeugnisse, auf denen Abbildungen spärlich bekleideter Menschen zu sehen waren, prozentual weniger von Frauen gekauft wurden. Der Absatz von Publikumsillustrierten, die in der Regel von Männern und Frauen gekauft wurden, ging in diesem Jahr zurück, wenn spärlich bekleidete Menschen auf den Titelbildern zu sehen waren. Der stärkere Zuspruch der männlichen Käufer konnte die Zurückhaltung der weiblichen Käufer nicht wettmachen. Der Rückgang der weiblichen Käufer war besonders stark, wenn spärlich bekleidete Männer auf dem Titelbild zu sehen waren. Es war im Jahre 1960 also eine Übereinstimmung zwischen den Ergebnissen der Befragung und dem tatsächlichen Verhalten und eine Diskrepanz zwischen dem Verhalten und der physiologischen Messung festzustellen.

In den folgenden Jahren änderte sich jedoch das Verhalten der Käuferinnen. Sie waren nun in steigendem Maße bereit, Publikumszeitschriften zu kaufen, auf denen spärlich bekleidete Paare zu sehen waren. Die Frauen zeigten also ein Interesse an den Abbildungen des anderen Geschlechts, wie dies nach den Pupillenuntersuchungen zu erwarten war. Es konnte also nunmehr eine Diskrepanz zwischen Befragungsergebnissen und tatsächlichem Verhalten und ein Übereinstimmen zwischen physiologischen Messungen und Verhalten festgestellt werden. Die Frage, welches denn nun die wirkliche Einstellung der Frauen gegenüber der abgebildeten Nacktheit des anderen Geschlechts sei, ist kaum noch zu beantworten. Es könnte nämlich sein, daß in einigen Jahren ihr Verhalten umschlägt und sich nun wieder dem Befragungsergebnis angleicht.

Auf die vieldiskutierten Diskrepanzen zwischen den Ergebnissen der Meinungsforschung über die bevorstehende Wahlentscheidung und den Ergebnissen der tatsächlichen Wahl geht Noelle-Neumann (1963) ein. Widersprüchliche Untersuchungsergebnisse zwischen Laboratoriumsuntersuchungen und Befragungen bespricht Hovland (1959).

M. Koch (1966) erklärt voneinander abweichende Untersuchungsergebnisse bei Umfragen bei gleicher Fragestellung und gleichem Bevölkerungsquerschnitt, wobei eine Hälfte der Befragten mittels Telefon, die andere Hälfte mittels face-to-face-Interview befragt wurde, mit dem Einfluß des Mediums Telefon. Wieder ist es eine kaum zu entscheidende Frage, ob die eigentliche Einstellung dem Interviewer häufiger am Telefon oder häufiger ins Gesicht gesagt wurde.

Fishbein (1967) weist auf die Schwierigkeiten hin, die dann entstehen, wenn man Fragebogenergebnisse durch die Erfassung von offenem Verhalten überprüfen will. Es sei falsch, bei Diskrepanzen immer die Schuld bei der Fragebogenmethode zu suchen. Man würde zu besseren Ergebnissen kommen, wenn man auch bei der Erfassung des offenen Verhaltens ähnliche Kautelen beachte wie bei der Fragebogenmethode. „So mißt man häufig die Einstellung einer Versuchsperson gegenüber Negern und versucht dann ihr Verhalten in Bezug auf eine individuelle schwarzhäutige Person vorherzusagen."

Triandis und seine Mitarbeiter weisen in faktorenanalytischen Untersuchungen nach, daß zwischen der Ebene der Einstellungen und der Ebene der Verhaltensweisen keine gleichmäßige Parallelität besteht. Man müsse vielmehr das Verhalten in fünf clusters faktorenanalytisch auflösen, nämlich in Eheverhalten, Bewunderung, soziale Distanz, Freundschaft und Über-Unterordnung. Es zeige sich dann, daß die Korrelationen zwischen Verhaltens- und Einstellungsmessungen auf dem Gebiete der Bewunderung und der Freundschaft am höchsten sind, am geringsten auf dem Gebiete des Eheverhaltens (Fishbein 1967).

Scheuch (1965) zeigt, daß die Sichtbarkeit von Einstellungen im politischen Bereich von einer Reihe soziographischer Faktoren abhängt. „Je älter die Befragten, umso niedriger ist tatsächlich die Offenheit im Ausdruck der eigenen Meinung." Dann: „Frauen finden es in unserer Gesellschaft im allgemeinen ratsamer, mit ihren wahren Meinungen vorsichtig zu sein." Besonders zurückhaltend sind mit der Äußerung ihrer Meinung die Bauern. Mit steigendem Status steigt auch die Bereitschaft, über das eigene Wahlverhalten in einer Befragung Auskunft zu geben. Schließlich findet Scheuch Zusammenhänge zwischen dem Lebenszyklus und der

Sichtbarkeit politischer Einstellungen. „Junge, ledige Befragte berichten entweder einen ungewöhnlich niedrigen Grad an Öffentlichkeit für ihre politischen Einstellungen oder eine Sichtbarkeit dieser Einstellungen lediglich für einen kleinen Kreis von Bekannten. Anschließende Heirat scheint als solche noch keinen bedeutsamen Unterschied zu bewirken; aber Kinder zu haben ändert den Grad, zu dem die eigenen Präferenzen öffentlich sind."

Einzelne interessante Ergebnisse, aber kein umfassendes Bild, so sieht das Fazit der bisherigen Bemühungen aus. Wir sollten versuchen, einen völlig neuen Betrachtungswinkel zu gewinnen. Die Sozialforschung hat offensichtlich die Neigung, das Problem der Stereotype zu eng zu betrachten. Sie gleicht manchmal dem Betrunkenen, der wegen der besseren Beleuchtung seinen verlorenen Schlüssel unter der Laterne und nicht dort sucht, wo er zu finden ist. Es wird das erforscht, was einer gängigen Methode naheliegt, was in eine Theorie hineinpaßt. Unsere neue Perspektive wollen wir mit einem alten Kunstgriff der geisteswissenschaftlichen Psychologie gewinnen. Wir untersuchen nicht das flüchtige Verhalten der Menschen, sondern halten uns zunächst an die fixierten Formen der Kultur, an Operetten, an Märchen, an Fernsehsendungen und Zeitungsartikel. Hier sind die Stereotype reiner zu finden und leichter zu fassen.

2. Vorurteile als Bestandteile der Kultur

> Ist einmal eine recht handgreifliche Abge-
> schmacktheit zu Papier gebracht, so rollt selbige
> von Buch zu Buch, und es ist das erste, wonach
> die Büchermacher greifen.
>
> *A. von Chamisso:* Reise um die Welt

2.1. Die Operette als Beispiel

Im 2. Aufzug der klassischen Operette von Johann Strauß „Die
Fledermaus" gibt der steinreiche russische Prinz Orlofsky (Mezzo-
sopran oder Tenor) im Gartensalon und Garten seiner glänzend
beleuchteten Villa einen rauschenden Ball, den er mit einem Cou-
plet eröffnet. Er stellt fest, daß er sich gern Gäste einlade; wenn ihn
dabei einer der Anwesenden langweile, „so pack ich ihn ganz ungeniert, werf ihn hinaus zur Tür". Noch ärgere Unannehmlichkeiten treffen den Gast, der nicht sofort mittrinkt: „Wer mir beim
Trinken nicht pariert, sich zieret wie ein Tropf, dem werfe ich ganz
ungeniert die Flasche an den Kopf!" Frage man nach dem Sinn
seines absonderlichen Verhaltens, dann antworte er: „'s ist mal bei
mir so Sitte".

Wir sind in der Welt der Vorurteile. So ist die Sitte, so ist ein
russischer Prinz, steinreich, trinkfest, melancholisch, extravagant,
unberechenbar, irrational. Das ganze Register der nationalen Vorurteile gegenüber den Russen wird gezogen. Die Bühnenwirksam-
keit dieser Figur erwächst geradezu aus dem Vorverständnis der
Zuschauer. Man weiß schon, wie sich ein russischer Prinz
benimmt.

Auch das Stereotyp eines Franzosen ist festgelegt. Von ihm wird
Rationalität, Schärfe, kalter Intellekt, Kennerschaft erwartet. Der

Held der Operette, Herr von Eisenstein, erscheint auf dem Ball als Marquis verkleidet. Sein (ebenfalls verkleidetes) Hausmädchen, das er erkennt, wirft ihm deswegen im Sinne der Logik dieser Operettenwelt vor: mit ihrem griechischen Profil könne sie keine Zofe sein. „Die Hand ist doch wohl zu fein, ah, dies Füßchen so zierlich und klein, ah, die Sprache, die ich führe, die Taille, die Turnüre, dergleichen finden Sie bei einer Zofe nie!": „Mein Herr Marquis, ein Mann wie Sie sollt besser das versteh'n!"

Rosalinde, die Frau von Eisenstein, ebenfalls verkleidet am Ball teilnehmend, ist eine Ungarin: Welch eine Gelegenheit, die Stereotype von Pußta und Paprika fröhliche Urständ feiern zu lassen. So heißt es denn im Csárdás der Rosalinde: „Feuer, Lebenslust schwellt echte Ungarnbrust ... schlürft das Feuer im Tokaier, bringt ein Hoch dem Vaterland!"

Und wo das ungarische nationale Stereotyp beschworen wird, darf natürlich das böhmische nicht fehlen. So klingt es denn im Chor zur Polka:

> „Me tanzen Polka alle zwei,
> Wo is e Hetz, is Böhm dabei.
> Toje hesky musitschku,
> Auf Trumpetel, Klarinettel!
> So wie česky Musikant
> Blast me in kein andre Land!"

Zum kanadischen Stereotyp fällt dem Libretto nicht so viel ein wie zu dem bekannteren böhmischen, französischen oder ungarischen. Ein kanadischer Gast des Festes namens Murray bringt aber schon in dem einzigen Satz, den er zu sprechen hat, einen Beitrag zur nationalen Stereotypenbildung. Als ihm das verkleidete Hausmädchen Ina gesteht, sie habe schrecklichen Hunger, versichert er: „Wir in Kanada haben niemals Hunger, nur Durst!" Denn von Kanada weiß man eigentlich nur, daß es dort Whisky gibt.

Neben der nationalen machen auch die schichtspezifischen Stereotype den Reiz dieses Spiels aus. Die Prinzen sind nicht nur steinreich, sondern auch welterfahren, sprachenkundig. Der Herr von Eisenstein, als Marquis verkleidet, und der Gefängnisdirektor, auch als Franzose erschienen, die den Mittelstand verkörpern, fallen durch mangelhafte Französischkenntnisse auf und erheitern das Publikum durch ihr Radebrechen, das vornehmlich aus im Deutschen bekannten französischen Bruchstücken besteht: „Vous êtes aussi Français?" „Aussi, aussi, aussi, möcht' ich." „J'ai l'honneur, serviteur ..., will er noch mehr, gibts ein Malheur!"

Die verkleideten Kammerzofen decouvrieren sich durch ihr ungeschicktes ungehobeltes Benehmen und durch ihren Hunger. In Österreich kann noch heute ein Angehöriger der Unterschicht mit dem Schimpfwort „Hungerleider" belegt werden.

Auch die Stereotype der Geschlechterrolle kommen in diesem Aufzug nicht zu kurz. Frauen sind verführbar: La donna è mobile, wie dieser Topos in einer anderen Oper, in Verdis „Rigoletto", klassisch ausgedrückt wird; oder „Cosi fan tutte", so machen's alle, wie es bei Mozart heißt. Der Herr von Eisenstein verdankt seiner Damenuhr, die er den verführbaren Frauen zeigt, „unzählige Eroberungen", und von seiner maskiert erschienenen Frau nimmt er an, daß auch sie auf seinen Standard-Trick hereinfallen wird: „Sie wird auf die Uhr anbeißen wie die anderen!" Aber er verliert seine Uhr. Denn zum Stereotyp des Mannes gehört es, von einer Frau geprellt zu werden – und so singt Eisenstein: „Sie ist nicht ins Netz gegangen, Hat die Uhr mir abgefangen ... Hab' blamiert mich ungeheuer. Meine Uhr ist annektiert."

Auch der „Zigeunerbaron" von Johann Strauß hätte uns als Beispiel für die konstituierende Rolle der Vorurteile bei der dramatischen Wirkung dienen können. Das Stereotyp des bäuerlich-ungebildeten Menschen findet seinen klassischen Ausdruck in der Arie des Helden: „Ja, das Schreiben und das Lesen ist nie mein Fach gewesen. Mein idealer Lebenszweck, Zweck, Zweck, ist Borstenvieh und Schweinespeck." Die Musik untermalt die lächerlich verächtliche Wirkung des Textes durch deutliche Lautmalerei: Das Quieken von Schweinen klingt bei der mehrfachen Wiederholung des Wortes Zweck, Zweck, Zweck unüberhörbar durch. Die nationalen Stereotype werden schon in der ersten Szene hervorgeholt: Die Zigeuner sind da! Mit den Zigeunern wird eine ganze

Abb. 1: Giuseppe Verdi, La Traviata (Schallplattenhülle des großen Opernquerschnittes). Stereotype in der Kultur: Die edle Dirne auf der Musikverpakkung. „Die einstige Kurtisane ist durch Alfreds tiefe Liebe wie verwandelt." So hold, so reizend und so engelsmild! Sittsam lebt sie mit ihm auf dem Lande, weit weg von der lasterhaften Stadt, schneidet weißen Flieder (die Farbe der Unschuld) und sorgt sich um den Haushalt (dem Stereotyp der braven Hausfrau entsprechend). Ja, sie ist noch opferbereiter als jede bürgerliche Hausfrau. Selbstlos verzichtet sie auf Alfred, den Mann, den sie liebt, um die Ehre seiner Familie zu retten. Die aufregenden Ereignisse setzen schließlich der schwindsüchtigen Frau schwer zu. Sie sinkt dem zurückgekehrten Geliebten sterbend in die Arme. Vorhang. Nicht endenwollender Beifall.

Welt beschworen, die Gegenwelt des bürgerlichen 19. Jahrhunderts. Der Zigeuner als Schatten, als Hintergänger des zivilisierten Europäers. Nicht nur der „Zigeunerbaron" lebt von diesem Stereotyp, sondern viele berühmte Opern des 19. Jahrhunderts, man denke an Bizets „Carmen": Die Liebe vom Zigeuner stammt. Das Stereotyp des edlen Wilden, des Menschen mit den unverdorbenen Gefühlen, wird auf den Zigeuner projiziert. In „Carmen" klingt außerdem das nationale Vorurteil der Spanier gegen die Basken an. José ist ein Baske, ein Angehöriger einer schwerverständlichen, dumpf und brutal reagierenden Minderheit. Die Zigeunerszenen in Verdis „Troubadour" leben ebenso vom seelischen Bild, diesem psychologischen Traum des 19. Jahrhunderts, wie die Wahrsageszenen in „Macht des Schicksals". Den Basken in „Carmen", dem „Zigeuner" im „Troubadour" entspricht die selbstlos liebende Japanerin in „Madame Butterfly", eine weibliche Ausgabe des „Bon Sauvage", der uns verdorbene Weiße mit wahrer Menschlichkeit zu Tränen rühren soll.

Nun hat diese Analyse eines Aufzuges einer Operette keine völlig neuen Erkenntnisse gebracht. Allenfalls die Häufung der Stereotype verwundert. Man muß erkennen, daß eine Ausspielung von Vorurteilen zum Wesen der Operette gehört – und nicht nur der Operette, wie wir zeigen werden. Die „Fledermaus" zählt jedenfalls zu den erfolgreichsten Operetten, mehr als 30 000 Aufführungen hat es seit der Erstaufführung 1874 gegeben.

Die „Fledermaus" wurde zu Demonstrationszwecken willkürlich als besonders bekanntes Beispiel gewählt. Wir hätten auch den „Vogelhändler" von Karl Zeller nehmen können. Beginnen wir mit den nationalen Stereotypen. Der Vogelhändler Adam ist ein Tiroler, Anlaß genug, die entsprechenden Vorurteile in Noten zu setzen. Die Tiroler sind arme, einfache, unverbildete Menschen. Das Stereotyp des edlen Wilden aus dem 18. Jahrhundert ist also ganz am Platze: diese Menschen kennen nicht die Finten und Verstellungen der höfischen, der städtischen Welt: „Schenkt man sich Rosen in Tirol, weißt du, was das bedeuten soll: Man schenkt die Rosen nicht allein, man schenkt sich selber mit hinein." Die schichtspezifischen Vorurteile werden nicht nur an den armen Tirolern abreagiert, sondern auch an zwei Professoren, die dramaturgisch in der Operette gar keinen Sinn haben als den, zu Prügelknaben, Watschenmännern für die Stereotypisierungstendenz von Libretto und Publikum zu dienen. Professoren sind nämlich, wie man weiß, Leute, die ungerecht sind und sich bei Prüfungen durch alles mögliche bestechen lassen: „Ich bin der Prodekan, man sieht mir's gar nicht an ... Beim Prüfen bin ich wüterich, da schone keine Seele ich; doch wenn er Protektionen hat, der Kandidat, da schweig' ich ein."

Auch andere Berufe bleiben nicht ungeschoren. Die Post ist in den Augen ihrer Kunden saumselig, langsam. Und so singt denn die Christl von der Post mit der Zustimmung ihrer vielen Zuhörer: „Nur nicht sogleich, nicht auf der Stell, denn bei der Post geht's nicht so schnell!"

Die Christl zeigt auch wieder einen Topos des Geschlechterstereotyps, sie trickst den Adam aus – ganz ähnlich wie die Rosalinde den Eisenstein.

Die beiden erfolgreichsten Musicals „My fair Lady" und „West Side Story" spielen schon im Titel mit den Vorurteilen. Die „schöne Lady" ist in Wirklichkeit gar keine. Bei wichtigen Gelegenheiten, etwa beim Rennen in Ascot, fällt sie aus der Rolle und benimmt sich wie ein Mädchen der Unterschicht, aus der sie kommt. Das Blumenmädchen, die romantisierende Darstellung der unbürgerlichen Welt: „Exotik des Alltags" (Benjamin). Ähnliche sentimentale Verklärungstendenzen finden sich bei der musikalischen Darstellung puertoricanischer Jugendgruppen von der Westside, dem New Yorker Hafenviertel.

Nun ja, wird man sagen, Operette, Musical. Was bringt diese Analyse zum Verständnis der sonstigen Literatur? Als Hinweis einige kurze Stellen aus Saul Bellows Roman „Humboldt's Gift" über die Deutschen. „My dear friend George Swiebel had even said once, with a certain bitter admiration: ‚Murder Jews and make machines, that's what those Germans really know how to do'." In der Struktur unterscheidet sich diese Aussage kaum von den Arien der „Fledermaus" und des „Zigeunerbarons". Man kann das amerikanische Deutschbild kaum präziser und klarer zusammenfassen. Vorurteile in geschliffener Form, die Arien bei Strauß und die Dialogfetzen bei Bellow. Stimmt, nickt in beiden Fällen das Publikum. So ist es mit den Deutschen, den Schweinehändlern, den Zigeunern. Der Erfolg der Romane und der Operetten beruht auf ihrer Fähigkeit, die Vorurteile der Masse exakt zu beschwören. Der Deutsche, der den Mercedes in Humboldts Vermächtnis repariert, heißt, wie wohl?: Fritz. Er hat Preise wie ein Gehirnchirurg. Die beiden Mafiosi, die in dem Roman auftreten, tragen ebenfalls operettenhafte Namen. Der arriviertere heißt Langobardi, der kleinere Gangster Cantabile. Er spricht so, wie man das von einem Angehörigen der Unterklasse erwarten kann, im restringierten Code. Seine Frage an den Helden, ob er ohne Begleitung sei, lautet im Original: „You alone?" Der Negerportier spricht in der typischen Negersprache, und die geschiedene Ehefrau nennt die neue Geliebte des Helden: „That whore with fat titts."

2.2. Klischees, Formeln, Floskeln

Im Ablauf und im Inhalt der Märchen fallen gewisse Stereotypien auf. Am Anfang steht die Formel: Es war einmal. Dann beginnt es damit, daß ein junger, armer Mensch auszieht, nun sein Glück zu suchen, daß arme Leute nicht wissen, wie sie sich helfen sollen. „Die meisten Märchen handeln von armen Leuten und ihrem Weg zum Glück". „And they lived happily ever after", heißt es dann im Englischen. Zu Deutsch: „Und wenn sie nicht gestorben sind, leben sie heute noch". Diesen von Kindern so geschätzten glücklichen Ausgang sieht Röhrich (1976; 19, 26) als einen wesentlichen Bestandteil der Märchen an: „Erlösung ist das märchentypischste und märchencharakteristischste Motiv". „Da gibt es Erlösung aus der Armut, aus der Niedrigkeit, aus besonderer Häßlichkeit, Erlösung aus Tiergestalt, Erlösung durch Liebe und Heirat, Erlösung zu einem himmlischen Dasein oder zu einem höchstirdischen Glück, in Wohlstand und ohne Tod".

Die bunte unübersehbare Vielfalt des Lebens wird also vom Märchen in Formeln, in bestimmte Ablaufschemata gefaßt, um verständlich, um faßbar zu werden. Naturvölker und Religionen interpretieren in ähnlichen Formeln den Lauf der Geschichte. In der sogenannten Heilsgeschichte gibt es als Folge des Sündenfalls, der zur Vertreibung aus dem Paradies führte, eine notwendige Periode der Läuterung, in der wir uns augenblicklich befinden, mit mehr oder minder deutlichen Anzeichen, daß die Endzeit nahe ist. Dieses happy end der Historie kann nun verschieden interpretiert werden: als Reich Gottes, als Herrschaft der Vernunft, als Aufhebung der Klassengesellschaft (vgl. Mühlmann 1961). Meinecke hat in seiner „Entstehung des Historismus" die Grundformel des ständigen Fortschritts in der Geschichtsschreibung der Aufklärungsphilosophen nachgewiesen. Auch im marxistischen Weltbild entwickelt sich die Geschichte wie im Märchen von Hänsel und Gretel oder vom Rotkäppchen. Ist erst einmal die Hexe (bzw. der Wolf oder der Kapitalismus) getötet, dann leben alle glücklich und zufrieden.

Röhrich (1969; 9 ff.) weist weitere Tendenzen der Vorurteilsbildung im Märchen nach. Einmal im Bereich der sozialen Schichten. „Im Märchen ist fast immer der Arme zugleich der ethisch Gute, im Gegensatz zu den bösen Reichen". „Der Soldat klagt über herrische Offiziere und fehlende Altersversorgung, der Handwerksgeselle über schlechten Lohn, Arbeitslosigkeit oder hohe Kostpreise, der Knecht über die harte Behandlung durch den Gutsbesitzer, dessen Leibeigener er ist, der Bauer über den zinswuchernden Geldverleiher."

Der Hochgestellte wird durch die verzerrende Brille des Niedrigen gesehen. „Und sogar das Phantastische kommt nicht über die gesellschaftlichen Gegebenheiten der Erzähler hinaus. Der König ist nun eine Art Großbauer: Vor dem Dach der Kammer der Königin liegt der Flachs. Wenn der König und die Königin ausgegangen sind, steht das Schloß leer. Der Bursche, der im Schloß nach Arbeit fragt, muß zuerst mit der Magd verhandeln. Auf Wunsch ihres Vaters geht die Königstochter mit der Gießkanne auf die Wiese, um die Wäsche zu bleichen, und der König rät seiner Tochter zur Heirat, weil ein Mann auf den Hof muß. Als der König hört, daß die Königin ihm einen Sohn geboren hat, geht er in die

Schenke und trinkt sich einen Rausch an. Beim Taufschmaus im Königshaus reichen die Teller nicht aus, und der König kommt in Verlegenheit, als sich noch ein dreizehnter Gast einstellt. Die Schilderung unserer Märchenschlösser stammt also offenkundig nicht von den Bewohnern der wirklichen Schlösser." (Röhrich 1976; 25)

Auch das Verhältnis der Geschlechter wird im Märchen mit der Brille des Vorurteils gesehen. Die Hexe ist ein Zerrbild der Weiblichkeit, eine Verkörperung des Bösen in Frauengestalt. „Ebenso zeigt das Märchen im Verhältnis der Geschlechter Rollenzwänge aus der patriarchalischen Welt: Der Mann soll Heldentaten vollbringen. Der Frau hingegen fällt häufig eine dienende Rolle zu: Sie wird zur Gänsemagd erniedrigt, oder sie führt ein Aschenputteldasein am häuslichen Herd. Als Dienstmädchen der Frau Holle wird sie für fleißige und hingebungsvolle Hausarbeit wie Betten ausschütteln und Wohnung sauberfegen belohnt, oder sie führt den Haushalt der sieben Zwerge, während diese zur Arbeit ausziehen". (Röhrich 1976; 22) „Das Verhältnis der Geschlechter ist stets ambivalent". (Röhrich 1976; 13)

Hedwig von Beit (1952; 97ff., 335) sucht die formelhaften Strukturen des Märchens im Sinne der Archetypenlehre C. G. Jungs zu interpretieren. „Die zwei Urbilder, welche in fast jedem Märchen erscheinen – sei es allein oder beide zusammen – sind die des Vaters und der Mutter ... Der Archetypus des Vaters ... tritt auf als der Vater, der Großvater, der Ahne, der männliche Totem-Ahne, der alte Weise oder Lehrer, der Greis, der Zauberer, der Medizinmann, der Handwerker (Demiurg), der alte Häuptling, der alte König, der verkrüppelte Alte, der schwarze Mann, der Waldgeist, der Herr des Waldes und der Tiere ... Allgemein bedeutet das Bild des Vaters das Schöpferische, das Geistige, das anregend Bewegende." Der Weg der armen Leute zum Glück wird von ihr als Suchwanderung angesehen: Der Archetyp, der sich in Märchen am häufigsten darstellt, ist die „Große Fahrt", die abenteuerreiche Suchwanderung nach der „schwer erreichbaren Kostbarkeit", dem Symbol des Selbst, und diese Fahrt spiegelt „den Prozeß einer inneren Entwicklung".

Immer treffen wir in der Literatur feste Formeln des Ablaufs und des Inhalts, Verhaltensmuster, Normen, deren Entstehung entweder historisch oder strukturalistisch erklärt wird. Abweichungen sind, wenn überhaupt, nur mit Vorsicht möglich. Märchen mit schlechtem Ausgang sind wenig populär. Auch gute Hexen, böse Arme und gute Reiche würden vornehmlich Verwirrung stiften. Ähnlich wie im Western muß der bad guy vom guten Sheriff, der Verkörperung von law and order, zu unterscheiden sein. Als den gemeinsamen Nenner von Kitsch und Märchen sieht Killy (1973) das Verlangen an, die „Undurchschaubarkeit der Weltverhältnisse" in „einfache Bilder" aufzulösen, in Ordnungsmuster, die der Leser den Zufälligkeiten der Wirklichkeit unterlegen kann, so daß ihm eine Weltdeutung möglich wird.

Eine der einflußreichsten Untersuchungen über Stereotypbildungen in der abendländischen Literatur stammt von E. R. Curtius (1954; 89). Er führt viele feststehende Formeln auf die antike Rhetorik zurück. „Im antiken Lehrgebäude der Rhetorik ist die Topik das Vorratsmagazin. Man fand dort Gedanken allgemeinster Art; solche, die bei allen Reden und Schriften überhaupt verwendet werden können". Als Beispiel für derartige Gemeinplätze (Topoi) in der europäischen Literatur führt Curtius die Ideallandschaft an. „Die Naturschilderungen des Mittelalters wollen nicht die Wirklichkeit wiedergeben". „Was sollen wir aber sagen, wenn ein Dichter aus Lüttich meldet, der Frühling sei gekommen: Ölbäume, Palmen und Zedern trieben Knospen. Ölbäume waren im nordischen Mittelalter erstaunlich häufig." „Woher stammen sie? Aus den rhetorischen Schulübungen der Spätantike. Im mittelalterlichen Europa gibt es auch Löwen!" „Eckehart IV. von St. Gallen hat eine Reihe von poetischen Segenssprüchen über Speisen und Getränke hinterlassen, denen man bisher ‚hohen kulturgeschichtlichen Wert' zusprach, da man in ihnen ‚einen vollständigen Küchenzettel des Klosters' zu besitzen glaubte." Das ergab folgendes Bild von der Ernährung unserer Vorfahren: „Zuerst füllte man den Magen mit vielerlei Brot und Salz, um dann mindestens je einen Fisch-, Geflügel-, Fleisch- und Wildbretgang zu nehmen (alles ohne Saucen, Gemüse oder sonstige Beigaben), worauf man Milch trank und zunächst einmal zum Käse überging – usf." „Es ist jetzt erwiesen, daß die Benediktionen im wesentlichen Victualien betreffen, die Ekkehart in den Etymologien des Isidor von Sevilla fand, also ‚versifizierte Lexikographie‘ sind."

Ein anderes Beispiel ist das Herrscherlob. Seit der Zeit des Augustus gehöre es zum Image der Herrscher, Weisheit und Tapferkeit zu vereinen. „Die meisten Kaiser der ersten beiden Jahrhunderte waren bildungsfreundlich oder wollten es scheinen." „Die archaische Polarität ‚Weisheit – Tapferkeit‘ formt sich im Zuge dieser kulturellen Wandlung zu einer neuen, sehr viel differenzierteren Gestalt um". „Der Imperator ist Feldherr, Herrscher, Dichter in einem." (Curtius 1954; 185) Die germanischen Heerführer und Könige, so die Vandalen, die Ost- und Westgoten, die Merowinger und vor allem die Karolinger haben dann vielfach die Nachfolge der Imperatoren auch in dieser Beziehung übernommen.

Noch heute gehört zum Image des erfolgreichen Kandidaten für die amerikanische und französische Präsidentschaft, die deutsche Kanzlerschaft, die britische Ministerpräsidentschaft diese Verbindung von heldischer und musischer Begabung. 14% der amerikanischen Bevölkerung hielten Eisenhower nicht nur für einen guten Feldherrn, sondern auch für einen guten Philosophen.

Die Psychologen interpretieren dieses Ergebnis als Halo-Effekt. Ob es sich hier um historische Einflüsse oder angeborene Dispositionen handelt, in den Krönungsriten der Könige von Frankreich und den demokratischen Wahlkämpfen finden sich jedenfalls gewisse Parallelen (P. E. Schramm).

Starre klischeehafte Handlungsabläufe fallen nicht nur beim Ritus und bei dem von Regeln geleiteten Spiel auf (vgl. Huizinga), sondern auch als neurotische Lebensstrategien. Berne (1966) untersuchte diese Spiele der Erwachsenen und unterschied „Lebensspiele", „Unterwelt-Spiele", „Sexual-Spiele", „Party-Spiele". Das Lebensspiel des Alkoholikers bestehe darin, anderen zu beweisen, daß niemand ihn bremsen könne. Der Dieb komme zu den klischeeartigen Rückfällen in seiner Biographie, weil er danach trachte, immer wieder erwischt zu werden. Aber auch im normalen Leben finden wir vergleichbare Stereotype, die von unserer

Gesellschaft besser akzeptiert werden als die Spiele „Alkoholiker" und „Dieb".

Formeln sind also nicht nur Brillen für eine normierte Wahrnehmung, sondern auch Leitlinien für das Handeln. Der Topik als einer Vorratskammer für das Normale, aus der sich der Literat (aber auch der Richter, der Staatsanwalt) Rat holen kann (vgl. Viehweg 1952), entspricht der Knigge für die menschlichen Verhaltensweisen.

Watzlawick (1969) weist auf die Möglichkeit hin, daß zwischen dem klischeehaft geforderten Verhaltensmuster und der tatsächlichen Stärke Diskrepanzen auftreten können. Kellnerinnen trugen den Button „We are glad you are here" zu einer düsteren feindseligen Miene.

Aber nicht nur der arme Angestellte wird in Klischees gefangen, auch der eifrige Tourist, der seine harte Währung mit vollen Händen ausgeben muß, um das Sehenswerte wirklich zu sehen. Der Blick wird durch die Sterne des Baedeker geleitet. Eine Sehenswürdigkeit mit 3 Sternen hat das Recht auf längere Besichtigung und ehrfurchtsvollere Betrachtung. „Für den Guide bleu gibt es Menschen nur als Typen. In Spanien zum Beispiel ist der Baske ein verwegener Seemann, der Ost-Spanier ein fröhlicher Gärtner, der Katalane ein geschickter Kaufmann und der Kantabrier ein gefühlvoller Gebirgsbewohner" (Barthes 1964; 60).

Doch nicht nur unsere Wahrnehmung wird in unserer Kultur von Klischees geleitet, auch unser Benehmen. Gib das schöne Händchen!, wird dem Kind gesagt, wenn es zufällig die Linke dem Fremden zum Gruß hinstreckt. Bei den Erwachsenen sind die Verhaltensvorschriften verständlicher und genauer: „Eine Dame grüßt nicht zuerst, sondern wartet den Gruß des Herrn ab. Du darfst als Dame nicht vergessen, daß du den, von dem du einen Gruß erwartest, auch ansehen mußt. Wendest du den Blick ab oder schlägst ihn nieder, so machst du den Gruß unmöglich oder doch bedeutungslos. Jungen Mädchen steht es aber wohl an, ältere Herren oder solche, denen sie besondere Achtung schulden, wie Geistliche, Lehrer, zuerst zu grüßen." „Autoritäten auf dem Gebiete der Kunst oder Wissenschaft, stadtbekannte, hochgestellte Leute darfst du grüßen, auch ohne ihnen persönlich bekannt zu sein." „In einen geschlossenen Wagen grüße nicht hinein. Von Wagen zu Wagen grüßen die Damen, indem sie sich verneigen; die Herren, indem sie den Hut lüften, beim Selbstfahren durch Senken der Peitsche. Beim langsamen Reiten durch Neigen des Kopfes, bei schnellem durch Senken der Peitsche; auf dem Fahrrad durch leichte Kopfneigung. Im Automobil brauchst du nicht zu grüßen." (Konstanze v. Franken: Der gute Ton, Vom Grüßen)

Andere Formen von Vorurteilen treffen wir beim Finanzamt. Fährst du nach London, um dich auf einem Kongreß zu amüsieren, kannst du's von der Steuer abziehen. Fährst du nach London, um angestrengt 3 Wochen in der Bibliothek des Britischen Museums zu arbeiten, hast du große Schwierigkeiten, dies anerkannt zu bekommen. Fährst du in den Süden, ist es verdächtig, auch der Steuerbeamte denkt da an Palmen, Strände und dolce far niente. Die Bearbeitung deines Steuerfalles geht nach Klischee, schon weil's ja schnell gehen soll. Verdächtig ist, was aus dem Rahmen fällt. Das gilt auch für die Polizei. Der Rat an die Bürger: Live up to your image: Bleib innerhalb deines Klischees.

2.3. Inhaltsanalyse der Massenkommunikation

2.3.1. Die Illustrierten und die Wirklichkeit

Wenn man einigen kritischen Stimmen Glauben schenken will, so sind in Illustrierten hauptsächlich kaum bekleidete Mädchen zu sehen. Die Massenmedien verführen nach dieser Ansicht den gesunden Sinn der Bevölkerung, indem sie die normalerweise bekleidete Person in einem besonderen Ausnahmezustand, in dem sie sich nur ganz selten befindet, abbilden und festhalten, während sie das Normale vernachlässigen. „Die ganze Seite ist voll mit Nichtigkeiten: Verbrechen, Sex, Sport; und Sport, das harmloseste in diesem Terzett, ist zugleich auch das bedeutungsloseste." (Toynbee, in: Reinich 1964, S. 51)

Der mangelnde Sinn für das Normale tritt nach dieser Ansicht in den Massenmedien auch noch in zweiter Hinsicht zutage. Sie gaukeln dem schlichten Bürger eine Traumwelt vor, verfälschen damit seine gesunden Maßstäbe und machen ihn glauben, es müsse jeder Durchschnittsmensch in den Villen und Palästen wohnen, die im Kino, im Fernsehen und in den Illustrierten zu sehen sind.

Die Gewöhnung an die Massenmedien verdirbt nach Ansicht ihrer Kritiker den unbefangenen Zuschauer. Lang und Lang (1953; 3) untersuchten in einer Pilot-Study die verschiedenen Wirkungen, die ein öffentliches Ereignis (die Ankunft McArthurs in Chicago) auf einen Fernseh-Zuschauer und auf einen Augenzeugen hat. Sie kommen zu dem Ergebnis, daß ein und dasselbe Ereignis dem Augenzeugen viel weniger dramatisch erscheint als dem Zuschauer am Fernsehapparat. Die meisten vom Fernsehen verwöhnten Augenzeugen waren über das Ereignis enttäuscht, während die Fernsehteilnehmer einheitlich der Meinung waren, einem bedeutsamen geschichtlichen Ereignis beigewohnt zu haben.

Noch beunruhigender sind die Ergebnisse amerikanischer Psychiater, bei denen sich die Patienten beklagen, daß sie nicht dieselben großen und dramatischen Gefühle hätten, die allenthalben bei den Helden auf der Leinwand festzustellen sind.

Schaubild 1: Geschlecht

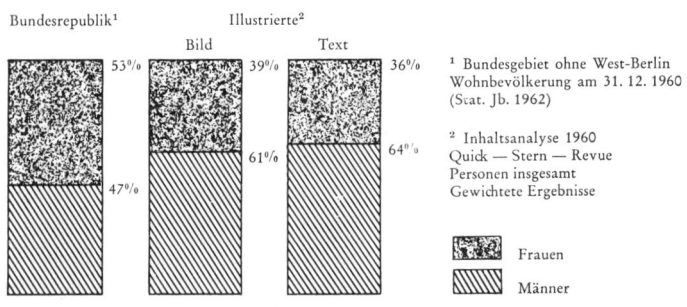

Das Verhältnis von Männern und Frauen beträgt in der Bundesrepublik 47% : 53%. Auf den Bildseiten der deutschen Illustrierten hingegen wird den Männern 61% des Raumes gewidmet. Noch weniger Beachtung finden die Frauen im Textteil (nur 36% des Raumes).

Nun wird kein einsichtiger Kritiker meinen, die Massenmedien müßten den langweiligen grauen Alltag der Welt schlicht abbilden. Das Außergewöhnliche, Bedeutsame bewegte seit den Tagen Homers immer die Seele des Erzählers und wurde deshalb berichtet, während der graue Alltag keinen Chronisten fand.

Wenn man aber das Durchschnittliche nicht als das Normale ansehen kann, was ist dann das Normale? Es besteht die Gefahr, daß jeder Kritiker der Massenmedien seine persönliche Weltansicht als Maßstab setzt, an dem dann die Medien gemessen werden sollen.

Das Normale ist zudem nicht immer das Erfreuliche. Dies gilt nicht nur vom Inhalt der Massenmedien, es gilt auch von der Eigenart des Publikums. Jaspers (in: Reinich 1964, S. 18) beschreibt die Überraschungen, als man daranging, breitere Bevölkerungsschichten systematisch zu untersuchen: „Als zu Anfang des Jahrhunderts die Intelligenzprüfungen und Kenntnisprüfungen aufkamen, waren wir erstaunt, wie gering der Kenntnisstand war, abgesehen von den Spezialkenntnissen der je besonderen Berufe. Damals sagte ein Psychiater, verblüfft von den Ergebnissen: Normal ist leichter Schwachsinn."

Die Problematik der tendenziösen Berichterstattung ist jedem Journalisten vertraut. Es ist ihm klar, daß es schwierig ist, objektiv zu berichten, und normalerweise setzt er seinen Stolz darein, diesem Ziel nahezukommen. Dieses Bestreben ist wohl allen Massenmedien gemeinsam. Im Film ist eine ganze Richtung, der Neoverismus, darauf aufgebaut, möglichst genau, ungeschminkt und minutiös die Wahrheit zu erfassen. Auch auf dem Gebiet der Illustrierten ist dieses Bestreben als erste und stärkste Tendenz zu erkennen.

Betrachten wir anhand einer Inhaltsanalyse von Illustrierten aus dem Jahre 1960 zunächst die Behauptung, in den Illustrierten seien vornehmlich unbekleidete Mädchen abgebildet (genaue Angaben der Versuchsanordnung M. Koch u. B. Bredereck 1965). Wenn wir das Problem schärfer umreißen, so stellt es eine Behauptung auf, die sich nach drei Kategorien nachprüfen läßt, nach den Kategorien Geschlecht, Alter und Bekleidung.

Die Behauptung ist zunächst abzulehnen, wenn man das Geschlecht ansieht. In Illustrierten wird prozentual mehr von Männern geredet, und es werden prozentual auch mehr Männer abgebildet, als es der Realität entspricht (Schaubild 1).

Das Ergebnis zeigt, daß im Text noch mehr von Männern die Rede ist als im Bild. Die Frauen sind also nach Ansicht der Illustriertenredakteure fotogener, aber doch nicht so fotogen, daß sie die Gleichberechtigung auf den Seiten der Illustrierten erreicht hätten.

Die Tendenz, die Frauen im Bild etwas stärker herauszustellen, zeigt sich auch, wenn wir die Durchschnittsgröße der abgebildeten Frauen betrachten. Frauen erreichen zwar auf den Bildseiten nicht den ihnen zustehenden Anteil, wenn sie aber abgebildet werden, werden sie im Durchschnitt etwas größer gezeigt als Männer. Hier zeigt sich eine frauenfreundliche redaktionelle Tendenz (Schaubild 2).

Zweitens ist das Alter der in den Illustrierten vorkommenden Personen mit dem wirklichen Alter der Bevölkerung zu vergleichen (Schaubild 3 a, b).

Schaubild 2:
Geschlecht. Durchschnittliche Abbildungsgröße bzw. Textlänge in Illustrierten.

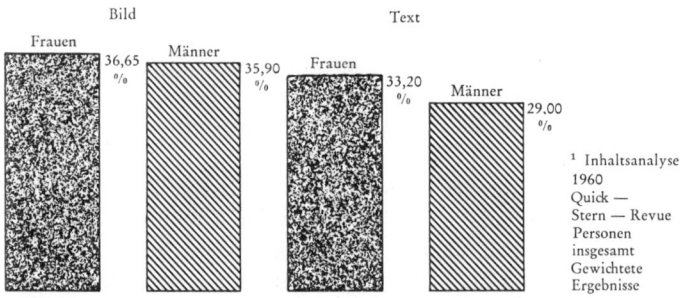

Bild

Text

Frauen — 36,65 %

Männer — 35,90 %

Frauen — 33,20 %

Männer — 29,00 %

[1] Inhaltsanalyse 1960 Quick — Stern — Revue Personen insgesamt Gewichtete Ergebnisse

Frauen werden auf einer Illustriertenseite durchschnittlich 7 cm² größer abgebildet als Männer. Innerhalb eines untersuchten Abschnittes verweilt der Text durchschnittlich eine knappe Zeile länger bei ihnen.

70

Schaubild 3 a:
Altersgruppen. Bundesrepublik[1] – Illustrierte (Bild)[2]

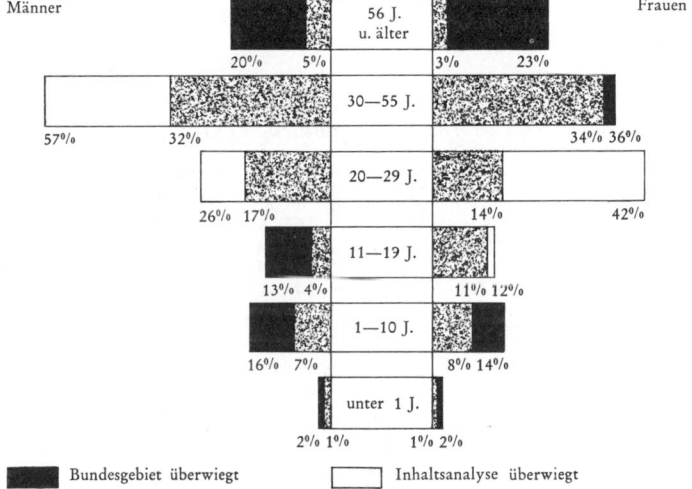

Männer   Frauen

| | 56 J. u. älter | |
| 20% | 5% | | 3% | 23% |

| 30—55 J. |
| 57% | 32% | | 34% | 36% |

| 20—29 J. |
| 26% | 17% | | 14% | | 42% |

| 11—19 J. |
| 13% | 4% | | 11% | 12% |

| 1—10 J. |
| 16% | 7% | | 8% | 14% |

| unter 1 J. |
| 2% | 1% | | 1% | 2% |

■ Bundesgebiet überwiegt   ☐ Inhaltanalyse überwiegt

[1] Bundesgebiet ohne West-Berlin, Wohnbevölkerung am 31. 12. 1960 (Stat. Jb. 1962)
[2] Inhaltanalyse Bildteil 1960, Quick — Stern — Revue,
Männer bzw. Frauen insgesamt ohne „Kein Hinweis" = 100%, Gewichtete Ergebnisse

Unter 1 Jahr: Säuglinge (sowohl männliche wie weibliche) werden in Illustrierten unterrepräsentiert. Säuglinge nehmen nur 1% des Bildraumes der Illustrierten ein, obwohl sie 2% der Bevölkerung ausmachen.

1–10jährige: Kindern wird in Illustrierten nicht der ihnen in der Bevölkerungsstatistik zustehende Raum gewidmet. Die Buben bilden 16% der Bevölkerung, nehmen aber nur 7% des Männern gewidmeten Raumes ein, bei den Mädchen ist das Verhältnis 14% : 8%.

11–19jährige: Bei den Teenagern zeigt sich eine Differenzierung der Geschlechter, den jungen Herren wird der Zugang zum Bildteil in stärkerem Maße verwehrt als den Knaben, den jungen Damen hingegen stärker geöffnet. Die weiblichen Teenager werden in den Illustrierten um 1% überrepräsentiert (12% : 11%), die männlichen beträchtlich unterrepräsentiert (4% : 13%).

20–29jährige: Die Twens sind die Lieblinge des Illustriertenbildteiles. Als einzige Altersgruppe werden sie bei beiden Geschlechtern überrepräsentiert, die Frauen noch stärker als die Männer (42% : 26%).

71

30–55jährige: Bei den weiteren Jahrgängen zeigt sich eine starke Bevorzugung der Männer (57%), die Frauen werden um 2% unterrepräsentiert (34%:36%). Über 55jährige: Von den alten Leuten sieht man in den Illustrierten nicht mehr viel. Sie sind die am stärksten unterrepräsentierte Altersgruppe.

Schaubild 3 b:
Altersgruppen. Bundesrepublik[1] – Illustrierte (Text)[2]

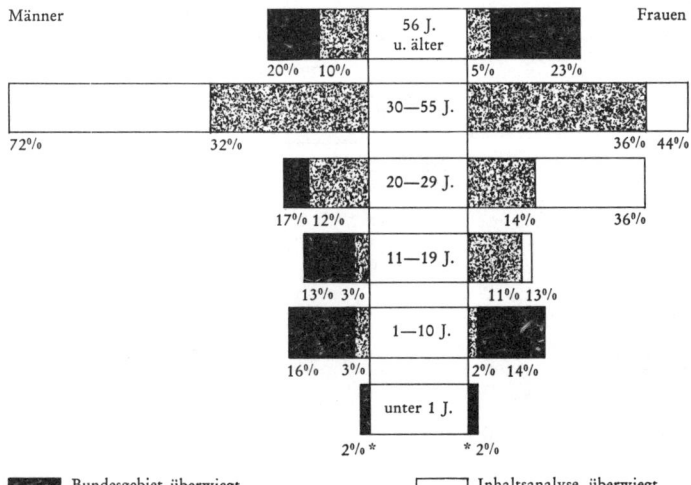

Männer   56 J. u. älter   Frauen

20% 10%   5%   23%

30—55 J.

72%   32%   36% 44%

20—29 J.

17% 12%   14%   36%

11—19 J.

13% 3%   11% 13%

1—10 J.

16% 3%   2% 14%

unter 1 J.

2% *   * 2%

■ Bundesgebiet überwiegt   □ Inhaltsanalyse überwiegt

[1] Bundesgebiet ohne West-Berlin, Wohnbevölkerung am 31. 12. 1960 (Stat. Jb. 1962)
[2] Inhaltsanalyse Bildteil 1960, Quick — Stern — Revue,
Männer bzw. Frauen insgesamt ohne „Kein Hinweis" = 100%, Gewichtete Ergebnisse
* = weniger als 0,5%

Unter 1 Jahr: Säuglinge kommen im Textteil sehr selten vor.
1–10jährige: Kinder sind im Textteil noch stärker unterrepräsentiert als im Bildteil.
11–19jährige: Bei den Teenagern liegen die Verhältnisse im Textteil ähnlich wie im Bildteil. Die jungen Damen werden überrepräsentiert (13%:11%), die jungen Herren unterrepräsentiert.
20–29jährige, 30–55jährige, über 55jährige: Im Textteil sind ähnliche Tendenzen zu finden wie im Bildteil. Es fällt jedoch auf, daß im Textteil den älteren Leuten mehr Raum gegeben wird als im Bildteil.

Es zeigt sich hierbei, daß die Gruppe der Männer mittleren Alters diejenige ist, die in den Illustrierten am stärksten überrepräsentiert wird. Die Behauptung, daß es vor allen Dingen junge Mädchen seien, die in den Illustrierten abgebildet sind, stimmt also nicht. Allerdings hat eine junge Frau eine größere Chance, in den Illustrierten behandelt zu werden, als eine ältere Frau, sie hat auch eine größere Chance, in die Illustrierten aufgenommen zu werden,

Schaubild 4: Kleidung in Illustrierten[1]

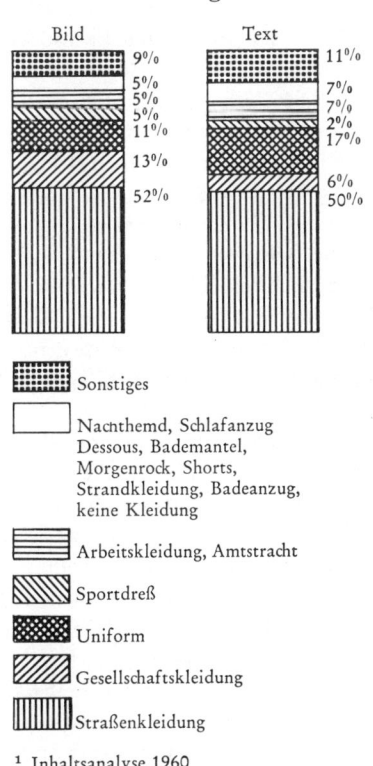

[1] Inhaltsanalyse 1960
Quick — Stern — Revue
Kleidung insgesamt
ohne „Kein Hinweis" = 100%
Gewichtete Ergebnisse

als ein jüngerer Mann. Die Illustrierten schildern mehr die Welt der Erwachsenen als die der Kinder. Kinder und Teenager sind ganz allgemein in den Illustrierten unterrepräsentiert. Junge Mädchen im Alter der Teenager haben eine dreimal so große Chance, in den Illustrierten abgebildet zu werden, wie junge Männer.

Der dritte Punkt, der in der Behauptung von den wenig bekleideten jungen Mädchen, die die Seiten der Illustrierten angeblich füllen, nachgeprüft werden kann, ist die Frage der Bekleidung (Schaubild 4).

Sowohl im Textteil wie im Bildteil der Illustrierten ist also in überwiegender Mehrheit von Personen die Rede, die gewöhnliche Straßenkleidung angezogen haben. Die Uniform spielt in unseren Illustrierten eine größere Rolle als die Badeanzüge und Dessous. Im Textteil der Illustrierten nehmen die etwas anzüglichen Bekleidungsarten nur 7% des Raumes ein, auf dem Bild sogar nur 5%, während es die Uniform auf 11% im Bild und im Text sogar auf 17% des Gesamtraumes bringt. Die Behauptung von der Dominanz der Bild- und Textkategorie spärlich bekleideter Mädchen auf den Seiten der deutschen Illustrierten ist also abzulehnen. Wer diese Behauptung verficht, muß selbst ein wenig mit Skepsis betrachtet werden, denn er hat in seinem Beachtungsprofil spezifische selektive Tendenzen.

Am stärksten ist der Zug zur Objektivität im Bildteil der Illustrierten zu finden, am schwächsten auf den Titelbildern, die in viel geringerem Maße die Vielfältigkeit des Lebens spiegeln. In vielen Tabellen findet man, daß sich das Titelbild auf weniger Kategorien beschränkt als Bild- und Textteil. Als Beispiel sei die Bekleidung angeführt. Im Bild kommen alle Bekleidungsarten einmal vor, wenn auch manche seltener gezeigt werden. Auf den Titelbildern der Illustrierten jedoch fehlen im Jahre 1960 Brautkleid, Sträflingsanzug, Trachten und Dirndl (vgl. Schaubild 4). Viele Berufe werden im Bildteil nicht so prominent abgebildet wie es ihrer Bedeutung entspricht, aber es kommen doch alle Berufe irgendwann einmal vor. Dies ist ein Beleg dafür, daß der Bildteil zwar auswählt und Akzente setzt, jedoch keine Seite des Lebens unterdrückt. Hierin ist wohl ein Zeugnis für die Freiheit und Objektivität der

Illustrierten zu sehen. Auf dem Titelbild jedoch fehlen die Wissenschaftler, die Schriftsteller, die Richter, Staats- und Rechtsanwälte, das Gerichts- und Gefängnispersonal, die Kriminellen und Angeklagten ebenso wie die Ingenieure und Techniker, die Beamten, die Handwerker und die Arbeiter.

Der Textteil hält sich in den meisten Gebieten in der Mitte zwischen der Traumwelt des Titelbildes und der Objektivität des Bildteiles. Nur in wenigen Hinsichten gibt er ein treueres Bild der Wirklichkeit. Er ist in der Behandlung der Vergangenheit objektiver als das Bild, das der Gegenwart, dem flüchtigen Moment, verhaftet ist.

Auch bei der Darstellung der Stimmung ist im Textteil ein stärkerer Zug zur Objektivität, zur volleren, umfassenderen Repräsentation der Buntheit des Lebens zu finden. Die ernste Stimmung der Arbeit wird im Bildteil zugunsten von extremen Stimmungen wie Grauen und Entsetzen verkleinert, im Textteil hingegen wird die weite Skala der Stimmungen recht gleichmäßig durchgespielt (vgl. Schaubild 6).

In ihrer Akzentsetzung klaffen Titelbild und Textteil am weitesten auseinander. Geht man die Gesamttabellen durch, um ein synthetisches Titelbild und eine synthetische Szene zusammenzustellen, die aus der jeweils am größten dargestellten Kategorie zusammengesetzt wird, so unterscheidet sich das typische Titelbild vom typischen Text folgendermaßen: Die Welt des Titelbildes wird von einer Frau dominiert, im Alter von 20 bis 30, die der Mittelschicht angehört, die in Straßenkleidung abgebildet ist, dem Beruf nach eine Schauspielerin, von der die Büste zu sehen ist. Die Szene spiegelt die Bühnensphäre wider, und es herrscht eine freundliche und heitere Stimmung.

In der Welt des Textes dominiert ein Mann mittleren Alters, der auch der Mittelschicht angehört und auch in Straßenkleidung abgebildet ist. Er ist ebenfalls ein Schauspieler, aber die Handlung spielt in einer Polizei- oder Gerichtssphäre, und die Stimmung ist ernst oder spannend.

Eine Analyse der durchschnittlichen Raumzuordnung auf dem Titelbild, im Bildteil und im Textteil gibt einen Hinweis darauf, was als fotogen angesehen wird. Wir geben eine kleine Übersicht über alle jene Kategorien, die auf dem Titelbild am größten dargestellt werden, im Inneren des Heftes, im Bildteil, schon etwas kleiner, und die dann im versteckteren Textteil noch kleiner erscheinen.

Als besonders fotogen sehen die Illustrierten die Fürsten und Schauspieler an. Die durchschnittliche Raumzuordnung 1960:

	Titel %	Bild %	Text %
Fürsten, Adel	16	11	4
Schauspieler, Film-, Varieté-, Schlager- und Tanzstars	51	13	13
Gesellschaftskleidung	22	13	3
Männliche Twens	27	22	9
Weibliche Twens	69	40	30
Freundliche, heitere Stimmung	46	16	8
Oberschicht	38	24	29

Die fotogensten Inhalte

Bei zwei Kategorien zeigen die Illustrierten eine Tendenz, sie eher zu verstecken. Alte Frauen und Uniformen werden im Textteil am größten, im Bildteil mittelgroß, auf dem Titelbild jedoch durchschnittlich am kleinsten dargestellt.

Die Kritik an den Massenmedien richtet sich aber mehr als gegen eine Unterdrückung von Tatsachen dahin, daß die Auswahl, die sie in ihren Darbietungen treffen, eine bestimmte Richtung, eine bestimmte Tendenz verfolgt.

Die klassische Studie, die eine derartige Tendenz nachweist, ist die von Berelson und Salter, die 185 Kurzgeschichten in acht amerikanischen Illustrierten der Jahre 1937 und 1943 untersuchten. Die amerikanischen Autoren konnten zeigen, daß alle Minioritätsgruppen in Amerika nicht nur unterrepräsentiert wurden, sondern daß ihnen auch ein schlechterer Charakter und geringerer Status zugeschrieben wurde (Schaubild 5).

Schaubild 5: Bevölkerungsgruppen – Charaktere[1]

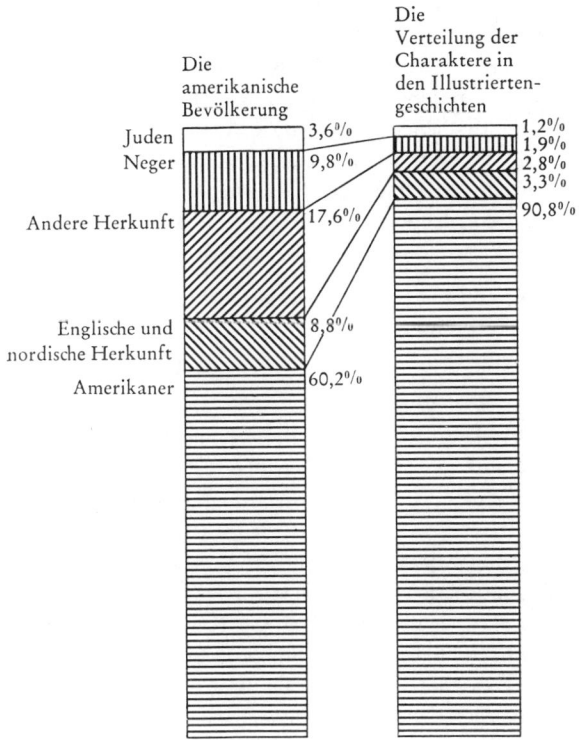

Die amerikanische Bevölkerung

Die Verteilung der Charaktere in den Illustrierten-geschichten

	Bevölkerung	Charaktere
Juden	3,6%	1,2%
Neger	9,8%	1,9%
		2,8%
		3,3%
Andere Herkunft	17,6%	90,8%
Englische und nordische Herkunft	8,8%	
Amerikaner	60,2%	

[1] in: Bernard Rosenberg und David Manning
White, „Mass Culture", Glencoe 1962, S. 239

Die echten Amerikaner bilden nur 60,2% der Bevölkerung der Vereinigten Staaten, beanspruchen jedoch 90,8% des Raumes der Geschichten in amerikanischen Illustrierten.

Der Ruf nach einer tendenzlosen, objektiven Berichterstattung wird nun vor allen Dingen von denjenigen erhoben, die sich eine andere Tendenz als die dargestellte zu eigen gemacht haben.

Eine tendenzlose Darstellung ist nämlich nicht nur den Massenmedien unmöglich, sondern ist schon bei der wissenschaftlichen

Darstellung nicht zu erreichen. Schon die menschliche Wahrnehmung ist tendenziös. Die gesamte menschliche seelische Ausrüstung ist darauf abgestellt, die Informationen so zu filtern, daß sie
akzeptabel werden. Berelson und Steiner kommen bei einer sorg-
fältigen Zusammenstellung aller experimentell erhärteten Ergebnisse über die menschliche Natur zu dem Schluß, daß der Mensch
nicht in der Lage ist, sehr viel Realität zu ertragen. Jaspers spricht
von einem „mächtigen Drang der Menschen zur Verschleierung
der Dinge" (in: Reinich 1964; 17). Berelson und Steiner (1964; 665)
zitieren in diesem Zusammenhang einen modernen Dichter:

> Go, go, go, said the bird: human kind
> cannot bear very much reality.
>
> (T. S. Eliot, Burnt Norton)

Verzerrungen der Wirklichkeit werden hiermit zu einem
menschlichen Problem, das über den Bereich der Berichterstattung
in Illustrierten weit hinausreicht. Wir haben vielmehr ein kulturel-
les Dilemma angerührt, das sich in unserem Jahrhundert besonders
zugespitzt hat.

Jaspers (in Reinich 1964; 20) stellt fest: „... der Bericht eines
Augenzeugen eines Ereignisses ist fast nie fehlerfrei. Wer dabei
war, sieht nicht alles, er täuscht sich in der Erinnerung, und zwar
fast jeder Mensch. das haben zu Anfang des Jahrhunderts die Aus-
sageversuche überraschend bewiesen."

Versucht man, die redaktionellen Tendenzen von Illustrierten zu
kennzeichnen, so könnte man als gemeinsamen Nenner eine opti-
mistische Überhöhung des Alltags finden.

Seit Plato den hellenischen Kindern die Lektüre des Homer verbieten wollte, weil seine Helden und Götter keine moralischen
Vorbilder sein könnten, hat man von der Literatur bestimmte Leit-
bilder gefordert. Insbesondere alle totalitären Regierungen erwarten staatstreue Tendenzen. Arbeitsfreude, Tapferkeit, Opferbereit-
schaft sollen von den Seiten der Presse, von den Leinwänden der
Kinos und von den Bildschirmen strahlen.

Welches Leitbild dominiert nun die von uns untersuchten Illustrierten? Mit einem Wort gesagt: Ein Bild des Optimismus, der

Lebensfreude, der gehobenen Stimmung. Die schönen, erfreulichen Seiten des Lebens werden in den Vordergrund gestellt. Seine Schattenseiten werden zwar nicht ganz verschwiegen, sie bleiben jedoch im Hintergrund (Schaubild 6).

Neben dem Zug zur Darstellung der Lebensfreude tendieren die untersuchten Zeitschriften zu einer Überhöhung, Verherrlichung und Verschönerung der Wirklichkeit. In den Illustrierten wird Angehörigen der Oberschicht mehr Raum eingeräumt, als ihnen prozentual nach ihrem Bevölkerungsanteil zustünde (Schaubild 7). Die teure Gesellschaftskleidung wird im Verhältnis öfter abgebildet, als sie im täglichen Leben getragen wird (Schaubild 4).

Die teuren schweren Autos werden häufiger und größer abgebildet, als die durchschnittlichen und kleinen Autos (Schaubild 8).

Schaubild 6: Stimmung in Illustrierten[1]

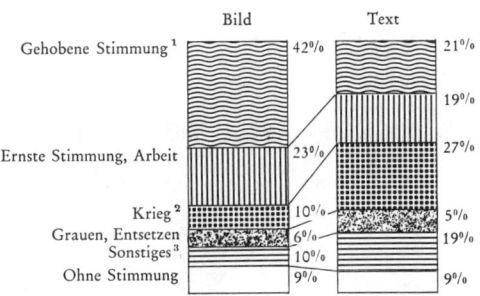

[1] „Gehobene Stimmung" enthält folgende Kategorien: Gehobene Stimmung; freundliche, heitere, Stimmung; Ferienstimmung; verliebte Stimmung.
[2] „Krieg" enthält folgende Kategorien: Erregte, gespannte Stimmung; Streit; Krieg, Revolution.
[3] „Sonstiges" enthält folgende Kategorien: Trauer; Mitleid; Krankheit; Sonstiges.

2.3.2. Das Prinzip der begrenzten Neuigkeit

Die frühe Kommunikationstheorie hat den Vorgang der Kommunikation zu einseitig unter dem Aspekt der Nachricht, der Übermittlung von Neuem gesehen.

Bühler (1934) und Lasswell (1948) unterstellen noch jedem Kommunikationsvorgang, daß er Informationen übermittle. Es

Schaubild 7: Soziale Schicht

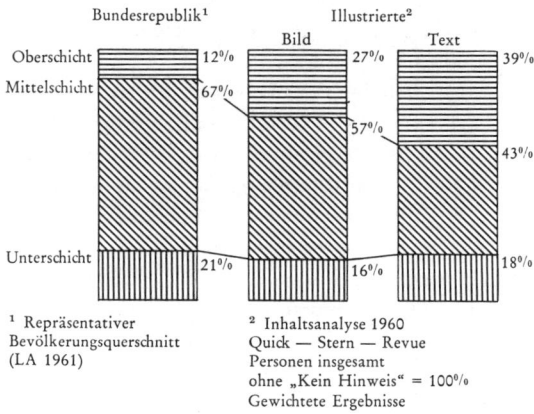

Bundesrepublik[1]   Illustrierte[2]

Bild   Text

Oberschicht 12% 27% 39%

Mittelschicht 67%

57%

43%

Unterschicht 21% 16% 18%

[1] Repräsentativer
Bevölkerungsquerschnitt
(LA 1961)

[2] Inhaltsanalyse 1960
Quick — Stern — Revue
Personen insgesamt
ohne „Kein Hinweis" = 100%
Gewichtete Ergebnisse

Schaubild 8: Personenkraftwagen nach Größenklassen

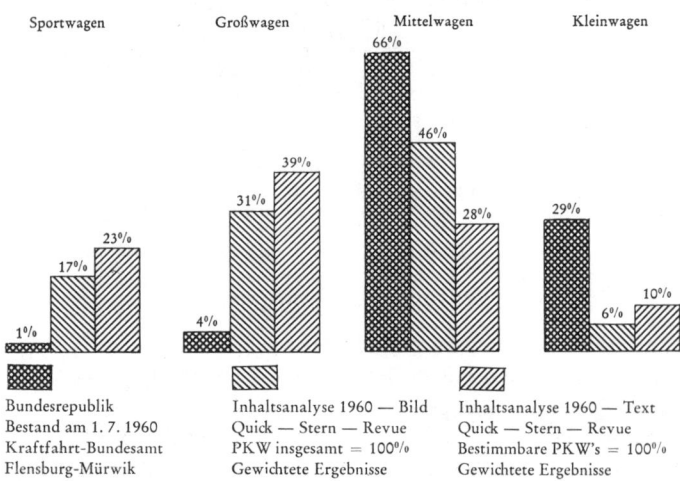

Sportwagen   Großwagen   Mittelwagen   Kleinwagen

66%

46%

39%

31%   29%

28%

23%

17%

10%

1%   4%   6%

Bundesrepublik
Bestand am 1. 7. 1960
Kraftfahrt-Bundesamt
Flensburg-Mürwik

Inhaltsanalyse 1960 — Bild
Quick — Stern — Revue
PKW insgesamt = 100%
Gewichtete Ergebnisse

Inhaltsanalyse 1960 — Text
Quick — Stern — Revue
Bestimmbare PKW's = 100%
Gewichtete Ergebnisse

80

gehört zum Wesen des Senders, daß er sendet, zum Wesen des Empfängers, daß er empfängt; und das, was gesendet und empfangen wird, ist dem Empfänger nicht oder jedenfalls nicht ganz bekannt.

Die Untersuchungen über sensorische Deprivation (den völligen Entzug von Außenreizen, die Isolationsfolter) scheinen die Ansicht zu bestätigen, daß der Mensch auf Neuigkeiten und Abwechslung angelegt ist. Variatio delectat. In der neueren Literatur hat insbesondere Konrad Lorenz den Menschen als Neugiertier gesehen. Sein biologischer Erfolg hänge zum Teil davon ab, daß er viele Sachverhalte erkunde, die er nicht zum unmittelbaren Überleben brauche. Diese zweckfreie Neugier teile der Mensch mit zwei anderen ebenfalls biologisch sehr erfolgreich über die ganze Welt verbreiteten Arten, mit der Wanderratte und dem Kolkraben. Ob es aber statthaft ist, dieses Modell voll auf die gesamte Kommunikation zu übertragen, erscheint zweifelhaft. Man denkt wohl an den mündigen Bürger, der sich ein Bild von der Welt machen möchte. Diesen Bürger gibt es jedoch vornehmlich in der Theorie.

Der freie Fluß von Informationen ist ein Kennzeichen der demokratischen Freiheit. Fraglich ist nur, ob der Hörer auch wirklich ein so weites Informationsbedürfnis besitzt. Einmal schätzt er keine Nachrichten, die seinen Standpunkten, auch seinen Wünschen widersprechen; zum anderen interessiert er sich vornehmlich für seine nähere Umgebung, die Lohnerhöhung, die Preisanhebung für sein Bier, das Kernkraftwerk in der Nachbarschaft und nicht für die Parteiprogramme der burmesischen Regierungspartei. Nachrichtenhören ist von Proß (1975) mit Recht weniger als Informationsgewinnung gewertet worden, sondern eher als ein Ritual. Was das Abendläuten für den Bürger des Biedermeier bedeutete, nämlich Ruhe, Sicherheit, Ordnung der Welt, bedeutet die Tagesschau am Fernsehen, mit den bekannten Sprechern und dem vertrauten Set-up. Das Lesen der New York Times in der New Haven Railroad gehört nach Berger u. Luckmann (1966; 169) zu den Riten des modernen Menschen, sich seiner subjektiven Realität zu versichern.

Kommunikation hat bei primitiven Völkern vor allem zwei

Funktionen, die wenig mit der Übermittlung von Neuigkeit zu tun haben, eine beschwörende und eine versichernde. Wenn man zur Messe geht, möchte man durchaus Kommunikation erleben, aber man will nichts Neues hören, sondern vielmehr die bekannten Formeln. Eine Änderung der tridentinischen Formeln der Messe hat bei der katholischen Bevölkerung teilweise Befremden hervorgerufen. Mit den Nachrichtensendungen des Fernsehens ist es nicht anders. Wenige Leute erinnern sich am nächsten Morgen, was sie am Abend in den Nachrichten gehört haben. Je wichtiger eine Nachricht ist, umso wahrscheinlicher ist es, daß man sie nicht in den Nachrichten erfährt, sondern durch persönliche Kommunikation. Warum hört man also Nachrichten, warum sieht man die Tagesschau? Das Ganze hat etwas Beruhigendes, dem Ritual vergleichbar. Nach den Spätnachrichten kann man zufrieden das Licht ausknipsen. Die Erwachsenen reagieren da im Grunde nicht viel anders als die Kinder, die das Sandmännchen gesehen haben.

Die versichernde Funktion ist Bernstein (1972) besonders in der Sprache der Unterschichten aufgefallen. Nach jedem Satz versichert sich der Sprecher, daß der Zuhörer noch bei ihm ist. Er fragt: gelt?, hast mi?, you dig me? Der gute Zuhörer pflichtet ihm nach jedem Satz bei: jawohl, da hast du aber recht, oder drückt doch sein Erstaunen aus: Was du nicht sagst! ,,Diese Einstellung auf das Kontaktmedium, oder mit Malinowskis Begriff, die phatische Funktion, kann sich durch ganze Dialoge hindurch in einem unmäßigen Austausch von ritualisierten Formeln entfalten mit dem einzigen Ziel, die Kommunikation zu verlängern." ,,Das Bestreben, Kommunikation zu beginnen und aufrechtzuerhalten, ist typisch für sprechende Vögel; die phatische Funktion ist so die einzige, die sie mit menschlichen Lebewesen gemeinsam haben. Es ist auch die erste Sprachfunktion, die sich Kleinkinder aneignen; sie möchten Kommunikation herstellen, bevor sie noch informative Kommunikation senden oder empfangen können". (Roman Jakobson 1930)

Kommunikation ist erwünscht, beim Inhalt aber sollte es sich eigentlich nur um Vertrautes, Bekanntes handeln. Neues wird nicht als solches geschätzt. Neues schlechthin kann weder gesendet noch empfangen werden. „News", „Nachrichten" ist ein falsches Wort, ein ideologisches Wort, das aus einem falschen theoretischen Modell der Kommunikation stammt.

„Jedes Fremde ist zunächst unheimlich und stellt eine Bedrohung des seelischen Gleichgewichts dar. Diese psychologische Erkenntnis ist der Rhetorik vertraut." Sie spricht vom „psychischen Choc" des Unerwarteten. (Lausberg 1963; 42) Im Laufe der kindlichen Entwicklung kann Fremdes nur langsam, mühsam und mit Hilfe eigener Techniken aufgenommen werden. Piaget (1936; 68ff.) bemerkt, daß Kleinkinder ihre Aufmerksamkeit am häufigsten nicht auf Altbekanntes, aber auch nicht auf total Neues richten, sondern auf Bekanntes mit neuen Aspekten. Piaget spricht vom Prinzip der begrenzten Neuigkeit. Bühler, Hetzer und Mabel (1928) konnten zeigen, daß „dosierte Diskrepanzerlebnisse" die kindliche Zuwendung motivieren und zu näherer Untersuchung einladen. Auch Berlyne (1960) weist auf die „collativen" (weder zu eintönigen, noch zu herausfallenden) Eigenschaften hin, die ein Reiz haben muß, um anregend zu wirken. Zu starke Abweichung vom Erwarteten, Vertrauten hingegen „motiviert zu Abwendung und Meidung, sie wird von negativen Gefühlszuständen wie Schreck, Furcht und Ängstlichkeit begleitet" (Graumann u. Heckhausen 1973; 138). „Die erstmalige Begegnung des psychophysischen Systems mit einem Reiz ist für dieses ein irgendwie negativ zu buchendes Ereignis" (Bühler, Hetzer u. Mabel 1928). Dies gilt auch für Begegnungen mit fremden Menschen und Menschengruppen. Eine Verarbeitung, Bewältigung des fremden Neuen ist nur stufenweise, eben nach dem Prinzip der begrenzten Neuigkeit, möglich.

Auf der anderen Seite ist aber darauf hinzuweisen, daß eine gewisse Neuigkeit, eine Abwechslung nötig ist, um überhaupt das Interesse am Fremden hervorzurufen. Bei steter Wiederholung tritt eine seelische Sättigung ein (Karsten 1928). Diese Erkenntnis steht schon am Anfang der abendländischen Philosophie bei Heraklit. „Gegensätzlichkeit ist Leben, der Wechsel notwendig, um zu leben: ‚Ermüdung bringt es, in derselben Anstrengung und in derselben Botmäßigkeit zu verharren.' ‚Auch der Gerstentrank zersetzt sich, wenn man ihn nicht umrührt.' ‚Im Wechsel liegt Erholung'." (Jaspers 1957; 24) Montesquieu sieht in seinem Essai sur le gout (de la curiosité) den Menschen als „neugieriges Wesen", deshalb sei die Seele „stets auf der Suche nach neuen Dingen" und gelange nie zur Ruhe.

Nach diesem Prinzip gingen auch die Lernvorgänge bei der gedanklichen Assimilierung der Phänomene neuer Erdteile, neuer Völker vor sich. Die kognitive Bewältigung des Fremden zeigt also mindestens eine durchgehende Gesetzmäßigkeit. Auf dem unbekannten Boden des Neuen wird gern die Krücke des Bekannten zu Hilfe genommen. Dieser Strategie bedienen sich die Menschen als einer umweltstabilisierenden Daseinstechnik. Hierbei mischen sie dem Fremden Bekanntes bei, entdecken es unter vertrauten, aber der Wirklichkeit kaum entsprechenden Formen, sehen es erst unter Zuhilfenahme von Schemata und Stereotypen.

Ein besonders instruktives Beispiel für die Assimilierung des Fremden mit Hilfe altbekannter Kategorien liefert die Kunstgeschichte (Gombrich 1965; 70ff.). Ein deutscher Holzschneider stand im Jahre 1557 vor der Aufgabe, die Engelsburg in Rom abzubilden. „Da er wußte, daß die Engelsburg eine Burg war, so suchte er aus seiner Schublade geistiger Stereotype das passende Cliché einer Burg – eine deutsche Burg mit ihrer Holzbauweise und ihrem hohen Dach. Aber er bildete nicht einfach sein Stereotyp ab – er adaptierte es zu seiner besonderen Aufgabe, indem er bestimmte Einzelheiten einfügte, von denen er wußte, daß sie diesem besonderen Gebäude in Rom zukamen." Die Engelsburg in Rom war dem Holzschneider also zunächst einmal eine Burg, ein Gebäude, dessen Schema ihm vertraut war. Erst aus diesem bekannten Modell heraus konnte er fremde Einzelheiten in sein Bild einarbeiten. Auf ähnliche Weise werden die frühen Abbildungen exotischer Tiere wie Giraffe, Nashorn von den europäischen Zeichnern verzerrt. Die fremden Geschöpfe werden den bekannten einheimischen Arten des Pferdes und der Kuh über Gebühr angeglichen.

Ein wesentliches Moment des Effektes der Massenmedien besteht in der Reduzierung der Komplexität der Wirklichkeit (Luhmann). Das wird von einem in dieser Hinsicht sehr bescheidenen Publikum schon als Sinndeutung hingenommen. Eine oft angewendete Technik der Massenmedien ist hierbei die Reduktion der Wirklichkeit auf überschaubare Familienverhältnisse. Die „fiktive Familie" ist nicht nur ein Ideal vieler Heilslehren (Schelsky 1977), sondern vor allem ein Kommunikationsmuster des Fernsehens und eine Illustriertenmasche. Nur begrenzte Neuigkeit wird übermittelt. Die komplexeren Probleme des Iran reduzieren sich zu Ehezwistigkeiten zwischen dem Schah und Soraya. Die Krise des Pfundes wird dem Leser durch Einsparmaßnahmen im Buckingham Palast verständlich. Die Erfassungsformel lautet: Königin Elisabeth bekommt weniger Wirtschaftsgeld. Die unübersichtlichen Parteiprogramme schrumpfen im Fernsehwahlkampf auf die bekannten Personen der Parteivorsitzenden zusammen. Fernsehduelle als telegener Familienkrach! Hierbei nimmt der Bundeskanzler eine Vaterrolle ein, Franz Josef Strauß die des bösen Buben. Die beliebtesten Sendungen haben deutliches Wohnstubenmilieu: Der internationale Frühschoppen, Was bin ich?: Allenthalben Reduktion der Komplexität auf das vertraute Familienschema.

2.3.3. Verzerrung als Leitbild

> „Aber sein Verhältnis zur Geschichte war reine
> Romantik und drehte sich um den Begriff des
> Helden. Er konnte durchaus Napoleon und Old
> Shatterhand in einem Satz erwähnen."
> *Albert Speer über Hitler*

Wer Nachrichten am Radio oder Fernsehen hört, möchte also nur bedingt Neues erfahren. Vor allem werden ihm seine festen Vorstellungen, die er von der Welt hat, bestätigt. Das Informationsbedürfnis wird dabei nicht über Gebühr strapaziert. Man hört im großen und ganzen, was man erwarten darf: Hungersnot in Indien, Umweltverschmutzung in Italien, Folterungen in Chile, Dissidenten in den Ostblockstaaten, Unterdrückung der Schwarzen in Südafrika, Bombenterror in Nordirland und Niedergang des Pfundes in Großbritannien. Nur wenn sich die Nachrichten in etwa in diese

Abb. 2. Marlboro. Der Geschmack von Freiheit und Abenteuer. Rauchen als
Attribut naturverbundener Männlichkeit. Hol Dir den vollen Geschmack
der Marlboro! Fühl' dich wie ein Cowboy, der sich am offenen Lagerfeuer
selbst den Kaffee braut und den ramponierten Napf in seinen braunge-
brannten schwieligen Händen hält. Verbreitung von Vorurteilen zu Um-
satzzwecken. Man muß jedoch mit dem Rauchen nicht unbedingt das Stereotyp der Männlichkeit verbinden. Schon der Volksmund verballhornt
die Werbelyrik: Die Toten dort an jenem See – Das sind die Raucher von
HB! und: Siehst du sein Grab am Wegesrand – Er rauchte Peter Stuyvesant.

Die krampfhafte Betonung der Männlichkeit in den Zigarettenanzeigen versucht, ein anderes Bild des Zigarettenrauchens zu übermalen, das manche Wissenschaftsrichtungen zeichnen. Die Ethologen sehen im Kettenrauchen eher ein Lutschbedürfnis, ein Zeichen kleinkindgemäßer Abhängigkeit, die Zigarette als stets greifbaren Ersatz für die beruhigende Mutterbrust. Der Raucher nicht als Cowboy, sondern als Dauerlutscher. Der Duft, den der Raucher um sich verbreitet und mit dem er andere mehr oder minder absichtlich stört, wird als Reviermarkierung gedeutet, vergleichbar mit den Duftmarken, die ein Hund eifrig beim Abendspaziergang setzt. Freud sah im Rauchen eine Ersatzbefriedigung, die namentlich bei Raucherinnen sexuelle Bedürfnisse stille.

Klischees fügen, werden sie überhaupt in der Tagesschau gesendet. Ebenso wie die klassische Operette besitzt auch die Tagesschau eine verborgene Struktur, ein verdecktes Drehbuch, dem der Ausgang auf der Bühne folgt. Die Struktur dieser Drehbücher der verschiedenen Medien der Massenkommunikation gleicht sich in auffälliger Weise. Wir erinnern an ein Beispiel, in dem das Strickmuster besonders offen zutage tritt. Der klassische Western läuft nach einem festen Schema ab. Es beginnt damit, daß ein einsamer Mann auf einem Pferd in eine Stadt mit ihren Saloons hineinreitet. Meistens hat er eine alte Rechnung zu begleichen, oder er wird zu Unrecht angegriffen. Auf jeden Fall kommt es zu Verwicklungen mit bösen schießwütigen Gesellen, die sich bereichern möchten. Der Held tut alles, um sich aus dem Streit herauszuhalten. Er kämpft nicht, läßt sich sogar als Feigling hinstellen. Schließlich aber treiben ihn die Bösewichter zu einem Punkt, an dem er nicht mehr ausweichen kann. Es kommt zum großen Kampf, zum show-down. Oft auf der Hauptstraße der kleinen Stadt, die wie ausgestorben daliegt. Die Bürger sind in ihren Häusern. Der Held verachtet sie im stillen, hilft ihnen aber mehr ungewollt, indem er sich den gefährlichen Verbrechern zum Kampf stellt und sie, nachdem er haarscharf an der Katastrophe vorbeikommt, endlich besiegt. Dank, Anerkennung und die mögliche Berufung zum Sheriff, auch die Gunst einer ihn bewundernden Frau verschmäht der Held des klassischen Wildwestfilms. Der Schluß des Films gleicht dem Anfang: Ein einsamer Reiter verläßt die Stadt mit ihrem Trubel, ihren Händeln, ihren Vergnügungen und der Jagd nach Geld. The lonely rider, langsam, im Schritt, trägt ihn sein braves Tier.

Nach der festen Überzeugung treuer Zuschauer von Wildwestfilmen sollte sich ein richtiger Mann nun ebenso verhalten wie der Held im Westen. Auch er sollte edel, einsam, spröde und kaltblütig handeln. Das Klischee wird zum Ideal. Mag diese Tendenz bei kinobegeisterten Jugendlichen noch keine schädlichen Wirkungen haben, ärgerlich wird sie in der Politik, wenn klischeehafte Wunschbilder von Unerfahrenen zu Gesetzen gegossen werden sollen.

Der Wildwestfilm, die Wochenschau, die Tagesschau, der Heimatroman und der deutsche Schlager geben nicht nur ein schiefes Bild von der Welt, sie setzen auch Normen. Die künstliche Welt dieser Medien wird den traurigen Niederungen dieser Erde idealtypisch entgegengesetzt. Wie im Roman sollte das Leben eigentlich sein. Der Roman verheißt Rettung und Hilfe. Lebenshilfe ist eine wesentliche Thematik der Massenmedien. Aus der „Brigitte" lernt die junge Dame, wie man sich richtig anzieht, aus der Gesellschaftsspalte der „Abendzeitung" erfahren die Entführer von Prominenten, wo sich eine Erpressung lohnt. Auch Schlager geben Lebenshilfe.

Der Kern des Textes eines deutschen Schlagers besteht meist aus einer Schlagzeile, der eine besondere Bedeutung zukommt, da nach ihr der Schlager fast immer benannt und an ihr „aufgehängt" ist. Sie gibt häufig einen Allgemeinplatz wieder („Die Liebe fängt beim Kuß an") oder sie verstärkt ein Vorurteil („Ein Zimmermann muß wandern", „Ein Italiano muß immer singen"). „In jedem Falle stellt der Vorgang eine unabweisbare Tatsache dar, an der nichts zu ändern ist." „Die aussagende Person bekräftigt ihre Meinung als allein gültigen Maßstab." (Busse 1976; 56 ff.)

Abendstunde hat Gold im Munde,
und was ich sage, das stimmt!

Die Welt ist kugelrund
ich bin ein Vagabund
und küßte manche Lady.

Abb. 3. Feist feldgrau im Kriege. Die Scheinwelt der Werbung und das Stereotyp des Krieges. Auch im mörderischen Krieg beschwört die Werbung die gelöste Atmosphäre des gehobenen Konsums. Die Herren Flieger sind nicht bereit, wegen dem bißchen Völkersterben ihr elegantes und sportliches Leben aufzugeben. Vor dem Feindflug stößt man an, dann wird der Propeller des schneidigen Doppeldeckers vom Burschen angeworfen. Prosit! Die Verherrlichung des Krieges ist ein Topos, der aus der Antike stammt. „Süß und ehrenvoll ist es, für das Vaterland zu sterben." Auf Nietzsches Lobpreisungen des Krieges stützte sich die nationalsozialistische Kriegspropaganda. Aber auch die Futuristen äußern in ihrem Manifest unverantwortliche Ansichten: „Wir wollen den Krieg preisen – diese einzige Hygiene der Welt . . ." Der junge Disraeli meint 1826: „Peace gets quite a bore" (Frieden wird ziemlich langweilig). Und Georg Heym schreibt 1910 in sein Tagebuch: „Dieser Frieden ist so faul, ölig und schmierig wie eine Leimpolitur auf alten Möbeln." (Kreuzer 1968; 341 ff.)

Schlager stellen eine heile und lustige Welt dar. Liebe ist selbstlos. „Konkrete Gegenstände, die man mit Geld kaufen kann, seien nicht wichtig, um leben zu können." „Luxuriöse Güter wie Nerz, Chinchilla und eine Villa, die sowieso nicht im Erfahrungsbereich des gewöhnlichen Alltags liegen, verweisen in einen Traumbereich des Durchschnittsmenschen und können als unabdingbare Existenzgrundlage leicht negiert werden". Das Leben läuft nach dem Schema ab: Boy meets girl.

> So fängt es immer an:
> Ein Boy will nicht mehr so allein sein.
> Er schaut dich fragend an
> und hält deine Hand
> so wie im Roman.

Im übrigen geht es im Schlager eher prüde zu. „Der Mund ist im erotischen Raum ein Sprachorgan, das ‚I love you' sagt, und nur in den seltensten Fällen zum Küssen gebraucht wird, auch wenn vorher von Liebe die Rede war." Frauen sind eher züchtig. Die Gründe, warum sie gefallen, sind Topoi, ein Lächeln und blondes Haar und das Alter von 17 Jahren. Im übrigen sind Männer- und Frauenrolle festgelegt. Der Mann zieht in die Welt, sie bleibt zuhause.

Verwandte Strukturen finden wir in der Trivialliteratur. „Das Ausweichen in Imitation jeder Art, in Erlebnis- und Sprachhülsen, in Klischees, in ‚Vorstellungsfolien', in literarische und darin versteckt in gesellschaftliche angebliche ‚Archetypen' macht einen Teil dessen aus, was in der Literatur ‚trivial' genannt wird." In den Heimatromanen wurden die „tradierten Unterhaltungsschemata aufgehöht mit dem guten und besseren (auch leser- und volkserzieherischen) Gewissen einer angeblich notwendigen Restauratio, eines ‚Ursprünglichen', des ‚rechten' Lebens, des ‚gesunden', des ‚volksechten' Lebens …" Auch in den Romanen der „Gartenlaube" und denen der Marlitt finden wir „gutbürgerliche Adelskritik", „bürgerliches Happy-end und schwarz-weiß klischierte Moral", „gutbürgerliches Übersehen des Arbeiters und der Industriewelt" (Schwerte 1968).

Abb. 4. Johanna Spyri, Heidi. Heidi ist nur glücklich auf der Alp beim Großvater. Verzerrung der Wirklichkeit in den Massenmedien. Die heile Welt des Kinderbuches. Leseprobe: „Am anderen Morgen schien wieder die helle Sonne, und dann kam Peter mit den Geißen, und wieder zogen sie alle miteinander nach der Weide hinauf. So ging es Tag für Tag, und Heidi wurde bei diesem Weideleben ganz gebräunt und so kräftig und gesund, daß ihr nie etwas fehlte. Froh und glücklich lebte Heidi von einem Tag zum anderen." Die Stadt ist ungesund, das Landleben ist glücklich und gesund! Die Medizinstatistiken stützen dieses Bild nicht unbedingt, gegenüber der bäuerlichen Bevölkerung in den Entwicklungsländern sind die modernen Großstädter im Durchschnitt gesünder und langlebiger. Aber das Stereotyp des gesunden Älplers hat eine lange Tradition, schon Heinrich Heine, Flachländer und Städter, macht sich in seinen „Reisebildern" über die Tiroler lustig: „Die Tiroler sind schön, heiter, ehrlich, brav, und von unergründlicher Geistesbeschränktheit. Sie sind eine gesunde Menschenrasse, vielleicht, weil sie zu dumm sind, um krank sein zu können." (Kap. XI)

Auch im Groschenroman finden wir den Prozeß der Vorurteilsbildung, der sich als menschliche Eigentümlichkeit von der hohen Literatur bis zur niedrigsten fast überall nachweisen läßt. Das Frauenbild bei Jerry Cotton analysiert Bierwirth (1972): „Gegen das Bild der total verdinglichten Frau, deren Prototyp die Prostituierte ist, baut die Trivialliteratur das der ‚natürlichen' Frau auf."

„In ihrem Gesicht mit den strahlenden Augen war nicht ein Hauch von Schminke zu sehen. Aber das Schönste an ihr, wenigstens für mich, war ihr weizengelbes Haar, das einen goldenen Schimmer hatte, wie die reifen Felder des mittleren Westens, wenn die untergehende Sonne einen kupfernen Glanz über das Land wirft."

„Augen sind blau, die Sonne ist golden, der Glanz ist kupfern, der Mord ist gewöhnlich oder traurig, die Frauenstimme ist silberhell oder warm, der Mocca ist tiefschwarz, die Tassen sind zerbrechlich, die Couch ist bequem, Wohnung und Gemälde sind modern …"

Das eigene Selbstideal wird nicht nur als allgemeine Richtschnur akzeptiert, im Grunde sollten alle Menschen so sein, sich so benehmen, wie sich die Romanfiguren verhalten.

Immer sind es „Vorurteile aus dem wirklichen Leben, deren pausenlose Wiederholungen ihren Bestand im Bewußtsein der Konsumenten sichern". „Was sich als Wahrheit aufspreizte, ist vollkommene Lüge. Das Stilmittel der ‚verisimilitude' ist das traditionelle Instrument zur Beherrschung des Lesers seit Daniel Defoes Robinson Crusoe. Diese Herrschaft über den Leser bewirkt dessen kompromißlose Identifizierung mit dem Fiktiven qua Realistischen." (Bierwirth 1972; 102 f.)

Auch viele Werbeslogans geben eine schlichte Lebenshilfe mit der Klarheit, die schon bei Heeresdienstanweisungen besticht. Man kann nichts mehr falsch machen, wenn man ihnen folgt. „Der Rekrut wäscht sich morgens mit kaltem Wasser" oder: „Man geht nicht mehr ohne Hut". Die Behauptung maßt sich in der Massenkommunikation die Würde der Norm an: „Hast du was, bist du was!" „Wohlstand für alle!" „The richest child is poor without a musical education!" „Guinness is good for you!" Der Abweichler,

Abb. 5. Gesucht wird eine Persönlichkeit! (Heiratsinserate aus der „Zeit" Nr. 18, vom 28. April 1978). Auch in die Ehewünsche gehen die stereotypen Vorstellungen unserer Kultur ein. Gesucht werden „Akademiker", Ärzte und Architekten. Als Sportarten sind Reiten, Segeln, Skilauf oder Tennis besonders annoncefähig. Stark gefragt werden auch „Große Jungen" oder doch wenigstens solche, die junggeblieben sind. Vierzigjährige sind in aller Regel „jünger aussehend". Als Interessen sind „Psychologie" und „Gute Musik" gerade in. Tierlieb oder doch wenigstens naturlieb sollte der Partner selbstredend auch sein. Der offene Wunsch nach Sexualität wird hingegen kaum ausgesprochen. Heiratsanzeigen sind ebenso keusch wie Schlager. „Die Frau hat im Schlager keinen Busen" (Busse 1976; 73). In der Anzeige werden aufreizende sekundäre Geschlechtsmerkmale hinter knappen Maßzahlen verborgen, zusammen mit Wuchsform, Haarfarbe und Körpergröße: „schlank, blond, 183 cm". Allenfalls ist scheu von Zärtlichkeit und Warmherzigkeit die Rede, von Kameradschaftlichkeit, einer „fairen Beziehung", manchmal klingen feierlichere Töne an: „Partnerschaft, die von Liebe getragen ist". Auch die gemeinsamen Reiseziele, die der gesuchte neue Partner anstreben sollte, sind kulturkonform und zeigen eine gewisse Schlagermentalität: „Bornholm oder Kreta im August!", „Zwischenziel Timbuktu – wenn wir uns nach dieser Testfahrt im August noch ausstehen können, sollten wir zusammen bleiben". Ehewillige Männer sehen ihre Freier-Rolle auch trivial-poetisch: „Hand in Hand in den Frühling, Sommer, Urlaub, gemeinsames Entdecken, Erleben und Genießen der tausend schönen Dinge dieser Welt, die man allein so leicht übersieht, dies wünscht sich vom Fiskus arg gebeutelter Menschen- und Kinderfreund." Das Geld ist ähnlich tabuisiert. Wenn Vermögen gefordert wird, dann allenfalls „aus Paritätsgründen". Woody Allen parodiert in seinem Film „Der Stadtneurotiker" die Heiratsanzeigen: „Junge Dame aus gutem Hause, interessiert an langen Spaziergängen, Mozart und Sodomie . . ."

der keine Pfandbriefe kauft, keinen Hut trägt, nicht im Wohlstand lebt, kein Guinness trinkt oder seinem Kind keinen Klavierunterricht geben läßt, soll ein schlechtes Gewissen bekommen, was die Kritiker unserer Welt des Massenkonsums mit Recht beklagen. Marcuse (1968) tadelt die „affirmative Kultur", jene der bürgerlichen Epoche angehörige Kultur, „welche im Laufe ihrer eigenen Entwicklung dazu geführt hat, die geistig-seelische Welt als ein selbständiges Wertreich von der Zivilisation abzulösen und über sie zu erhöhen. Ihr entscheidender Zug ist die Behauptung einer allgemein verpflichtenden, unbedingt zu bejahenden, ewig besseren, wertvolleren Welt, welche von der tatsächlichen Welt des alltäglichen Daseinskampfes wesentlich verschieden ist, die aber jedes Individuum ‚von innen her', ohne jene Tatsächlichkeit zu verändern, für sich realisieren kann."

Die Werbeaussage maßt sich die Dignität eines Naturgesetzes an. „Der nächste Winter kommt bestimmt!" „Die Stuyvesant-Generation geht ihren Weg." „Persil bleibt Persil".

Barthes (1964; 24 f.) beklagt die Stupidität dieser Werbesprüche, die er für bedrohlich hält. „Die Tautologie ist immer aggressiv. Sie ist eine Androhung einer Ordnung, in der man nicht denken würde." Eine derartige nicht mehr hinterfragbare selbstverständliche Welt vermitteln die Massenmedien.

Ihre politische Wirkung beruht kaum in der Übernahme einzelner Nachrichten, über deren Akzeptierung die Lehrmeinungen auseinander gehen (Katz u. Lazarsfeld 1955, Klapper 1957, Renckstorf 1973). Vielmehr erzeugen die Medien, insbesondere aber das Fernsehen, ein Normenklima, das dem Schlager und dem Slogan entspricht: Man geht nicht ohne Hut, ein Italiano muß immer singen, in diesem Jahr wählt man diese oder jene Partei.

3. Vorurteile als Grundtatbestände des Seelenlebens

Stereotype überall. Eine gewisse Anerkennung ihrer Existenz ist auch in der Sozialpsychologie festzustellen. Im ganzen aber war es ein beschwerlicher Weg, ehe sich die wissenschaftliche Psychologie mit den Stereotypen befaßte. Eigentlich wurde immer nur untersucht, was in die jeweiligen Theorien hineinpaßte. Und in viele, namentlich in den Behaviorismus, paßte das Phänomen Vorurteil eigentlich gar nicht hinein.

Die abendländische Psychologie sah den Menschen zunächst einmal als ein wahrnehmendes Wesen. Diese Betrachtungsweise stammt aus dem griechischen Erbe. Am Beginn des 1. Buches seiner Metaphysik spricht Aristoteles von der Lust des Wahrnehmens, insbesondere des Sehens. Die Freude am Wahrnehmen galt als ein menschlicher Grundzug. „Alle Menschen streben von Natur aus nach Wissen. Ein deutliches Zeichen dafür ist die Liebe zu den Sinneswahrnehmungen. Denn abgesehen von dem Nutzen wurden diese um ihrer selbst willen geliebt, und von allen besonders die Sinneswahrnehmung, die durch die Augen zustandekommt. Denn nicht nur, um zu handeln, sondern auch, wenn wir keine Handlung vorbereiten, geben wir dem Sehen sozusagen vor allem anderen den Vorzug." Psychologie unter dieser ideologischen Prämisse wurde als Wahrnehmungspsychologie verstanden. Hinzu kam die hohe Bewertung der Wahrnehmung durch den britischen Empirismus. Sie galt als Grundlage aller Wissenschaft.

Wilhelm Wundt (1911) baute die experimentelle Psychologie auf der Wahrnehmung auf. „Damals wurde somit der Grund zu dem gelegt, was man später polemisch den ‚perceptual imperialism' (McLeod) (den Wahrnehmungsimperialismus) genannt hat. Eine Vorherrschaft der Wahrnehmungslehre, welche den Menschen in erster Linie als ein erkennendes Wesen betrachtete und noch dazu als ein solches, das sich mit den einfachsten Erkenntnissen zufrieden gibt" (Thomae 1977; 24). Thomae leitet diese „Abstraktion" aus dem realen Verhalten, aus den „Konventionen der präklinischen Medizin" ab.

Nun muß man den Menschen nicht unbedingt primär als ein wahrnehmendes Wesen auffassen. Andere Psychologien haben andere Ausgangspunkte. Mit einer indischen Psychologie könnte man den Menschen zunächst als ein atmendes Wesen verstehen. Oder als Christ könnte man die Wahrnehmung der Liebe unterordnen. Selig ist, wer nicht sieht und trotzdem glaubt! Schließlich könnte man mit Goethe postulieren: „Am Anfang war die Tat". Jeder willkürliche Ausgangspunkt führt aber zu einer ungünstigen Erfassung der anderen menschlichen Fakultäten. Schon das Denken konnte mit den Kategorien der Wahrnehmungspsychologie kaum exakt beschrieben werden, wie Karl Bühler (1907) zeigte.

Die Abkehr von der wahrnehmungszentrierten Psychologie war eine Errungenschaft der Würzburger Schule. Es ist aus der Geschichte der Psychologie bekannt, daß sie das Denken und seine Gesetze in die Untersuchungen mit einbezog. Die Würzburger Schule tat auch den wesentlichen Schritt zur Vorurteilsforschung, es wurden nun auch die Einstellungen als Grundtatbestände des Seelenlebens erkannt.

Der psychologische Einstellungsbegriff stammt von Külpe. In seinem Referat auf dem 1. Kongreß der deutschen Gesellschaft für Psychologie in Gießen im Jahre 1904, „Versuche über Abstraktion", zeigte er bei kurzer Expositionsdauer sinnlose Silben in verschiedenen Farben. Wenn die Aufgabe, Farben anzugeben, gestellt wird, sind die Angaben über Farben richtiger als andere Angaben. Wird die Aufgabe gestellt, auf die Silben selbst zu achten, steigt die Zahl der richtigen Angaben über die Silben, die Zahl der richtigen Angaben über die Farben fällt. Külpe (1893; 464) hatte zunächst eine herkömmliche Erklärung für diese Wirkungen, den Willen. Er nennt das Denken eine Art „innerer Willenshandlung". Watt (1905) spricht von der „Aufgabe", die ihre Wirkung in den Versuchen zeige. In den folgenden Untersuchungen finden sich die ersten ausführlicheren Deskriptionen von Einstellungen. Hierbei schwankt die Terminologie der Schule. Fast in jedem Jahr wird ein neuer Begriff geprägt. Mayer und Orth (1901) und Orth (1903) sprachen von „Bewußtseinslagen". Beschreibungen des Phänomens finden sich bei Messer (1906; 180). N. Ach (1905) ersetzt den Begriff „Bewußtseinslage" durch den Begriff „Bewußtheit von etwas". G. W. Allport (1954; 44) gibt eine Blütenlese der Begriffe, die in der Würzburger Schule für Einstellungen verwendet wurden. Er denkt darüber nach, warum es nach diesen vielversprechenden deutschen Ansätzen zu keiner eigenständigen Sozialpsychologie in Deutschland gekommen ist und sieht einen sprachlichen Grund, es gebe im Deutschen keinen Begriff wie „attitude", der allgemein anerkannt würde. Ein anderer Grund ist wohl wichtiger, die Verlagerung der Interessen. Aus den Würzburger Ansätzen hätte sich ebenso eine Sozial- wie eine Denkpsychologie entwickeln können, doch nur die zweite Möglichkeit wurde zunächst genutzt. Die Deskriptionen von Einstellungen werden spärlicher, sie sind bei Bühler (1908) allenfalls in der Behandlung der „Intentionen" zu finden.

Unsere Rückbesinnung kann aber bei einer Arbeit aus der Bühler-Schule ansetzen. Marie Jahoda, P. Lazarsfeld und H. Zeisel (1931) übertrugen eine abgewandelte Würzburger Methode auf empirische Untersuchungen mit sozialpsychologischer Zielsetzung. Statt die Erlebnisse der Versuchspersonen beim Denken möglichst vollständig zu protokollieren, wie die Angehörigen der Würzburger Schule, erfaßten sie möglichst umfassend und wörtlich die Erlebnisse der Marienthaler Arbeitslosen und ihre Einstellung zu ihrer neuen Lage, außerdem den Gesamteindruck der Wohnungen der Arbeitslosen, die Berichte der Ehemänner und der Frauen; sie betrieben sogar eine Art rudimentärer Tageslaufanalyse. Auch Fragebogen werden verwendet. Das Erlebnis der Arbeitslosigkeit wird bei hundert Familien detailliert beschrieben. Typische Beispiele für die Deskription von Haltungen sind in der Beschreibung der Resignation zu finden, die bei den meisten Familien auftrat. Hiervon heben die Forscher die „ungebrochene Einstellung" ab. Sie wird durch klare phänomenologische Kriterien definiert, wie die Fähigkeit, den Haushalt aufrechtzuerhalten und für die Kinder zu sorgen, das Gefühl einer gewissen Zufriedenheit,

Aktivität, Pläne und Hoffnungen für die Zukunft, Lebensfreude, andauernde Anstrengungen, sich Arbeit zu verschaffen. Die Forscher unterscheiden schließlich vier Einstellungen, die ebenso genau beschrieben und mit Beispielen belegt werden wie die ungebrochene Einstellung.

3.1. Bilder in unseren Köpfen

Als Karl Bühler 1908 das Denken als eigenständige psychologische Erscheinung zum ersten Male voll in den Blick bekam, da stellte er zunächst an diesem seinem Gegenstand einige grundlegende Qualitäten fest. Denken, das erkannte Bühler, war seinem Wesen nach unanschaulich, es bestand aus Regeln, es gehorchte nicht den Assoziationsgesetzen. Da es in der überkommenen Psychologie keine seelische Form gab, die diese Qualitäten hatte, deklarierte Bühler diesen neuen Gegenstand als einen Grundtatbestand des Seelenlebens.

Wir wollen hier mit demselben Recht – und mit derselben Methode – für die Einstellungen das fordern, was Bühler für das Denken beanspruchte, nämlich den Rang eines Elementes. Einstellungen sind, um ein anderes Wort Titchener's (1909; 16) zu gebrauchen, ebenso wie Wahrnehmungen oder Gedanken „a simple datum, natural and ultimate".

Der erste Schritt zu dieser Anerkennung besteht darin, das Phänomen zunächst einmal zu beschreiben.

Wir wenden uns einem Vorurteil zu oder einem Bild in unseren Köpfen („picture in the head"), wie W. Lippmann (1922; 3) die Stereotype genannt hat. Es soll zunächst als Beispiel das Stereotyp des Deutschen von der Stadt Chicago analysiert werden.

Im Januar 1962 wurden 50 erwachsene Deutsche in 12 Städten gefragt, was sie von Chicago wüßten. Die Antworten lassen sich zu einem charakteristischen Bild (oder Image) zusammenfassen:

„Chicago ist eine nordamerikanische Industriestadt. Es gibt dort viele Wolkenkratzer. Der bekannteste Industriezweig sind die Schlachthöfe, die größten der Welt. Die Viehverwertungshöfe sind voll automatisiert: Oben kommt das Schwein rein, unten kommen die Würstchen raus."

„Chicago liegt am Michigan-See, hat große Hafenanlagen und viele Bahnhöfe. Schon seine Verkehrslage bringt es mit sich, daß sich hier viele Völker treffen: Schwarze, Gelbe, Rote, Weiße. Es gibt dort viele deutsche Einwanderer, aber auch Italiener."

„Die Stadt hat den Ruf, eine gut organisierte Unterwelt zu besitzen. Der bekannteste Gangster war Al Capone. Zur Zeit der Prohibition glichen die Banden straff geführten Truppen. Die Bosse waren oft schwer reich und hatten großen Einfluß."

„Den Jazzfreunden ist Chicago schließlich durch den Chicago-Stil bekannt, worunter man die europäisierte Form des Dixielandstils versteht."

Diese Zusammenfassung ist Wort für Wort den Befragungen entnommen.

Analysieren wir also am Beispiel des Chicago-Bildes das Phänomen der sozialen Einstellung, von dem wir im täglichen Leben mindestens ebenso abhängig sind wie von scharfen Wahrnehmungen und logischen Gedanken. Folgende Charakteristika lassen sich aufzeigen:

3.1.1. Lockere Ordnung

Die Züge dieses Bildes sind zwar nicht streng logisch geordnet, doch sind gewisse Zusammenhänge unverkennbar. Duijker u. Frijda (1960; 117) nennen die Stereotype „a peaceful coexistence of mutually incompatible convictions" („eine friedliche Koexistenz miteinander unvereinbarer Überzeugungen"). So besteht in den Augen der Deutschen eine gewisse Verbindung zwischen dem „amerikanischen Charakter" und der „Automatisierung". Chicago ist „eine amerikanische Stadt mit vielen Schlachthöfen", die Amerikaner „lieben das Automatische", also ist es nicht verwunderlich, daß „Chicagos Schlachthöfe automatisiert sind". Hier fügt sich ein Zug Chicagos nach den Gesetzen der Logik an den anderen.

Auch zwischen der „Völkermischung" und dem „Verbrecher-

tum" in Chicago sieht der Durchschnittsdeutsche Zusammenhänge. Er ist davon überzeugt, daß in einer „harmonisch gewach-
senen" Stadt mit homogener Bevölkerung weniger Verbrechen
begangen werden als in einer Stadt mit einer „zusammengewürfel-
ten Bevölkerung aus allen Teilen der Welt". Auch „Schlachthöfe,
in denen Tiere umgebracht werden und der Geruch von Blut Tag
und Nacht deutlich wahrzunehmen ist", passen nicht schlecht zum
Bild des Gewaltverbrechens.

Aber man findet im Chicago-Bild auch Züge, die offenbar wenig miteinander zu tun haben. Zwischen dem Jazzstil und den
Gangstern läßt sich noch eine Verbindungslinie ziehen: Jazz als
adäquates Entertainment von Gangstern. Aber zwischen dem Jazzstil und den Schlachthöfen oder dem Jazzstil und der Tatsache, daß
Chicago am Michigan-See liegt, bestehen kaum noch logische Zusammenhänge.

Eine ähnliche lockere, teils unverbundene, teils zusammenhän-
gende Struktur besitzen fast alle Bilder in unseren Köpfen. Die
eigenartige Form der Kohärenz von Meinungsinhalten ist schon
Aristoteles aufgefallen. Der schottische Philosoph John Locke
(1700) prägte hierfür den Begriff „association of ideas". Die Asso-
ziationspsychologie, die weder im Gebiete der Wahrnehmung
noch im Gebiete des Denkens recht am Platze war, könnte im
Bereich der sozialen Einstellungen eine Renaissance feiern. Begriffe wie „coalescence of ideas" (James Mill) beschreiben unsere
Phänomene recht gut (vgl. Titchener 1909; 24ff.).

Beim Deutschenbild ist zu sehen, wie einige Züge eng miteinander zusammenhängen, etwa Ordnungssinn und Militarismus, wie
sich zu diesem Bild dann aber z. B. die deutsche Musik gesellt, die
mit dem Militarismus kaum etwas zu tun hat, da es sich nicht
vornehmlich um Marschmusik handelt. Es gibt ein allgemeines
Stereotyp des „Feindes", das die Besonderheit, daß dieser Fremde
ein Deutscher ist, überlagern kann.

Aber auch innerhalb Europas läßt sich die Feldabhängigkeit der
Bilder nachweisen. So gibt es typische Nord- und Süd-, typische
Ost- und West-Images. Zum europäischen Nord-Bild gehört
Fortschrittlichkeit auf Kosten des Gemüts, Frauenemanzipation bis

zur Sittenlosigkeit, Melancholie, die allenfalls mit Alkohol aufge-
heitert werden kann. Das Deutschenbild der Italiener hat deutliche
Ähnlichkeit mit dem Schwedenbild der Deutschen. Das Selbstbild
der Deutschen dagegen ist von ihrem Schwedenbild durchaus verschieden. Ebenso werfen wir Deutsche Spanier, Italiener und Griechen gern gemeinsam in einen südländischen Topf. Wir vermuten,
daß es bei allen diesen Völkern etwas an Sauberkeit, Arbeitsmoral
und ernster Lebensauffassung mangelt. Es kommt uns Deutschen
hingegen absonderlich vor, daß die nördlicheren Völker uns mit
den Südeuropäern in einen Topf werfen und uns ebenfalls einen
gewissen Mangel an Sauberkeit vorwerfen. Ebenso sind natürlich
die Griechen erstaunt, daß man nicht auf den ersten Blick erkennt,
daß sie von den Italienern und Spaniern toto coelo verschieden sind.

Die West-Ost-Polarität kreist in Europa um die Pole Verfeinerung: seelische Ursprünglichkeit. Die Westvölker gelten als feiner,
artikulierter, exakter. So sehen wir die Franzosen und so sehen in
gewisser Weise die Russen uns. Die Ostvölker hingegen gelten als
emotionaler, tiefer, unverdorbener und ungegliederter, weniger
rational. So schätzen die Deutschen die russische Seele in ihrer
Unergründlichkeit und Weite und hören gerührt den Wolgaschif-
fern und Donkosaken bei ihren zu Herzen gehenden Gesängen zu,
während den Franzosen ähnliche Empfindungen bei Wagnerscher
Musik und dem Nachdenken über die ausgedehnten deutschen
Wälder aufsteigen.

Sodhi und Bergius (1953; 35 ff.) haben in einer Untersuchung
bei deutschen Studenten die Feldabhängigkeit der Völker-Stereo-
type festgestellt. Es gibt nur wenige Eigenschaften, die nur einem
einzigen Volke zugeschrieben werden. Aus der Gesamtheit aller
möglichen Charakteristiken haben für die deutschen Studenten
z. B. die Amerikaner ein Monopol nur auf die Eigenschaften fle-
gelhaft, self-made-man, fortschrittlich, großzügig, anspruchsvoll,
großspurig, rekordsüchtig und tolerant. An der Eigenschaft intelligent dagegen partizipieren nach der Ansicht deutscher Studenten
gleich vier der Völker, die in die Untersuchung einbezogen worden sind, nämlich Amerikaner, Engländer, Franzosen und Juden.
Als arm gelten Inder, Italiener, Polen und Russen.

3.1.2. Mischung von abstrakten und konkreten Zügen

Ein Image erinnert an ein Bild, auf dem weite Flächen nur mit groben Pinselstrichen schematisch angedeutet sind, auf dem aber manchmal kleinere Details bis in die letzte Einzelheit mit großer Liebe und mit penibler Akkuratesse ausgeführt sind. Abstrakt, ungenau, allgemein bleibt etwa die Bemerkung einer 25jährigen Verkäuferin aus Erlangen: „Chicago ist eine Industriestadt. Welche Industrie dort ist, weiß ich nicht genau, wahrscheinlich Bergwerke." Die Ungenauigkeit kann auch zu irreführenden Auffassungen führen: „Chicago ist eine der großen Städte von Amerika in der Nähe von New York, nicht weit liegt auch noch Hollywood." Auch über die Bevölkerung werden vage Angaben gemacht: „alle möglichen Rassen vertreten", „treiben sich alle Arten von Leuten herum, aber nicht so viele Schwarze, denn die sind in den Südstaaten".

Präziser hingegen sind die deutschen Auffassungen von den Schlachthöfen. Die Atmosphäre wird realistisch beschrieben: „Den ganzen Tag hört man die Kühe brüllen, und die Sonne scheint nie richtig, weil immer der Blutdunst über der Stadt ist." „Durch die vielen Schlachthöfe wird sicher ein schöner Gestank sein wegen der vielen Abfälle, die dabei entstehen", „es stinkt wie in einem Fuchsstall". Besondere Aufmerksamkeit widmen die Deutschen den Details der Fleischverarbeitung: „Die Schweine werden durch die Schwemme getrieben und anschließend durch einen Gang auf eine Rampe, wo sie getötet werden. Weiter geht dann fast alles automatisch, bis am Schluß alles in Büchsen konserviert ist. Sogar die Kämme aus den Hörnern sind schon fertig geschnitten und in Cellophan verpackt."

Sonstige präzise Einsprengsel in das diffuse Gesamtbild: Ein Studienrat aus München weiß, daß es Straßen mit acht Fahrbahnen gibt, ein Kölner Liebhaber von Gangsterfilmen steuert ein Detail der Verbrechensbekämpfung bei: „Drei Beamte der französischen Sureté sind eingeladen worden, um eine Bande zu jagen, sie mußten aber unverrichteter Dinge zurückfahren."

Die auffällige Vermischung genereller, verschwommener Züge mit genauen Einzelheiten ist schon dem englischen Psychologen Sir Frederick Bartlett (1932; 217) bei seinen berühmten Experimenten über die Erinnerung aufgefallen. Er zitiert als Beispiel Victor Hugos „Les Misérables". Dem Jean Valjean steigen bei dem vagen Gedanken, die Silberteller des Bischofs zu stehlen, ganz konkrete Bilder in den Kopf: „Und dann dachte er auch, er wußte nicht warum, an einen Sträfling namens Brevet, den er im Gefängnis kennengelernt hatte, dessen Hosen von einem einzelnen gestrickten Baumwollhosenträger hochgehalten wurden. Das gekreuzte Strickmuster dieses Hosenträgers kam ihm andauernd in den Sinn."

Auch im Deutschenbild des Auslandes läßt sich die eigentümliche Mischung von Zügen verschieden hohen Allgemeinheitsgrades zeigen. Das Deutschenbild der Japaner ist sehr vage, insbesondere das Bild Nachkriegsdeutschlands. Nur 4,5% der in Städten lebenden Japaner kannten 1968 den Namen des deutschen Kanzlers. Aber es hoben sich einige scharf umschriebene Kenntnisse aus dem grauen Hintergrund ab. Die Japaner glauben genau darüber im Bilde zu sein, was die Deutschen essen: „Kartoffeln und Brot, vornehmlich Schwarzbrot." Auch über das Aussehen der Deutschen bestehen konkrete Auffassungen. „Die Deutschen sind blond. Sie haben eine scharfe Nase und goldenes Haar. Sie haben stechende Augen und knochige Gesichter."

Das Japanbild der Deutschen unterscheidet sich in diesem Punkte nicht vom Deutschenbild der Japaner: Klare Details als Figur vor einem Grund verschwommener Allgemeinheiten. Den Namen des japanischen Ministerpräsidenten wissen weniger als 4% der deutschen Bevölkerung, über die Gebräuche der Kamikaze-Flieger hingegen dürften viele bis in Einzelheiten unterrichtet sein, ebenso über die kunstgerechte Art, Harakiri zu begehen.

3.1.3. Offenheit, Ergänzbarkeit

Das Gemälde, mit dem wir ein Image verglichen haben, ist in den Augen seines Besitzers nicht fertig. Die bisher erst in groben Zügen skizzierten Teile können genauer ausgeführt werden, auch können die skizzenhaft vorgesehenen Linien in den noch nicht ausgefüllten Teilen noch verbessert werden, neu gezogen werden. Das ganze Bild kann vergrößert und angereichert werden. Schließlich kann man es auch in eine neue Umgebung einfügen. Man kann etwa erkennen, daß Chicago keine Stadt ist, deren Atmosphäre von den Schlachthöfen dominiert wird, sondern daß sie mit ihren Museen als Stadt der Kunst eine besondere Rolle spielt, so daß man das Bild in die Galerie hängen muß, die bisher Städten wie Paris, Amsterdam, Florenz vorbehalten war.

Die Offenheit und Ergänzbarkeit zeigt sich beim Deutschenbild der Amerikaner. Das traditionelle deutsche Frauenbild, das durch Küche, Kinder und Kirche geprägt war, wurde nach dem Kriege ergänzt durch das Fräulein-Wunder. Eine radikale Ergänzung erfuhr das Deutschenbild der Italiener, die als Gastarbeiter in Deutschland arbeiteten. Viele von ihnen konnten erkennen, daß Deutschland nicht so sehr ein kapitalistisches Land war als vielmehr eins, das seine sozialen Probleme verhältnismäßig gut gelöst hat. Die Arbeiter hängten jetzt das Bild von Deutschland in die Vorzugsgalerie, in der bisher Sowjet-Rußland in splendid isolation gehangen hatte.

Allerdings gibt es Begrenzungen der Offenheit. Im allgemeinen muß die neue Information, die aufgenommen werden soll, zu der schon vorhandenen einigermaßen passen. Außerdem gibt es wohl bei jedem Menschen Images, bei denen er nicht mit sich handeln läßt, in denen er keine Korrekturen akzeptiert. Eine treue Tochter etwa wird das Image des verstorbenen Vaters hochhalten und sich von etwaigen negativen Nachrichten nicht beeindrucken lassen. Ein engagierter Kommunist wird sich selbst durch die Unterdrükkung des Ungarnaufstandes nicht davon überzeugen lassen, daß die Sowjet-Russen rücksichtslos sind.

Auch beim Deutschenbild lassen sich deutliche Grenzen der Offenheit erkennen. Von einem ehemaligen KZ-Häftling etwa kann man nicht erwarten, daß er Deutschland unter einem anderen Aspekt als dem seiner Leidenszeit ansieht.

3.1.4. Die Quellen der Bilder

Die Bilder in unseren Köpfen werden aus verschiedenen Quellen gespeist. Schauen wir uns an, woher die Deutschen ihre Weisheit über Chicago bezogen haben.

Die erste Kunde von Chicago kann schon aus der Kindheit stammen. „Der Bruder meines Vaters ist nach Chicago ausgewandert, von dem hat meine Mutter erzählt." Bei vielen Befragten sind noch Informationen aus dem Schulunterricht hängengeblieben. „Ich kann mich an ein Bild erinnern, das uns unser Lehrer im Erdkundeunterricht gezeigt hat, wo Schweine am Fließband geschlachtet und verarbeitet wurden." Die geographische Lage im mittleren Westen, am Michigan-See, ist den meisten Befragten aus der Schule her bekannt.

Die nächste Informationsquelle sind die Massenmedien: „Man sieht ja immer im Kino, wie es in Chicago zugeht." „Chicago ist bestimmt allen Kinobesuchern und Kriminalromanlesern bekannt." Ein anderer Befragter bezog Ergänzungen zu seinem Bild aus einem Readers Digest-Artikel über Amerika. „Ich glaube, es hat in Chicago Autoindustrie, Eisen und Stahl, ach so, und vor allem Fleisch- und Schlachthöfe." Ein anderer Befragter las vor Wochen beim Friseur in einer Illustrierten: „Ich glaube, es war der ‚Stern'; ein Artikel, der mich erschüttert hat. Mit der Eisenbahn, mit Bussen, mit Autos und allen verfügbaren Fahrzeugen kommen täglich bis zu zweitausend Neger nach Chicago aus den Südstaaten, wo man die Rassengleichheit nicht anerkennen will."

Aber auch die gehobene Literatur wirkt auf das Chicago-Bild ein. Eine 25jährige Studentin aus Marburg lernte das Milieu Chicagos durch ein Buch von Upton Sinclair kennen. Ein 23jähriger Student wurde von Bertold Brecht's „Heilige Johanna der Schlachthöfe" beeinflußt. Eine junge Frau aus Dortmund erinnert sich an ein Gedicht von Carl Sandburg mit dem Titel ‚Chicago', das sie vor einiger Zeit gelesen hat.

Auffällig ist, daß die Chicago-Information oft einen Nebeneffekt der Lektüre darstellt. Man glaubt eher, behält eher, was man so nebenher als Milieuschilderung erfahren, als Hintergrund im Film gesehen hat. Aus weniger anspruchsvollen Druckerzeugnissen entsteht unter Umständen auch ein Bild von Chicago. Was die Dortmunderin aus einem Gedicht erfuhr, entnahm eine Kölner Arbeiterfrau dem Etikett einer Konservendose, die Information nämlich, daß Chicago eine Stadt der fleischverarbeitenden Industrie ist. „Habe den Namen Chicago auf einer Corned-Beef-Dose gelesen. Mein Mann ißt nämlich gern Corned-Beef, meine Kinder auch." Eine Straßenbahnschaffnerin aus Heidelberg verdankt die Kunde von Chicago ihrer Mundharmonika: „Da war doch einmal eine Weltausstellung, 1933, glaube ich. Das weiß ich von meiner Hohner-Mundharmonika. Da steht es auf einer Plakette drauf."

Einen Übergang zwischen der gedruckten Information und der, die im persönlichen Kontakt erworben wurde, bilden Briefe und Postkarten. „Wir haben mal 'ne Postkarte aus Chicago bekommen, da hat man viele Autostraßen am See entlang gesehen."

Aber ebenso wichtig wie das Netz der Massenmedien ist das zweite Netz von Informationen, das sich über die öffentliche Meinung breitet, das Netz der persönlichen Informanten, der Meinungsbildner, der Bekannten. Für einen 26jährigen Mannheimer Facharbeiter war es die Hauswirtin, die seine Chicago-Informationen bestimmte. „Sie war für ein paar Monate da und hat mir darüber erzählt." Ein 35jähriger Mannheimer hat einen Bekannten, der dort in Gefangenschaft war. „Er hat mir mal erzählt, daß die Bevölkerung der Stadt recht bunt gemischt ist. Man soll dort auf die verschiedensten Nationalitäten treffen, Europäer und auch Asiaten."

Auch die zahlreichen amerikanischen Truppen, die in der Bundesrepublik stationiert sind, treten als Informanten für das Bild von Chicago auf. Eine 25jährige Erlanger Verkäuferin berichtet: „Ich kenne einen Amerikaner, der in Chicago wohnt. Aber nur flüchtig. Er hat aber nicht viel von Chicago erzählt. Er hat etwas Schwierigkeiten, da eine Großmutter von ihm Negerin ist. In Chicago werden nämlich die Neger, oder die nur etwas schwärzer aussehen wie die anderen, viel schlechter behandelt als bei uns."

Schließlich kommt als Informationsquelle der eigene Augenschein vor. Ein Befragter war als Kriegsgefangener in Chicago. „Wir haben in den Schlachthäusern geschafft wie die Brunnenputzer." „Wir waren immer bewacht wie Schwerverbrecher. Dabei sind in Chicago doch alles Gangster, die dort ‚rumlaufen'." Ein 28jähriger Diplom-Chemiker aus Münster stellt sofort fest: „Ich war schon mehrmals in Chicago, Illinois. Chicago gefällt mir nicht, verglichen mit den amerikanischen Städten und besonders den deutschen Städten, die ich kenne. Chicago ist furchtbar teuer. Von der Eisenbahn aus sahen die Slums von Chicago fürchterlich schmutzig aus und verwahrlost. Aber mit schönen schweren Autos." – „Was in den Zeitungen über das Gangsterunwesen geschrieben wird, halte ich für möglich, kann es aber selbst nicht bestätigen."

Auffällig ist, daß die Informationsquelle auf den Inhalt der Bilder nur einen untergeordneten Einfluß hat. Es ist keine große Meinungsabweichung zwischen denen festzustellen, die von Chicago vornehmlich aus der Schule wissen, und denen, die ihr Chicago-Bild von anderen Personen oder aus eigener Anschauung erhalten haben.

Beim Aufbau des Images sind andere Faktoren wichtiger als die Informationsquelle. Wichtig sind Intelligenz und Bildungsgrad des Menschen, seine Gruppenzugehörigkeit, seine Motivation.

Auffällig ist schließlich, daß sich die Informationen aus den verschiedensten Quellen miteinander mischen, so daß ein mehr oder minder breiter Informationsstrom entsteht, bei dem der Befragte selbst nicht mehr genau weiß, von woher er nun die Einzelinformation bezogen hat. Die Befragten geben dann als Quelle vage Hinweise: „Ich glaube mal gesehen zu haben, daß sich Chicago hundert Kilometer am See entlangzieht." – „Es ist bekannt, daß es dort viele Gangsterbosse gibt."

Die allmähliche Verflachung des Einflusses der Informationsquelle wurde auch durch Untersuchungen in Yale nachgewiesen. Hovland u. a. (1953) konnten zeigen, daß von glaubhaften, hochangesehenen Quellen in der ersten Woche mehr Informationen behalten werden. Unglaubwürdige Quellen holten jedoch nach einigen Wochen auf. Die untersuchten Studenten hatten vergessen, woher die Information stammte. In den Informationen aus trüben, unglaubwürdigen Quellen steckt nach den Worten der Amerikaner ein „Sleeper-Effekt". Diese Informationen werden zur Kenntnis genommen und entfalten ihre Wirkung erst nach einer Inkubationszeit. Schon im Altertum wurde der Verleumder ermuntert, ruhig ungünstige oder unwahre Nachrichten über einen Feind zu verbreiten. Ein wenig würde doch immer hängenbleiben. Semper aliquid haeret.

Auch für das Deutschlandbild gilt, was wir am Chicagobild erfahren haben. Es ist ein kurioses Gemisch aus Kindheitserzählungen, Ammenmärchen, aufgeschnappten Stücken von Berichten, halbvergessenen Zeitungsartikeln, Resten früherer Lektüre, Reiseeindrücken, kurzum ein Fleckerlteppich, in dem die Herkunft der einzelnen Farbflecke kaum noch aufgeklärt werden kann. Wichtig ist nur, daß alle diese Farbflecke, mögen sie die Wirklichkeit treffen oder mögen sie falsch sein, für den Menschen real, d. h. wirklich und wirksam sind.

3.1.5. Der Grad der Überzeugtheit

Die meisten Ansichten werden mit einem mittleren Grad von Überzeugtheit vorgebracht. Den Befragten ist meistens bewußt, daß einige der Informationen, mit denen sie ihr Chicago-Bild angefüllt haben, berichtigungs- oder ergänzungsbedürftig sind. Ein gewisser Unsicherheitsgrad wird auch oft sprachlich ausgedrückt. Es heißt dann: „Die Stadt soll recht bunt gemischt sein." Oder: „Soviel mir bekannt ist, ist Chicago eine der größten Städte Amerikas."

Aus dieser breiten Masse von Kenntnissen mittlerer Gewißheit heben sich dann bei einigen Befragten einige Züge ab, die mit großer Konfidenz vorgetragen werden. Ein Architekt aus Wuppertal berichtet: „Ich als Architekt kann Ihnen sagen, daß ein aus Deutschland stammender Architekt namens Mies van der Rohe, der seit 1930 in Chicago lebt, Aufträge über große Planungen des Stadtumbaues erhalten hat. Die sogenannte Marina-City ist im Rohbau fertig und gehört zu den modernsten Wohn- und Kulturstätten des Neuen Amerika." Auch im Deutschenbild des Auslandes ist bei den einzelnen Befragten ein gewisses Gefälle der inneren Überzeugtheit festzustellen. Manche Ansichten werden mit dem Brustton der Überzeugung vorgetragen, bei anderen ist man nicht ganz so sicher.

3.1.6. Verarmung der Wirklichkeit

Die Bilder in unseren Köpfen werden auch deshalb Stereotype genannt, weil sie nicht die bunte Vielfalt der Wirklichkeit spiegeln, sondern sich auf einige wenige markante Züge festlegen. Chicago ist eine Welt. Aber nur ein Bruchteil der Charakteristiken dieser bunten Welt hat den Weg über den Ozean gefunden.

Je weiter Dinge, Institutionen oder Menschen von uns entfernt sind, umso weniger wissen wir von ihnen. Wir wissen mehr über unsere Eltern als über unsere Großeltern, unsere Kenntnisse über unsere Urgroßeltern konzentrieren sich auf wenige Einzelheiten, und von deren Eltern wissen wir kaum noch die Namen.

Auch in der Völkerpsychologie gibt es ein Gesetz der Distanz. Je weiter ein Volk entfernt ist, umso geringer und umso einförmiger sind unsere Kenntnisse von ihm. Auch läßt uns unsere Unterscheidungsfähigkeit bei sehr fremden Völkern im Stich. Wir können allenfalls zwischen einem Nordfranzosen und einem Provençalen unterscheiden, zwischen einem Milanesen und einem Sizilianer, aber Nord- und Südjapaner oder Nordthailänder und Südthailänder unterscheiden wir nicht mehr. Wir wissen, daß die Mädchen von Valencia als temperamentvoll gelten, jedoch daß die Mädchen von Chiengmai (im Norden Thailands) besonders schön sein sollen, ist uns unbekannt. Wir können den Unterschied zwischen einem Koreaner und einem Japaner schwerlich feststellen. Dieser Unterschied (die Koreaner gelten als etwas gröber und stärker) ist jedoch für jeden Japaner auffällig. Der Japaner hingegen kann auf der Straße Deutsche nicht von Amerikanern oder von anderen Europäern unterscheiden. Da der Japaner jeden Weißen (und auch Schwarzen) zunächst einmal unbesehen für einen Amerikaner hält, kann es vorkommen, daß Deutsche in Japan durch ihr Benehmen das Image Amerikas verbessern oder verschlechtern helfen, während ihr Verhalten auf das Deutschenbild keinerlei Einfluß hat.

3.1.7. Verzerrung der Wirklichkeit

So sehr man geneigt ist, die Verarmung der Wirklichkeit hinzunehmen mit dem Hinweis auf ökonomische Überlegungen: „Man kann schließlich nicht alles behalten", so sehr wird man stutzig, wenn man hört, daß die Informationen in den Images aktiv verzerrt werden. Verzerrende Tendenzen lassen sich bei allen unseren wahrnehmenden, lernenden und übermittelnden Verhaltensweisen nachweisen.

Die Wahrnehmung akzentuiert. Von allen Reizen, die von unserer Umgebung ausgehen, nehmen wir nur eine kleine willkürliche Auswahl wahr. Wir übersehen Unwichtiges, überhören Unpassendes. „Die Auswahl der Reize in der Wahrnehmung hängt von drei Faktoren ab, der Natur der Reize, vorhergehendem Lernen (der Wahrnehmende nimmt das wahr, worauf er vorbereitet ist) und seinen Motiven." (Berelson und Steiner 1964; 100) Insbesondere die Einflüsse der Motivation auf die Wahrnehmung sind bekannt. Der Hungrige sieht vor allem und in fast allem Eßbares, der sexuell Interessierte sieht Helena in jedem Weibe. Der Frohgesinnte sieht alles in heiterem Licht. (Vgl. Graumann 1955/56)

Wie schwer es ist, selbst einfache Wahrnehmungstatsachen festzustellen, zeigt die Geschichte des Tores in der letzten Fußballweltmeisterschaft in England. Eine ganze Nation hat darüber diskutiert, ob der Ball die Torlinie überschritten hatte oder nicht. Auch sonst zeigen Fußballspiele die Unsicherheit der menschlichen Wahrnehmung. Was eine Partei bei genauestem Hinsehen als ein unentschuldbares Foul eines Spielers ansieht, nimmt die andere Partei überhaupt nicht wahr (vgl. Hastorf und Cantril 1954). Auch bei Zeugenaussagen erwies es sich als äußerst schwer, wenn nicht unmöglich, Wahrnehmungen von Verzerrungen zu reinigen.

Die Deutschenbilder fremder Nationen sind voller Verzerrungen. Manche glauben, die Deutschen trügen Lederhosen, sie tränken alle Bier, alle seien autoritätsgläubig usf. Diese Verzerrungen treten auch dann auf, wenn der Angehörige eines fremden Volkes Deutschland selbst gesehen hat. Verzerrungen können durch die Wahrnehmung nur in seltenen Fällen korrigiert werden. Wir müssen erkennen, daß der Mensch kein Wesen ist, dem es auf Genauigkeit und Wahrheit um jeden Preis ankommt. Vielmehr sind wir eine Rasse, die mit der Täuschung auf vertrautem Fuß steht.

3.1.8. Die Gleichartigkeit in der Verbreitung

Stereotype nennt man die Bilder in unseren Köpfen nicht nur wegen ihrer schematischen Verarmung gegenüber der bunten Wirklichkeit, sondern auch, weil sie in der gleichen Form in vielen Köpfen auftreten wie verschiedene Kopien ein und desselben Holzschnittes.

In der Tat fällt die Gleichartigkeit der Chicagobilder auf. Immer werden die Schlachthöfe erwähnt, die Gangster, der Michigan-See. Auch gleichen sich die Aussagen vieler Befragter fast wörtlich.

Beim Deutschenbild werden wir immer wieder auf die Lederhosen, auf das Bier und auf die Einflüsse des Nationalsozialismus stoßen. Es handelt sich hier nicht um eine Bosheit der Befragten, sondern um eine Gesetzmäßigkeit des menschlichen Seelenlebens.

Aber trotzdem gibt es Variationen. Zwei sind besonders wichtig. Erstens: die Sonderinteressen. Eine 20jährige junge Dame aus Tübingen hat in ihrem Kopf durchaus das gewohnte Chicago-Bild von den Schlachthöfen und von Al Capone. Neben diesem Bildkern jedoch finden sich bei ihr Angaben, die sonst bei keinem der Befragten aufgetreten sind. Sie erzählt: „Das Mutterhaus einer Schwesternschaft der Franziskanerinnen ist dort. Ich war in einem katholischen Internat, dessen Schwestern zum Teil ins Mutterhaus nach Chicago gereist waren." Ein 60jähriger kleiner Beamter aus Regensburg fügt diesen ungewöhnlichen Farbfleck in sein individuelles Bild: „Es muß in der Stadt eine Menge Katholiken geben, denn ich habe einmal in einer Sonntagszeitung gelesen, daß bei einer Caritas-Sammlung eine Million Dollar zusammengekommen sind." Für einen Geschäftsmann aus Wuppertal ist Chicago vor allem die Stadt, „in der der Rotary-Club gegründet wurde". Ein originelles Detail weiß auch ein Arbeiter aus Braunschweig anzuführen: „Der große Brand von Chicago ist durch eine Kuh verursacht worden. Die sollte gemolken werden und hat dabei die Petroleumlampe umgeschmissen. Sofort hat das ganze Stroh gebrannt und dann die Stadt. Zum Eindämmen des Feuers wurden viele Gebäude gesprengt."

Außer den originellen Zufügungen gibt es noch eine weitere Abweichung vom allgemeinen Stereotyp; es gibt ein kritisches Chicagobild. Dieses Klischee gleicht inhaltlich genau dem herkömmlichen Stereotyp, nur einige Angaben werden mit umgekehrten Vorzeichen versehen.

Das kritische Chicagobild setzt besonders bei der „Gangsterstadt" an. Ein 20jähriger Angestellter aus Kassel reproduziert das bekannte Stereotyp: „Es ist doch allgemein bekannt, daß der große Gangster Al Capone in der Chicagoer Unterwelt regierte." Dann aber fügt er hinzu: „Ich glaube, daß viel Stories, die man über Chicago hört, nicht der Wahrheit entsprechen. Weiterhin bin ich der Ansicht, daß die Bevölkerung Chicagos genauso veranlagt ist wie die Bevölkerung anderer amerikanischer Großstädte." Ganz ähnlich äußert sich ein 30jähriger Angestellter aus Essen: „Chicago ist noch bekannt durch das dort angeblich herrschende Verbrechertum. Hier scheinen aber mehr Geschichten im Umlauf zu sein, als wahr ist. Der amerikanische Film ist schuld daran, daß bei uns vor allem auch bei der Jugend ein solcher Unsinn geglaubt wird." Auch im Deutschlandbild gibt es dieses kritische Stereotyp. Es wird dann gesagt: allgemein heißt es, die Deutschen trügen Lederhosen, aber sie tragen in Wirklichkeit keine. Alle Welt sagt, die Deutschen hätten Kriegsverbrechen während des Weltkrieges begangen, aber das stimmt nicht, usw.

Charakteristisch für das kritische Stereotyp ist das Bestreben, sich von der allgemeinen Meinung abzusetzen. Man ist sich dabei seiner Abweichung bewußt. Die eigene Meinung hat sich jedoch keineswegs freigemacht vom Stereotyp, sondern stellt oft nur einen Zug dieses Stereotyps in Frage. Sie ist ein Stereotyp mit verkehrtem Vorzeichen. Aber selbst mit dieser Ablehnung entzieht man sich nicht dem Einfluß des Stereotyps. Für die Anhänger des kritischen Bildes gilt das Wort Lessings: „Es sind nicht alle frei, die ihrer Ketten spotten."

3.2. Stereotype als eine Form primitiven Erlebens

Stereotype sind Phänomene, die sich nicht auf andere bekannte Klassen psychologischer Tatbestände zurückführen lassen, also weder auf das Verhalten noch auf das Wahrnehmen oder das Denken. Die von der amerikanischen Psychologie versuchte Deutung der Stereotype als Verhaltensdispositionen und auch die in der europäischen Psychologie beliebte Interpretation als eine defiziente Form der Wahrnehmung befriedigen wenig. Aber die lapidare Feststellung, hier handele es sich um etwas Neues, um einen Tatbestand eigener Art, um einen Grundtatbestand des Seelenlebens, enthebt uns nicht der Verpflichtung, die Stereotype in ein System der bekannten seelischen Phänomene einzuordnen. Dabei gehen wir auf die eher fruchtlose Diskussion mit den Behavioristen nicht mehr ein; eine Psychologie nur auf der Kategorie Verhalten aufbauen zu wollen, scheint uns wenig erfolgversprechend zu sein. Aber wie steht es mit dem Verhältnis der Stereotype zu den Wahrnehmungen und zu den Gedanken?

Wir wollen versuchen, die Stereotype als genetisch frühe Produkte im Prozeß der Orientierung, des Sich-Zurechtfindens in der Welt, als notwendige Zwischenstadien auf dem Weg zur Wahrnehmung und zum Denken zu kennzeichnen. Hierbei stellen wir zur Diskussion, Gedankengänge der genetischen Psychologie der Leipziger Schule Felix Kruegers in die Sozialpsychologie einzuführen und mit ihrer Hilfe einen Beitrag zur Theorie der Stereotype zu leisten.

H. Werner hatte 1933 strukturelle Ähnlichkeiten gesehen zwischen den Phänomenen, die im sozialen Bereich, und solchen, die in der Individualentwicklung auftreten. Vergleiche zwischen „Kinder- und Völkerpsychologie" gehören zu seinem Programm einer „allgemeinen und vergleichenden Entwicklungspsychologie" (H. Werner 1953; 23). Die frühen französischen Theoretiker haben zwischen den Massenphänomenen und der primitiven Verhaltensform der Hypnose Ähnlichkeiten entdeckt. Le Bon (1895; 19) kennzeichnet die Wirkung der Masse auf den einzelnen: „Die bewußte Persönlichkeit ist verschwunden, Wille und Unterscheidungsvermögen gehen verloren, die Regression ist eine Folge der Massensituation, alle Gefühle und Gedanken bewegen sich in der Richtung, die der Hypnotiseur bestimmt." „Allein durch die Tatsache, Mitglied einer psychologischen Masse zu sein, steigt der Mensch auf der Leiter der Zivilisation um mehrere Stufen hinab. Als einzelner war er vielleicht eine gebildete Person, in der Masse ist er ein Barbar, ein Mensch des Instinkts." (Reiwald 1948; 146) Trotter (1920) vergleicht Menschenmassen mit Tierherden. Kretschmer (1958) formuliert eine Theorie, nach der im Laufe der Menschheitsentwicklung immer neue Anpassungsstrategien entwickelt werden, wobei die alten Reaktionsformen im normalen Lebensvollzug von den neuen völlig überlagert und überdeckt werden, so daß man glauben könnte, sie seien verschwunden. Tatsächlich würden diese Strukturen jedoch intakt gespeichert und im Falle von Überlastung, Krankheit und ähnlichen Ausnahmesituationen als Notfallfunktion anstelle der rationalen Strategien eingesetzt. In diesem Falle regrediere der menschliche Organismus auf frühere Entwicklungsphasen. „Hysterische Reaktionen lassen sich also wohl außerhalb des Gesichtspunktes ‚krank' oder ‚gesund' betrachten. Sie stellen vielfach eine Benutzung bereitliegender älterer Bahnen dar, da wo die höheren Bahnen aus irgendwelchem Grund nicht gangbar sind" (Kretschmer 1958; 11). Conrad (1947; 291) sieht in den Vorgestalten generell eine primitive Form des Erlebens. Ganz allgemein seien pathologische Phänomene „vielleicht nichts anderes als die Folge eines Zurückbleibens des jeweiligen aktualgenetischen Prozesses auf der Stufe der Vorgestalt" (vgl. Kragh 1955).

Unser deskriptiver Ansatz hält uns jedoch davor zurück, uns allzu eng an das aktualgenetische Theoretisieren anzulehnen: Ein wesentlicher Punkt unserer Ergebnisse scheint uns zu sein, daß sich die Vorurteile von sich aus kaum dynamisch nach einem vollkommeneren kognitiven Zustand drängen, sondern unter Umständen ein Leben lang beibehalten werden. Insofern lassen sie sich mit den in den aktualgenetischen Phasen auftretenden präkognitiven Strukturen nicht unmittelbar vergleichen. Auch aus einem zweiten Grund sind die Stereotype nicht ohne weiteres als Vorgestalten zu kennzeichnen. Es scheint uns vielmehr für die „Bilder in unseren Köpfen" typisch zu sein, daß in ihnen Bruchstücke aus sämtlichen Phasen der Aktualgenese zu finden sind. Wenn wir uns die Ergebnisse der Chicago-Untersuchungen noch einmal vor Augen halten, dann wird uns klar, daß sowohl aus der 1. Phase der schlichten Aufnahme (vgl. Graumann 1959), des „ersten Durchgliederungsversuchs", der „noch nicht ernst genommen wird" (Voigt 1959), wie aus der Zerfallphase, der Vorgestaltsphase und auch der Phase der festen Gestalt Bestandteile in den Stereotypen zu finden sind. Diese werden trotzdem oft keineswegs als Mischung heterogener Bestandteile erlebt, sondern sind für die Befragten in sich schlüssig und homogen. Gewiß, Vorurteile sind insofern unfertig als sie sich verbessern, präzisieren lassen. Trotzdem scheint es uns gerechtfertigt, den „Vorurteilen" einen elementaren Charakter zuzubilligen, den übrigens auch Sander (1932; 245) den Vorgestalten bisweilen zuschreibt: In dem Gestaltungsprozeß „sind die sich entfaltenden Wahrnehmungsgebilde nicht etwa nur unvollständige oder unordentliche Vorwegnahmen", die am Ende des Prozesses untergehen.

Kretschmer (1947; 76ff.) versucht, die primitiven Reaktionsformen näher zu kennzeichnen. Als Charakteristiken der „hypnotischen Mechanismen" wird u. a. die „Stilisierungstendenz" angegeben, „die Neigung, durch gewisse Eigentendenzen des aufnehmenden seelischen Apparates die aus der Außenwelt aufgenommenen Bilder umzuformen, so daß dann die endgültige Abbildung eine Kompromißform zwischen dem realen Außenbilde und den seelischen Eigentendenzen darstellt."

Es ist für uns schwer, den urtümlichen Formen der Wahrnehmung gerecht zu werden. Bei den Beschreibungen herrscht die Tendenz vor, frühes Verhalten ganz allgemein als unstrukturiert, „gestaltschwach", diffus, ungegliedert aufzufassen. Werner spricht immer wieder von der „Undifferenziertheit" ursprünglicher Wahrnehmungen, von „diffusen und labilen" sinnlichen Phänomenen, von der „Labilität" der kindlichen Wahrnehmung. Letzten Endes wird das primitive Verhalten eben doch – wenn auch wissenschaftlich verbrämt – als defizienter Modus des entwickelten Verhaltens aufgefaßt. Diese Position findet sich mehr oder weniger stark ausgeprägt sowohl bei H. Werner (1953) als auch bei W. Köhler (1921), der zwar wie kaum ein Forscher vor ihm auf die Psychologie der Schimpansen einging und seine Versuchstiere geradezu als Persönlichkeiten beschreibt, trotzdem aber von der „relativen Gestaltschwäche" bei der optischen Fassungskraft seiner Tiere spricht, und schließlich besonders bei Lévy-Bruhl (1910, 1912, 1927), der die „participation mystique" als typische primitive Weise der Weltauffassung herausstellt.

Die Gesetzmäßigkeiten der entwicklungsgeschichtlich früheren Phasen sind jedoch inzwischen genauer beschrieben worden. Diese Bestrebungen sind unseres Erachtens in den letzten Jahrzehnten im französischen Sprachraum besonders gefördert worden auf dem Gebiet des Denkens der Naturvölker von Lévi-Strauss (1958, 1962a, 1962b). Dieser Autor betont die kunstvolle Eigengesetzlichkeit der „pensée sauvage", eines Denkens, das mit dem Begriff „participation mystique" gründlich verkannt sei. Diesem Denken komme keine Verschwommenheit, Unklarheit, Verwaschenheit zu. „Nie und nimmer war der Wilde jenes kaum der tierischen Verfassung entflohene Wesen, das noch der Herrschaft seiner Bedürfnisse und Instinkte ausgesetzt ist, wie man sich das gern vorgestellt hat, und noch viel weniger war sein Bewußtsein von der Affektivität dominiert und eingetaucht in Konfusion und Partizipation". (Lévi-Strauss 1962b; 57)

Immer wieder fällt ein Merkmal primitiven Erlebens auf: das ungebührliche Heraustreten eines Einzelmerkmales auf Kosten des Gesamtzusammenhanges. Wir wollen dieses sehr wichtige Charakteristikum auch der Stereotype jetzt im Lichte der psychologischen Theorie erörtern.

3.2.1. Centration

Wir beginnen mit einem Phänomen der prälogischen Entwicklungsphase, das Piaget (in recht eigenwilliger Terminologie) als „centration" bezeichnet, worunter aber gerade nicht eine „Zentrierung" des Feldes im Sinne der Gestaltpsychologie zu verstehen ist, sondern im Gegenteil das störrische Festhalten an einer unausgewogenen (man möchte sagen: falsch zentrierten) Betrachtungsweise. Piaget (1930; 1950) zeigt dieses Phänomen in einer Reihe von Untersuchungen.

Vier- bis fünfjährige Kinder lösen die Aufgabe, Stöcke der Länge nach zu ordnen, typischerweise folgendermaßen:

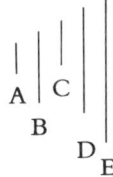

Sie halten den Stock C für größer als den Stock B. Sie achten dabei allein auf den oberen Rand, an dem die Stöcke tatsächlich der Größe nach geordnet sind. Auch Piagets Untersuchungen über die Konservation von Flüssigkeit könnten als Beispiel für das Phänomen der „centration" herangezogen werden.

Schon vor Piaget haben eine Reihe von Forschern (David Katz 1913, Volkelt 1925) das Phänomen der unausgewogenen Überakzentuierung von Teilgliedern namentlich bei der Entwicklung des zeichnerischen Gestaltens untersucht. (Vgl. zusammenfassend Mühle 1955; eine Übersicht über Arbeiten zur kognitiven Entwicklungspsychologie findet sich bei Elkind u. Sameroff (1970).)

Bei Freud klingen verwandte Gedankengänge an. Die primären Prozesse zeichnen sich gegenüber den sekundären durch „Verdichtung" aus. „Das Material der Traumgedanken erfährt während der Traumarbeit eine ganz außerordentliche Zusammendrängung oder Verdichtung" (VI; 186). Der Traum ist ähnlich „zentriert", ähnlich unausgewogen gegliedert wie die kindliche Zeichnung oder das Stereotyp. Freud sieht in einem Element des Traumes einen „Knoten oder Kreuzungspunkt für den Traumgedanken". Diesen Teil des Traumes nennt Freud „überdeterminiert", er stellt fest: „Die Tatsache der Verdichtung ist dasjenige Stück der Traumarbeit, welches sich am leichtesten erkennen läßt."

Die „Centration" ist auch auf dem Gebiete der Sprachen der Naturvölker nachzuweisen, deren Wortschatz sich auf einige wenige Gebiete zusammendrängt, die für die bestimmte primitive Kultur wichtig sind. So gibt es dann z. B. eine Centration um den Begriff „Kamel". Auf anderen Lebensgebieten dagegen fällt die Dürftigkeit des Wortschatzes auf. (Kainz 1965)

Vor allem aber ist die Centration als ursprüngliches Merkmal einer primitiven Auffassungsweise im zentralen Symptom der paranoiden Schizophrenie zu finden, in der überwertigen Idee. (Kretschmer 1950)

Auf charakteristische Beispiele für das primitive Phänomen der „centration" bei der Bildung nationaler Vorurteile ist schon häufig hingewiesen worden. Isaaks (1958) untersuchte die Einstellungen der amerikanischen Bevölkerung zu Chinesen und Indern. Nicht eine umfassende Würdigung aller Umstände bestimmte das Bild, sondern bestimmte herausgehobene Erlebnisse hinterließen „Schrammen im Gehirn" (scratches on our minds). Wenn etwa ein Inder nach dem Baden in der Wanne einige Haare hinterließ, so war das für die amerikanische Wirtin ein untrüglicher Beweis für die Unsauberkeit der Asiaten. Eine ausgewogenere und reifere Betrachtungsweise wird kaum zu dem Ergebnis kommen, daß Schottenröcke für Schotten oder Lederhosen für Deutsche typisch sind. Sie wird sich nämlich nicht verleiten lassen, von einem außergewöhnlichen Detail her das Gesamtfeld zu interpretieren, sie wird vielmehr ein zwar auffälliges, aber seltenes Phänomen in den Rahmen der übrigen Informationen richtig einordnen.

Nicht nur auf dem Gebiete der Kleidung, sondern besonders auf dem der Eßgewohnheiten und der geographischen Beurteilung kann die „centration" bei der Bildung nationaler Vorurteile nachgewiesen werden. Wir nennen die Italiener bisweilen Spaghetti-

Esser, obwohl wir wissen, daß sie auch viele andere Speisen ver-
zehren. Ebenso fällt den Italienern bei den Deutschen das Kar-
toffelessen auf, den Franzosen die Vorliebe für das Sauerkraut und
das Biertrinken.

3.2.2. Akzentuierung

Eine andere wichtige Forschungsrichtung der Psychologie beschäftigt sich ebenfalls mit den frühen und – wenn man so will –
primitiveren Formen des Erlebens. Die Aktualgenese sieht die
Wahrnehmung nicht als ein fertiges Produkt, sondern als Prozeß.
Vor der fertigen Wahrnehmung, die als Baum, Mensch, Schlüssel,
Freund erlebt wird, sind Vorformen, Vorgestalten nachweisbar.
Versuchen wir im Nebel, in der Dämmerung, beim Tachistoskop-
versuch etwas zu erkennen, dann treten Gebilde auf, die mit Stereotypen einige Gemeinsamkeiten besitzen. Vorgestalten besitzen
unter anderem einen unstabilen, mehr physiognomischen Charakter und die Tendenz zur Akzentuierung. Ein herausfallendes
Merkmal drängt die anderen zurück und wird zum Angelpunkt
der Gesamtdeutung. In diesen beiden Punkten bestehen also zwischen den Stereotypen und den Vorgestalten auffällige Parallelen.
Stereotype wären, so gesehen, Erlebnisse im Nebel, bei Unsicherheit.

Die Aktualgenese sieht die „heuristische Tätigkeit" (Miller, Galanter u. Pribram 1960) als einen dynamischen Prozeß, als „einen
Entfaltungsprozeß im aktuellen Erleben, der von gefühlsartig ge-
tönten Frühformen zur fertigen Endgestalt führt ... Der Prozeß
läßt sich als in Phasen gegliedert darstellen ...: er kann als wach-
sende ,Sinnerfüllung' bezeichnet werden". Diese „Sinnerfüllung"
geht von „ersten Anmutungen" aus und bewegt sich über „Geo-
metrisierung (Prägnanzprinzip) bis zur sachsinnhaften Auslegung"
(Fröhlich u. Laux 1969; 258).

Die Phase der vorgestalthaften Deutung weist mit den von uns
untersuchten Phänomenen einige Parallelen auf. Das Vorurteil
wäre so gesehen eine Art kognitiver Vorgestalt.

Brunswik und Reiter hatten bei ihren bekannten Experimenten
mit schematischen Gesichtern gezeigt, daß bei bestimmten Aufga-

ben die Eindringlichkeit von Einzelzügen in so hohem Grade durchschlug, daß sie die Gesamtinterpretation der Gesichter festlegte. So bestimmte etwa die Höhe der Augenbrauen den Eindruck, ob das Strichgesicht als intelligent oder unintelligent anzusehen sei. Eine Diskussion der „Unterschätzung gewisser Anhaltspunkte und Überschätzung nur teilweise gültiger Anhaltspunkte" findet sich bei Bruner, Goodnow und Austin (1956; 182ff.). Dort wird auch auf das Alles-oder-Nichts-Verhalten hingewiesen, das bei ungenügender Möglichkeit auftritt, die Informationsbasis zu sichern.

Weitere Untersuchungsergebnisse über den Prozeß der Akzentuierung, der „Betonung einer Sichtweise auf Kosten anderer", der Nivellierung und Pointierung (levelling and sharpening), über die Fixation, die Selektivität und die Organisation und Gestaltung der Wahrnehmung finden sich bei Graumann (1955/56; 1966).

Auch von Seiten der Lernpsychologie ist das Phänomen der Akzentuierung registriert worden. Beim Wahrscheinlichkeitslernen zeigt sich, daß ein in einer Serie häufiger als die übrigen Merkmale auftretendes Merkmal in seiner Häufigkeit noch überschätzt wird (Estes 1972). Ein ohnehin auffälliges Merkmal, dessen häufigeres Erscheinen belohnt wird, wird zentriert, überakzentuiert.

Hofstätter (1949; 48) hat den Mechanismus des Wahrscheinlichkeitslernens zur Interpretation der Vorurteile herangezogen; „Wenn eine Frau bloß um 10% öfter, als in einem sozialen System üblich ist, mit einem fremden Mann auf der Straße gesehen wird, hat sie einen so schlechten Ruf, als triebe sie sich ‚dauernd' mit Männern herum." Totten (1964; 10) erklärt das Deutschenbild der Amerikaner als eine Verabsolutierung und maßstäbliche Überhöhung an sich richtiger Einzelbeobachtungen an bestimmten deutschen Gruppen, mit denen die Amerikaner in Berührung kamen. Sie spricht von den „Formkräften des historischen Moments, des geographischen Ausschnitts und eines sozialen Sektors".

Lilli (1970) hebt die Bedeutung des Ansatzes Tajfels (vgl. Tajfel u. Wilkes 1963) für die Erklärung der Stereotype hervor. Der motivational bedingte Schätzfehler, der das ohnehin Große noch größer erscheinen läßt, das ohnehin Kleine noch kleiner, ist nach dieser

Theorie als Dichotomisierung zu fassen. Die Enden einer Skala werden überbesetzt, der Endpunkt als ausgezeichneter Ort wird auch dann angenommen, wenn er nur fast erreicht ist, ähnlich wie ein Fast-Kreis als Kreis gesehen wird. Hofstätter (1949; 49) nennt deshalb die öffentliche Meinung „eine Art von Wahrnehmung", „in der die Grundtendenz zur prägnanten Gestalt wesentlich gesteigert ist". Es fällt auf, daß hier ein altes Problem der Sozialwissenschaften wieder auftaucht, das der Typisierung. Anläßlich der Diskussion des Real- und des Idealtypus waren die Phänomene schon bemerkt worden: auch der Realtypus zeigte, wenn man so will, ideale Züge eben aufgrund der Dichotomisierungstendenz der Wahrnehmung (vgl. die reichhaltige Literatur zum Typusproblem bei Kretschmer 1955, Spranger 1950, Max Weber 1951).

Ertel und Prodöhl (1969) sehen in einem interessanten Ansatz sprachliche Einflüsse in die Größenschätzung eingehen. Die Akzentuierung, d. h. die Überschätzung der Größe des ohnehin Großen, sei metaphorischer Natur. Der Größenschätzfehler bei Mitschülern korrelierte primär mit der Potenz (sensu Osgood) und sekundär mit der Valenz. Die Schüler, die sprachlich als gut, tüchtig, kräftig angesehen wurden, wurden in ihrer Körpergröße überschätzt.

Auch Klix (1971; 247) hebt den akzentuierenden Einfluß der Sprache bei der Informationsgewinnung hervor: „Das phänomenale Kontinuum von Empfindungsgrößen wird durch eine sprachlich benannte Urteilsskala gerastert."

Eine umfassende Diskussion der Akzentuierungsprobleme geben Holzkamp, Keiler und Perlwitz (1968). Sie lehnen die bisherigen Erklärungsversuche ab, insbesondere die behavioristische Annahme, Akzentuierung sei durch Verstärkung zu interpretieren, dann aber auch die Wunscherfüllungshypothese und die sprachliche Erklärung. Holzkamp erkennt, daß die Urteilsveränderungen durch die Verschiebung der kognitiven Bezugssysteme hervorgerufen werden. Eine derartige Adaptation des Bezugssystems im Dienste der biologischen Anpassung ist der Psychologie seit eh und je bekannt. Schon Hering (1905) hatte auf diese Weise die Helligkeitsadaptation erklärt (vgl. Katz 1969). Nach den grundsätzlichen Überlegungen und Experimenten Kohlers (1966) und Helsons (1959) gehört es geradezu zum Wesen der Bezugssysteme, daß sie sich den zu erfassenden Phänomenen langsam anpassen. Für die geisteswissenschaftliche Psychologie hatte Dilthey (V; 341) ebenfalls diese fundamentale Entdeckung gemacht, er weist auf die „beständige Wechselwirkung des Erlebnisses und des Begriffs" hin. Die Verschiebung des Nullpunktes im Sinne der Adaptation ist im übrigen auch den homöostatischen Theorien geläufig (Übersicht vgl. Koch 1974). Zum Problem der Vorurteile sind ähnliche Überlegungen von Hofstätter (1954; 431) angestellt worden. Die Urteilstäuschung steht im Dienste der Entlastung. Die Dezentrierung entläßt uns aus dem Engagement. „Wir typisieren umso stärker, je ferner uns eine Menschengruppe in sozialer, geographischer oder historischer Hinsicht liegt." „Von der Spitze des Eiffelturms gesehen sind die Häuser der Stadt Paris ungefähr alle gleich hoch." Schon Hellpach (1936; 2) hatte seine Typenschauregel formuliert: „Lebewesengruppen gehen für unsere Wahrnehmung desto mehr in einem Typus auf, je ferner sie uns stehen oder je fremder sie uns sind – und lösen sich für unsere Wahrnehmung desto mehr in Individuen auf, je näher sie uns stehen oder je vertrauter sie uns sind." Diese Regel sei ein Sonderfall des Weber-Fechnerschen Gesetzes: „Dieses lehrt, daß der zur Unterscheidung nötige Beschaffenheitsunterschied umso größer sein muß, je stärker die Grundwahrnehmung ist." Größentäuschungen sind Formen der Adaptationen des Bezugssystems zur Verarbeitung, zum Fertigwerden mit dem Fremden. „Leben wir längere Zeit unter einem Fremdvolk, so fällt uns die individualisierende Unterscheidung allmählich immer leichter." Auch Hofstätter betont die Wichtigkeit der Nullpunktverschiebung als Daseinstechnik. Die „Manipulation der Bezugssysteme" diene „einem sehr deutlichen Zweck. Sie vergrößert Unterschiede, wo sie für uns besonders wichtig sind, sie übertreibt diese ins Groteske, wo Kontaktschranken bestehen oder errichtet werden sollen, und sie reduziert die Anzahl der schwierigen Urteilsfälle auf ein Minimum, wo unser Interesse ohnehin gering ist."

Wir schlagen also vor, die kognitive Bewältigung des Fremden in eine Reihe zu stellen mit den von der Schule der social-perception untersuchten Situationen der mangelnden Information. Gemeinsam ist den sich hierbei für den auffassenden Organismus stellenden Aufgaben, daß sie zunächst zu einer Lage des Stresses, der Unsicherheit führen, die häufig nur durch ein nicht ganz wirklichkeits-adäquates Verhalten beseitigt werden kann.

Es sei in diesem Zusammenhang erwähnt, daß auf einem verwandten sozialpsychologischen Gebiet, nämlich bei der Gerüchtebildung, fast sämtliche verzerrenden Techniken der Auffassung nachgewiesen worden sind (vgl. Allport u. Postman 1947). Es ist deshalb zu erwarten, daß es generell bei Stereotypen, dieser Aufnahme fremder Wirklichkeit, zu Verformungen kommt. Auch hier wird (wenn das Bild erlaubt ist) die seelische Nahrung nicht unzerkaut assimiliert.

3.2.3. Prägung

Ebenso wie die primitive Weltauffassung an einigen Punkten des räumlichen Feldes fixiert ist und zu keinem Gesamtüberblick kommt, so ist für sie auch eine Zeitauffassung typisch, die einige Zeitabschnitte in fast grotesker Weise überbetont und wirkträchtig macht, während die übrige Zeit wirkungslos verstreicht. Diese für den entwickelten Standpunkt zunächst schwer verständliche Modalität der wirkenden Zeit ist besonders im Bereich der Tierpsychologie aufgefallen. Lorenz (1937, 1943) konnte zeigen, daß sich frisch ausgeschlüpfte Graugänse dem ersten sich bewegenden Wesen anschließen, das sie zu sehen bekommen und diesem Wesen wie einem Muttertier folgen. Es stellte sich heraus, daß dieser in den ersten Stunden nach dem Ausschlüpfen auftretende Prägungsvorgang kaum reversibel ist.

Auch die von Schjelderup-Ebbe (1922) zuerst nachgewiesene langanhaltende Beachtung eines einmal in einer Schlüssel-Situation etablierten Dominanz-Verhältnisses in der Hackordnung bei Hühnern kann als Prägeeffekt interpretiert werden.

Bei menschlichen Säuglingen glaubt Spitz (1957, 1967), eine Prägephase nachweisen zu können. Wenn Säuglinge im Alter von 0;3 bis 0;9 Jahren keine feste Bindung an eine Bezugsperson finden, dann führe dies zu typischen „Anstaltssyndromen" und schließlich zu kaum mehr reversiblen Entwicklungsschäden.

Während für das fortgeschrittene Gleichgewicht der entwickelteren Weltauffassung also eine ebenmäßige Auffassung und Wirkungsträchtigkeit des zeitlichen Ablaufes der Geschehnisse typisch ist, wobei das Frühere und das später Auftretende einigermaßen gerecht gegeneinander abgewogen werden, ist das plötzliche Epochemachen von Ereignissen für den primitiveren Zustand charakteristisch.

Besonders auf dem Gebiet der Liebe (amans-amens) ist das Regressionsphänomen der Prägung nachweisbar. Von einem Bild plötzlich gepackt, kann sich der Liebende der zwingenden Gewalt dieses Eindrucks nicht mehr entwinden.

Die Persistenz der Prägefähigkeit auch im entwickelteren Zustand, durchaus im Sinne der Hysterietheorie Kretschmers (1958), zeigt eine Psychologie des ersten Eindrucks, der oft schwer verwischbar ist. (Vgl. Dach 1937)

Auf dem Gebiete der Sozialpsychologie sind prägungsähnliche Phänomene besonders im Bereich des „Corporate image" anzutreffen. Ein etabliertes Markenbild verändert sich oft kaum über Jahrzehnte. Die Images der Politiker halten sich mit großer Zähigkeit. Auch aus dem täglichen Leben ist die prägende, der Wirklichkeit nicht mehr entsprechende Wirkung des einmal etablierten Rufes bekannt: Wer einmal lügt, dem glaubt man nicht – und wenn er auch die Wahrheit spricht! Die Wiedereingliederung von Strafgefangenen in die soziale Gemeinschaft stößt auf große Vorbehalte. Wer einmal aus dem Blechnapf gegessen hat, ist in den Augen mancher für sein Leben gezeichnet. Die geringe Veränderung der nationalen Stereotype im Laufe ihrer Erforschung war schon Bogardus (1925, 1947) aufgefallen.

Die Abhängigkeit der nationalen Stereotype von Schlüsselerlebnissen, die oft Jahrhunderte zurückliegen, konnte Koch-Hillebrecht (1977) nachweisen. Die Grundzüge des Deutschenbildes wurden nicht etwa in der Hitlerzeit gelegt, sondern von den alten Römern geprägt. In Italien wird das Deutschenbild noch heute in Zusammenhang gebracht mit dem wilden Benehmen der Germa-

nen: „Der Charakter der Deutschen, ursprünglich der Barbaren-
stämme, die Rom eroberten, ist derselbe geblieben, immer auf
Eroberung aus."

Noch heute sehen manche Franzosen die Deutschen mit den
Augen der Mme de Staël: „Die Deutschen lieben und respektieren
die Natur. Sie haben eine Neigung für das Melancholische und
Traurige."

Den Einfluß der pfälzischen Einwanderer im 18. Jahrhundert auf
das Deutschenbild der Amerikaner weist Totten (1964) in sehr
überzeugenden Analysen nach.

Für das spanische Deutschenbild gibt es eine andere „Achsen-
zeit", eine andere Phase nachhaltigen Lernens. In der großen Zeit
Spaniens, seinem goldenen Zeitalter, wurden Spanien und
Deutschland von derselben Dynastie, den Habsburgern, regiert.
Dies führte zu freundschaftlichen Gefühlen, die auch heute nicht
abgeklungen seien. Zudem hätten die Spanier nach ihrer Blütezeit
die Macht nicht an die Deutschen, sondern an Franzosen und Engländer abgeben müssen, so daß die positiven Einstellungen später
nicht gestört wurden (Aranguren 1964; 349).

Auch die Bilder von Arm und Reich haben sich seit der biblischen Zeit kaum geändert. Möglicherweise handelt es sich hier um
Stereotype, die aus prähistorischen Epochen stammen.

Wie wir im nächsten Kapitel sehen werden, sind auch die Stereotype über die Natur der Frau uralt und auch deswegen so schwer
zu bekämpfen.

In der Individualgeschichte sind ebenfalls persönliche stereotype
Prägungen zu finden. Die sexuellen Perversionen sind teilweise so
zu erklären. Aber auch harmlosere Erlebnisse können haften bleiben und den Grund für persönliche Vorurteile legen. Sieht man
nur einmal in einer entscheidenden Situation eine Frau schlecht
Auto fahren, dann prägt sich dieses Bild auf eine lange Zeit ein.
Frau am Steuer!

Stellt ein Arzt eine nach Ansicht des Patienten überhöhte Rechnung, so kann dies auf die Vorurteilsbildung gegenüber Medizinern eine Langzeitwirkung haben.

Hitlers Vorurteil gegenüber den Juden wird von Psychoanalytikern als ein Fall von frühkindlichem Trauma interpretiert. „In Binions Hitler-Interpretation spielt Dr. Eduard Bloch, der jüdische Arzt seiner Mutter, eine Hauptrolle." Er „diagnostizierte ihren Brustkrebs und veranlaßte die sofortige chirurgische Entfernung der Brust. Anschließend führte er, von Hitler offenbar unter Druck gesetzt, eine intensive und teure Jodoform-Behandlung durch. Sie endete mit dem 7 Wochen später erfolgenden Tod der Patientin, der langsam und unter quälenden Schmerzen eintrat." Bewußt bewunderte Hitler den Arzt. Aber die unbewußte Prägung führte schließlich zu der grausamen Juden-Vernichtung. „Als Hitler 1941 durch ein persönliches Dekret die endgültige Ausrottung der Juden durch Giftgas anordnete, sprach er von der Notwendigkeit, ‚den jüdischen Krebs aus dem Körper des deutschen Volkes zu entfernen, auszuschneiden, zu exstirpieren', und gebrauchte damit die gleichen Worte und Bilder, wie sie bereits bei der Operation der Mutter im Januar 1907 aufgetaucht waren." (Stierlin 1975; 46f.)

Aber nicht nur derartige überwertige Ideen werden im Laufe der Sozialisation erworben, sondern auch alle anderen „normalen" Stereotype gehen während dieser Zeit in Fleisch und Blut über.

3.3. Eine strukturalistische Interpretation der Stereotype

Ungefähr einen Monat nach meiner Ankunft in Chicago wollte Milton Singer, der Anthropologie-Professor, bei einem Essen im Südostasiatischen Club von mir wissen, was mich in den Vereinigten Staaten besonders beeindruckt hätte. Die Eichkätzchen, habe ich geantwortet.

Jedes Mal, wenn mir das Mißtrauen, die Feindschaft, der Kampf um's Dasein, mit einem Wort alles, was die Beziehung zwischen den Menschen und den wilden Tieren charakterisiert, aufgehoben zu sein scheint – und wäre es nur für einen Augenblick –, ergreift mich ein starkes und unklares Gefühl.

Mircea Eliade 1977

Das Fremde führt zu einer mehr oder minder heftigen Reaktion unseres seelischen Apparates. Im Grunde unseres Herzens wurzelt die Überzeugung, daß alles, was wir antreffen, so sein sollte wie wir selbst. Weiße stellen sich folgerichtig den Lieben Gott als weiß, Schwarze als schwarz vor.

Die Stereotypenbildung ist eine gesetzmäßige Reaktion auf Fremdes. Wir versuchen, sie jetzt psychologisch zu deuten. Hierbei kommen wir nur zu befriedigenden Resultaten, wenn wir eine ganze Reihe von Theorien kombinieren. Wir versuchen also die gruppendynamischen Erkenntnisse der Schule Lewins (Heider, Festinger) und die Erkenntnisse einer genetischen Betrachtungsweise (Felix Krueger, Sander; Piaget) mit dem strukturalistischen Ansatz (Lévi-Strauss, Foucault) zu verbinden. Wenn es für unsere Seele im Grunde nur ein Fremdes gibt, dann müßten sich ähnliche Reaktionen in den verschiedenen Gebieten des Lebens nachweisen lassen. Wir müßten auf vergleichbare Strukturen stoßen. Wir wollen den Nachweis dieser von uns vermuteten Tiefenstruktur der Vorurteile dadurch führen, daß wir bei der Urform des Fremden, dem Tod, ansetzen. Die hierbei gefundene Matrix wird sich als Schlüssel für die anderen Formen des Vorurteils erweisen.

Während die Analyse der Stereotype gegenüber der amerikanischen Stadt Chicago einige wichtige, aber doch mehr oberflächliche Charakteristika erkennen ließ (insbesondere eine Reihe von Verzerrungstendenzen, von denen die Akzentuierung besonders auffiel), wollen wir jetzt tiefer in das Phänomen eindringen. Die ursprünglichen menschlichen Reaktionen gegenüber Tod, Tier und Natur sollen uns die elementaren Strukturen der Abwehr aufzeigen.

Ein ursprünglicher Mechanismus zur Erhaltung der Gemeinschaft und Bewahrung der Gruppenidentität ist die Abgrenzung der Lebenden von den Toten. Diesen gegenüber werden die ursprünglichsten Vorurteile gebildet. Man muß sie begraben, bei manchen Völkern fesseln, damit sie das Leben der Gemeinschaft nicht stören, man darf über sie nicht leichtfertig reden, sonst kommen sie wieder. Die Pflicht der richtigen magischen Verhaltensweise gegenüber den Toten ist unmittelbar dringend, Beerdigungen gehen allen anderen Pflichten vor. Ausgeprägte Systeme von Stereotypen werden von vielen Kulturen im Umgang mit den Toten ausgebildet. Schon die Sterbenden trifft das Vorurteil und das Unverständnis. Man sondert sie ab, fürchtet sich vor ihnen. Tote sind abstoßend, häßlich, gefährlich, schlecht riechend. Vor dem Leichengift muß man sich schützen. Auf den üblen Geruch des Lazarus weist das Neue Testament hin. Es ist selbstverständliches unmittelbares Gebot, den Lebenden auf alle Fälle vor den andersartigen Toten zu bewahren.

„Die Welt der Lebenden sollte von der der Toten geschieden sein. Deshalb untersagte das Zwölftafelgesetz in Rom Bestattungen in urbe, innerhalb der Bannmeile der Stadt. Der theodosianische Codex wiederholte dasselbe Verbot, um die sanctitas der Wohnstätten der Lebenden zu schützen. Das Wort funus bezeichnet den toten Körper, das Leichenbegängnis und den Mord. Funestus meint die von einem Leichnam ausgehende Entwürdigung." (Ariès 1976; 25f.)

Ariès (1976; 57ff.) weist darauf hin, daß der Tod von der modernen Gesellschaft immer mehr als Belästigung empfunden werde. „Ein annehmbarer Tod ist ein Tod, der für Hinterbliebene annehmbar oder erträglich ist."

Im 20. Jahrhundert hatten sich die gesellschaftlichen Vorurteile von der Sphäre der Sexualität auf die Sphäre des Todes verlagert. Geoffrey Gorer (1965) hat gezeigt, wie der Tod zum Tabu geworden ist und die Sexualität als Hauptverbotszone ablöst. Die Tendenz, den Tod als etwas Obszönes aufzufassen, kündigt sich schon in früheren Jahrhunderten an. „Wie der Sexualakt beim Marquis de Sade ist auch der Tod ein Bruch."

Über kaum eine Phase des menschlichen Lebens gibt es soviel Unkenntnis und Scheu wie vor dem Sterben (vgl. Kübler-Ross 1972). Sterbende werden unverständlich, unheimlich, fremd. Sie fordern zu einer Rückversicherung gegenüber der Wir-Gruppe. Angst steht also am Anfang der Vorurteilsbildung.

Kastenbaum und Aisenberg (1972; 132) befragten Krankenhausärzte über ihr Bild des Sterbenden. Das Verhaltenssyndrom bietet befremdende Züge: „Offener Mund, träge auf dem Rücken liegend, Augen mit leerem Starren, Kopf nach hinten gefallen, Arme starr zur Seite, Fehlen adaptiver Bewegungen, allgemeiner Eindruck, in eine gewisse Position gerückt oder fixiert worden zu sein."

Die formelhafte Verhärtung der Handlungsabläufe und der Verzicht auf phantasievolle, spielerische Variationen als Bewältigung der Angst ist im Bereich des Militärischen bekannt. Der Gleichschritt der angreifenden Kolonne, die monotone Marschmusik stärkt die Moral der Truppe. Auch in der Psychopathologie finden wir in Angstzuständen eine deutliche Einschränkung der Verhaltensmuster auf einige wenige ausgezeichnete Ablaufformen, in denen einige Sicherheit gefunden wird. In der Zwangsneurose werden diese Formeln in starrer Folge wiederholt. Der Ängstliche meidet die falsche Bewegung und fühlt sich in der Steifheit der festgelegten Formen sicherer. Die Sitten und Gebräuche, die ethnozentrischen Vorurteile kann man als kollektive Zwangsneurosen erklären, die dem Leben der Gemeinschaft die Angst vor dem Unerklärlichen nehmen.

Im Falle der Toten zeigt sich ein Schutzsyndrom gegenüber dem Fremden, nicht mehr zum Clan Gehörenden, auf das wir immer wieder stoßen werden. Die urtümliche Reaktion gegenüber Unverständlichem, schwer Einzuordnendem ist die Trias: Absondern, Sammeln, Einsperren. Tote werden in Friedhöfen gesammelt, Friedhöfe sind abseits gelegen, Gräber befestigt. Ähnlich verhält sich der ethnozentrische Mensch gegenüber Tieren, die er in Zoos, Gehege sperrt, gegenüber Kranken, die in Siechenhäusern Platz finden, insbesondere gegenüber Geisteskranken (die ebenfalls nicht frei herumlaufen dürfen). Auch gegen Verbrecher ist dieses Einheitsrezept das probate Mittel: Zuchthäuser, Arbeitshäuser, Gefängnisse. Die unruhige, unverständliche Jugend gehört in die Schule, in Klassenzimmer, unter die Zucht des Lehrers. Manche Kulturen finden auch, daß die Frauen im öffentlichen Leben nichts zu suchen haben und besser im Harem oder in Beginenhäusern unter Verschluß gehalten werden.

Aufnahme in und Entlassung aus dem Wir-Verband, dessen anerkannte Mitglieder von Vorurteilen ausgenommen werden, geschieht durch besondere Riten. Im Anschluß an von Gennep kann man formulieren, daß „... der Tod wie die Geburt, die Heirat oder die Initiation der Übergang des Menschen von einem System von Regeln zu einem anderen ist". (Hahn 1968; 101) Es handelt sich aber kaum um gleichrangige Regelsysteme. Nur eine Phase des Menschseins wird voll anerkannt. Nur der Initiierte ist Mensch im eigentlichen Sinne. Die strukturelle Gleichheit des Außenseiterstatus von Kind und Fremdem geht daraus hervor, daß beide durch die Taufe zum Mitglied der Gemeinde gemacht werden können. Ein Tier wird erst durch den besonderen Akt der Zähmung zum Haustier. Wilde Tiere dürfen in Wohngebieten ebensowenig gehalten werden wie nicht registrierte Ausländer.

Die Phase der Zugehörigkeit zur Gemeinde ist begrenzt. Ebenso wie bei der Universität gibt es Immatrikulation und Exmatrikulation. Der Tote muß in einer Art Abmelderitus exmatrikuliert werden. Auch im täglichen Umgang ist die Zugänglichkeit des Menschen und damit eine weitgehend vorurteilsfreie Interaktion durch Riten begrenzt. Erst nach einer Begrüßung kann der andere in eine Erörterung von Problemen eintreten. Nach dem Gespräch wird die Phase der Interaktion durch förmliche Verabschiedung beendet. Wer dann noch einmal zurückkommt, stiftet Verwirrung (Goffman 1971).

Die Wiederaufnahme der Sünder wurde von der christlichen Kirche am Gründonnerstag zelebriert. Neben der Buße war die Wiedereingliederung in die Gemeinde an rituelle Formeln geknüpft.

Archaische, rituelle und in der heutigen Zeit anachronistische Formen haben sich in den Auffassungen der sozialistischen Länder in der Frage der Staatsbürgerschaft erhalten. Der einzelne muß aus ihr entlassen werden, wenn er wegziehen möchte.

Nur der Initiierte darf auf eine Schonung vor Vorurteilen, auf ein Nachlassen der Diskriminierung rechnen. Immer besteht der Drang, den Fremden entweder zu entfernen oder durch besonderen Ritus einzubürgern, zu bekehren, durch das eigene System zu beglücken. Der missionarische Eifer ist insofern kaum besonderes Merkmal der christlichen Kirche oder der kommunistischen

Abb. 6. King Kong (Hollywood-Version 1933). Vorurteile gegenüber Tieren: Das Tier als Schreckgespenst. Der größenwahnsinnige Mörder-Affe bedroht im Film die Stadt New York, raubt blonde Frauen. Wie ist diese menschliche Schreckphantasie zu erklären, die eigenartige Angst vor Menschenaffen, die scheu und friedlich leben, deren Sexualverhalten eher als zurückhaltend zu bezeichnen ist (Schaller 1959)? Als eine Wurzel dieser Vorurteilsbildung könnte jener „Urzweifel" angesehen werden, „wo die Grenze der eigenen Spezies zu suchen sei" (Jettmar 1973; 63). „So wurde behauptet, ein Australopithecine habe eine entscheidende Rolle in unserer Stammesgeschichte gespielt, gerade weil er nicht nur vom Herbivoren zum Karnivoren wurde, sondern bevorzugt Primaten, darunter enge Verwandte wie den Paranthropus erlegte." Ist die Vorurteilsbildung beim Menschen somit ein seelischer Mechanismus, mit dessen Hilfe der nahe Verwandte dämonisiert wird, um auf diese Weise Tötungshemmungen zu beseitigen?

Systeme, sondern eine menschliche Abwehrreaktion gegen das Andere.

Ein Beleg dafür, daß der Tod als das ursprünglich Fremde und Hassenswerte angesehen wird – und damit als Ausgangspunkt der Vorurteilsbildung anzusehen ist –, findet sich bei Fromm (1976; 97), der nachweist, daß von Marx das verhaßte Kapital ursprünglich mit dem Tod gleichgesetzt wurde. „Das Kapital repräsentiert für Marx das Angehäufte, das Vergangene und in letzter Konsequenz das Tote." „Der Sozialismus stellte für ihn eine Gesellschaft dar, in der das Leben über die Toten gesiegt hatte." Mit Fromm könnten die Vorurteile, die die Welt in Eigenes und Fremdes unterteilen, als eine Folgeerscheinung des „analen Charakters" gedeutet werden.

Eine weitere sehr ursprüngliche Form des Chauvinismus neben der naiven Gruppenreaktion gegenüber Toten ist die menschliche Überheblichkeit gegenüber dem Tier. In maßloser Selbstüberschätzung haben viele Menschen das Vorurteil, Tiere seien wie Sachen zu behandeln.

Durch die menschliche Geschichte zieht sich eine merkwürdige Ambivalenz gegenüber den menschenähnlichsten Tieren, den Affen. „Die Meinung der westlichen Welt über den armen Verwandten aus dem Tierreich ist wenig schmeichelhaft. Seit über 2000 Jahren gelten Affen als lächerliche, abnorme, obszöne, haarige Ungeheuer – vor allem wohl wegen der irrigen Meinung, Affen seien so etwas wie Menschen." (Morris u. Morris 1968; 23)

Die typische Form der Vorurteilsbildung sehen wir in der anthropozentrischen Beurteilung des Affenkörpers: „Gemessen am

Abb. 7. Frühchinesisches Sakralgefäß. Gegossene Bronze. Schang-Dynastie. Die ambivalente menschliche Haltung gegenüber dem Tier: Das Tier als Schutz-Geist. „Die kleine menschliche Figur wird nicht von dem Tiger verschlungen, sondern klammert sich an ihren schützenden Tiger-Geist. Die großen Klauen halten den Menschen sanft, während er unter den Fängen des Tigers Schutz sucht" (Lommel 1974; 41). Nicht nur als Schreckgespenst und Bösewicht, sondern auch immer als Glücksbringer, Ahnherr, Lebensretter und Schutzgeist taucht das Tier in den menschlichen Phantasien, in der schönen Kunst und in der Literatur auf.

Schönheitsideal der Menschen kommt der Affe freilich schlecht weg. Schon die alten Griechen vermißten an ihm ein ‚ästhetisches Hinterteil'. Wenn sie zeigen wollten, was schön und was häßlich ist, dann stellten sie der kurvenreichen Aphrodite einen mageren Affen zur Seite. Anstelle eines wohlgeformten Gesäßes haben die Affen nur Schwielen, rauhe Flächen harter Haut. Ein englischer Schriftsteller des 12. Jahrhunderts schrieb: ‚Abgesehen davon, daß alles am Affen häßlich ist, sein Hinterteil ist besonders abscheulich und widerwärtig'." (Morris u. Morris 23 f.)

Die Gleichartigkeit der Schutzmechanismen gegenüber Fremden, seien es nun menschenähnliche Tiere oder fremde Völker, zeigt sich aus der Gleichstellung beider Fremdlinge bei Strafen: „Im alten Rom verwendete man Affen zur besonderen Demütigung bei der Hinrichtung von Vater- und Muttermördern. Der Verbrecher wurde ausgepeitscht und anschließend mit einem Affen, einer Viper, einem Hund und einem Hahn zusammen in einen Sack gesteckt und in den Tiber oder ins Meer geworfen." „Im Mittelalter blühte diese Strafvollzugsart im Norden Europas wieder auf. Hier war es üblich, einen Juden zusammen mit einem Hund und einem Affen zu erhängen, zum Zeichen, daß die Juden mit der Tötung Christi einen Brudermord begingen." (Morris u. Morris 1968; 26)

In vielen Epochen der menschlichen Geschichte gibt es Perioden, in denen die Vorurteile gegenüber den Tieren abgebaut wurden und ein Verständnis für ihre Eigenart gesucht wurde. „Unsere kleinen Brüder ohne Sprache" nannten manche Indianerstämme Nordamerikas die Tiere, die mit dem Menschen zusammen zur großen Kette des Lebens gehörten. In der abendländischen Frömmigkeit betonte Franziskus von Assisi die verwandtschaftliche Beziehung zwischen Mensch und Tier. Als „Brüder in Feld und Busch" bezeichnete Goethe in pantheistischer Begeisterung die Tierwelt.

Man gewinnt heute den Eindruck, daß die Tiere gegen menschliche Vorurteile und die daraus folgenden destruktiven Handlungen fast besser geschützt werden als etwa der Bürger, der als Bourgeois verteufelt wird, oder die alten Menschen, die vom jugendlichen Vorurteil getroffen werden.

Auch bei der Konfrontation mit der Landschaft werden die menschlichen Schutzmechanismen gegenüber dem Fremden wach. Der menschliche Raum wird umfriedet. Das Paradies ist keine Wildnis, sondern ein geordneter Garten, eingezäunt und berechenbar.

Gegenüber der Natur bestehen „Einbürgerungstendenzen". Der Garten muß im französischen Barock eingefriedet, exakt ausgerichtet, die Bäume müssen beschnitten sein, um menschlichen Ansprüchen genügen zu können und nicht auf Vorurteile zu treffen. „Bei der Anlage eines französischen Parks wurden zunächst die Grundflächen planimetrisch aufgeteilt, genau wie die Grundrisse der Schlösser. Dann wurden überall glatte Holzwände, hie und da mit ‚eingebauten' Nischen aufgezogen, die das ganze in größere und kleinere Appartements auflösten, genau wie bei den Schlössern. Die so entstandenen Räume wurden mit Bänken möbliert und mit Vasen auf Postamenten und Plastiken verziert, wie die Schloßinterieurs. Sogar der (fehlende) Deckenabschluß war bei beiden der gleiche. Über den Lauben wie über den Sälen dehnte sich der endlose Himmel, draußen der wirkliche Himmel, innen der gemalte Himmel, der zur Belustigung von Serenissimus mit dem delikatesten Frauenfleisch überwölbt war. Und dann gab es noch ein äußerst wichtiges Charakteristikum: die Gazons waren mit Bäumen, Taxus, Buchs, Lorbeer bepflanzt, die zum Amusement des Fürsten nicht Baum sein durften, wie auch die Katastraten der Oper ebenfalls zur Ergötzung des Machthabers nicht Mann sein durften. Die Bäume waren nämlich beschnitten zu Obelisken, Kegeln, Tierfiguren wie Pferde, Pfauen, Hähne, ja sogar zu menschlichen Gestalten." (Balet u. Gerhard 1972; 430f.)

Der englische Garten hingegen war ein Spiegelbild der englischen bürgerlichen Mentalität (vgl. Flemming 1931, Sedlmayr 1950). Die Natur wird zur geistigen Landschaft (Snell), über die man willkürlich verfügen kann, ohne sie zu verstehen. Von hier aus kommt es dann zur Ausbeutung und Zerstörung der Natur, aber auch zu pantheistischer Erhöhung der Natur (Friedländer 1923).

Eine neuzeitliche europäische Haltung zur Natur, die sich später Naturwissenschaft und Technik aneignen, findet sich bei Bacon im

Bauerndorf Seeleitn Faaker See

Süden zum Faaker See.
Anreise mit der Bahn: Bis Villach. Bus-
oder Taxianschluß zur Anlage am Faa-

Kinderzimmer mit Etagenbett, Kochnische, Dusche oder Bad und WC.
Typ E für 4 bis 7 Personen. Wohnfläche
ca. 80 qm, mit Wohn-/Schlafstube mit
Eckliege und Einzelcouch, 2 Schlaf-
zimmern mit je 2 Betten, Kochnische,

Abb. 8. Bauerndorf Seeleitn am Faaker See (Hummel-Prospekt Sommer 1978).
Der Urlaubstraum des deutschen Bundesbürgers hat eine literarische Tradition. Unsere Vorurteile, das hatte schon E. R. Curtius erkannt, reichen
bis in die Antike zurück. Deren Landschaftsauffassung beeinflußte Rousseau entscheidend. „Man weiß schon", schrieb er in den „Confessions",
„was ich unter einer schönen Landschaft verstehe. Niemals eine Landschaft
der Ebene, mag sie noch so schön sein. Ich verlange Gießbäche, Felsen,
Tannen, dunkle Wälder, Berge, rauhe auf- und abführende Pfade und recht
fürchterliche Abgründe neben mir."

Schon Homer hatte seine Seelenlandschaft auf der Insel der Kalypso
gefunden. Er beschreibt sie im 5. Gesang der Odyssee: „Und ein Wald
wuchs um die Höhle, kräftig sprossend: Erle und Pappel und auch die
wohlduftende Zypresse." „Und Quellen flossen, vier in der Reihe, mit
hellem Wasser, nah beieinander, und wandten sich die eine hier-, die andere
dorthin. Und rings sproßten kräftig reiche Wiesen von Veilchen und Ep-
pich." (deutsch von W. Schadewaldt).

Sommerfrische ist mehr als körperliche Erholung, sie ist auch geistige Erneuerung. Es gilt, sich freizumachen von den Lastern der Stadt. Folgerichtig heißt es bei Wilhelm Busch in der „Frommen Helene":

> „Komm, Helenchen!" sprach der brave
> Vormund – „Komm, mein liebes Kind!
> Komm aufs Land, wo sanfte Schafe
> Und die frommen Lämmer sind."

Novum Organum: „Sein Ziel, die Natur durch Gehorchen zu besiegen, zeigt die neue Haltung des Angriffs in der Bezwingung der Natur". (Gadamer 1965; 331)

Rodi (1969; 21 f.) konstatiert eine besondere Form des Vorurteils gegenüber der organischen Natur bei Sartre und Brecht, den „Ekel vor der grünen Üppigkeit", dem Grün „von Tang und Algen der Wasserleichen", der „halbersoffenen Wiese" und den „grünen Wassern, in denen zwei Geliebte treiben". In der europäischen Geistesgeschichte finden wir beim Abschied vom Organischen zugleich eine Diffamierung der Natur als „inartikulierte Welt", die formlos und indifferent ist, vor der man sich schützen müsse mit „Kälte, Luzidität, Härte" (Nietzsche).

Fromm (1976; 26 ff.) sieht im Abendland eine ausgeprägte Tendenz, sich der Natur zu bemächtigen, die er an einem Gedicht von Tennyson belegt. Dieser reagiert auf die Schönheit der Blume mit dem Wunsch, sie zu besitzen und samt Wurzel auszugraben. „Die Tendenz zum Haben ist charakteristisch für den Menschen der westlichen Industriegesellschaft, in der Gier nach Geld, Ruhm und Macht zum beherrschenden Thema des Lebens wurde." Dem gegenüber preist Fromm die detachierte Haltung des Basho, der eine Blüte interesselos bewundert, „er will sie nicht pflücken, er berührt sie nicht einmal".

Maslow (1977; 128) fordert, daß der gute Beobachter sich mit der Natur, die er untersucht, „in Harmonie befinden solle". „Von vielen Dingen dieser Welt kann man sagen, daß sie scheu sind, wie ein Tier oder ein Kind scheu ist, und daß deswegen nur der bescheiden zurücktretende Beobachter die Geheimnisse wird sehen

Abb. 9. Der Turmbau zu Babel (Darstellung aus dem Jahre 1670). Nomaden haben eine ambivalente Haltung gegenüber der Stadt, die sie sowohl mit Bewunderung als auch mit Neid betrachten. Der jüdische Neid gegenüber Babylon drückt sich in Genesis 11 aus: „Da stieg Jahwe herab, um die Stadt und den Turm anzusehen, den die Menschen gebaut hatten . . . ‚Wohlan wir wollen hinabsteigen und dort ihre Sprache verwirren, so daß keiner mehr die Sprache des anderen versteht!‘ Da verstreute Jahwe sie von dort über die ganze Erde, und sie mußten aufhören, die Stadt zu bauen." Auch über die Städte Sodom und Gomorrha kommt Gottes Strafgericht. Waren sie wirklich so verdorben, oder hatten sie dieses Image nur in den Augen der etwas einfältigen Nomaden? Auch das Neue Testament hat Vorbehalte gegenüber den Städten. Von der „Großen Hure Babylon" heißt es: „Es ist zur Behausung von Dämonen geworden, zum Schlupfwinkel unreiner Geister aller Art, zum Unterschlupf aller unreinen und wüsten Vögel." Die Stadt wird vom Blickwinkel der Nomaden als Perversion der ursprünglich menschlichen Lebensform diffamiert. Dies ist umso unverständlicher, als schon zu Beginn der höheren menschlichen Kultur Städte nachweisbar sind.

Das alte Vorurteil wird in der neueren Zeit wieder aufgenommen. Wilhelm Busch beginnt seine „Fromme Helene" mit den köstlichen Versen:

Wie der Wind in Trauerweiden
Tönt des frommen Sängers Lied,
Wenn er auf die Lasterfreuden
In den großen Städten sieht.

Kaum trank man die letzte Tasse,
Putzt man schon den irdschen Leib.
Auf dem Walle, auf der Gasse
Wimmelt man zum Zeitvertreib.

Und der Jud mit krummer Ferse,
Krummer Nas' und krummer Hos'
Schlängelt sich zur hohen Börse
Tiefverderbt und seelenlos.

Schwarz-weiß-Malerei finden wir auch in Nietzsches „Zarathustra", der alle Tugend in der Einsamkeit findet, alles Schlechte in der Stadt: „. . . hier ist die große Stadt: hier hast du nichts zu suchen und alles zu verlieren. Alle Lüste und alle Laster sind hier zuhause . . . Hier fließt alles Blut faulicht und lauicht und schaumicht durch alle Adern: speie auf die große Stadt, welche der große Abraum ist, wo aller Abschaum zusammenschäumt! Speie auf

die Stadt der eingedrückten Seelen und schmalen Brüste, der spitzen Augen, der klebrigen Finger."

Der Marxismus vermischt die Vorurteile gegenüber der Stadt mit dem Kapitalismus-Stereotyp: die Stadt als Ort der Ausbeutung, als Heimat des Spekulanten, als Gefängnis des Arbeiters. Es werden die sehnsüchtigen Töne des Eskapismus laut. Schon das Altertum suchte sein Arkadien, der Stadtrömer träumte von seinem ländlichen Tusculum. Rilkes Verse verweben alte Topoi mit modernem Mitleid:

Da leben Menschen, leben schlecht und schwer.
In tiefen Zimmern, bange von Gebärde,
Geängstigter denn eine Erstlingsherde;
Und draußen wacht und atmet deine Erde,
Sie aber sind und wissen es nicht mehr.

dürfen." „Einer naturwissenschaftlichen Haltung, die bereit ist, um der Erkenntnis willen Tiere zu quälen, Pflanzen zu zerlegen, Leichen zu sezieren, öffnen sich Geheimnisse um den Preis, daß ihr andere Geheimnisse verschlossen bleiben."

Auch der sprachliche Zugriff zeigt die Befangenheit des Menschen gegenüber der lebendigen Natur. Wörter wie „Gemüse" oder „Unkraut" kann man nicht aus den „Eigengesetzen der Pflanzlichkeit begründen". „In der Natur wächst jedes Kraut nach eigenem Gesetz. Es findet sich nicht einmal der Ansatz zu dem Gedanken von Unkraut" . . . „Vielmehr muß der Mensch mit seinem sprachlichen Zugriff hinzukommen . . ." Er stempelt diese Formen der Natur zu „Unkraut, Obst, Gemüse" (Weisgerber 1973; 97ff.). „Eine besondere Note kommt auch in solche Wörter noch hinein, wenn sie sprachlich gewissermaßen eine Gebrauchsanweisung enthalten. Wenn das eigentliche schweizer Wort für Unkraut als Jät auftritt, so ist die Aufforderung zum Jäten unüberhörbar."

Die Vorurteilsmechanismen bestehen zunächst aus Verhaltensweisen, die denen gleichen, die wir aus dem klinischen Bild der Zwangsneurose kennen. Das Gefährliche muß eingedämmt, eingezäunt, bewacht und reguliert werden. Freier, ungezwungener Umgang mit dem Fremden ist gefährlich. Man greift zu Reglementationen der Zeit und des Raumes, die peinlich eingehalten werden. Abweichungen lösen Angst, Unsicherheit, Panik aus. Das wilde Tier gehört hinter Gitter, das Kind in die Schule, der Fremde in Quarantäne, der Kranke ins Spital. Und in allen diesen Anstalten ist die Pünktlichkeit und Sauberkeit oberstes Gebot. Waschzwänge, Platzängste klingen an, wenn uns das Fremde gegenübersteht. Fremde, Kinder, Sträflinge, Wildtiere und Kranke sind zu säubern und zu desinfizieren, ehe sie zu uns ins Haus gelassen werden, sie sind zu beaufsichtigen und zu reglementieren.

Stereotype Ordnungen als Strukturen der Abwehr, Muster der Angst scheinen zu unserem biologischen Erbe zu gehören. Im Tierreich finden wir Bewegungsstereotype unter Stress – etwa bei gefangenen Wildtieren, die in bestimmten Bahnen „wie ein Löwe im Käfig" herumlaufen. Wildtiere kennen starre Wege (Hediger).

Auch bei Kindern finden wir typische starre Verhaltensmuster, Wegeriten (immer links von der Litfaßsäule, nie auf die Ritzen zwischen den Steinplatten auf dem Gehweg treten), Hüpfspiele, die den Raum der Bewegung auf einige erlaubte Schritte einengen. Das Spiel lebt überall von seinen einschränkenden Regeln und ihrer Einhaltung (Huizinga). Diese in der Natur angelegte Tendenz nach Law and Order ist nun nach Ansicht McLuhans durch die Erfindung des Buchdrucks zur kulturellen Tendenz erhoben worden. Ebenso wie die Buchstaben im Druck genau in Reih und Glied stünden, so würde in Europa seit der Zeit Gutenbergs die gesellschaftliche Disziplin verstärkt. Das Leben erstarrt in Vorschriften, Ordnungen, ist wie mit Verkehrsampeln abgemessen, und der Freiheit wird kein Raum gelassen. Frei ist zugleich wild, unzivilisiert, fremd und gefährlich. Erst durch einen besonderen Akt, den der Zähmung, wird das fremde Tier in den Clan aufgenommen. Es ist als Haustier Gruppenmitglied und als solches geschützt. Man darf es dann nicht einfach töten. Haustiere dürfen in Wohngebieten gehalten werden. Wölfe und Bären hingegen sind feindliche Fremde, sie umzubringen gilt als gute Tat, sie sind vogelfrei.

Aber auch die zweite große Entgleisungsform menschlicher Weltauffassung neben der Zwangsneurose klingt in den Vorurteilen an: die Paranoia. Dem Fremden trauen wir nicht, wir unterstellen ihm die Bereitschaft, uns zu schaden. Der Pole und der Franzose sieht argwöhnisch auf den Deutschen; der Mieter meint, der Vermieter strebe danach, ihn auszubeuten; und der Jugendliche traut keinem über Dreißig. Tiere darf man nicht anfassen. Sie könnten beißen, spucken oder ausschlagen, und außerdem sind sie voll ansteckender Krankheiten. Dieses Stigma teilen sie mit fremden Nationen, von denen man fürchtet, daß sie Seuchen einschleppen (Spanische Krankheit, Franzosenübel, German measles).

Ein Kernstück der paranoiden Struktur des Vorurteils besteht in der Verschwörungsthese. Von allem Fremden glauben wir, daß es sich gegen uns zusammenrottet, um uns zu überwältigen. Schon beim Vorurteil gegenüber der Natur ist diese Tendenz nachweisbar (vgl. Rodi 1965). Die Wüste will die Stadt verschlingen, der

Dschungel hat ähnliche Absichten. In Hitchcocks „Vögel" wurden Ängste sichtbar, daß sich Tiere zusammenrotten. Aber auch den Wölfen trauen wir zu, daß sie einsame Wanderer in Rudeln jagen; Ameisen, Termiten haben angeblich ähnliche böse Vernichtungsstrategien. Fremde Nationen verschwören sich unablässig, um die eigene zu unterjochen. Viel Feind, viel Ehr! Die Juden bilden ebenso eine Internationale wie die Kommunisten. Die Katholiken in aller Welt verschwören sich ebenfalls. Auch die Frauen haben merkwürdigerweise ähnliche Tendenzen. In der Lysistrata hat Aristophanes einen paranoiden Männergedanken dramatisch ausgespielt: die große Verschwörung der Frauen. Gegen Intellektuelle richten sich besondere Verschwörungen, ganze Treibjagden, es gibt eine Intellektuellen-Hetze. Der Hetzer und Verschwörer ist der andere, der Fremde, der Sündenbock. Für Böll und Biermann ist es vor allem die Springer-Presse, die diese Rolle übernimmt. „Die Kugeln auf Rudi Dutschke. Ein blutiges Attentat, wir haben genau gesehen, wer da geschossen hat. Die Kugel Nr. 1 kam aus Springers Zeitungswald."

Marx vermutete auch bei Menschen, die ihm nichts Böses wollten, oft böse Absichten. „Sein ganzes Leben ist Marx nahezu vernarrt in die Idee der Rancune, des Verrats, der Intrige." (Raddatz 1975; 224) Besonders gefährlich werden diese Verfolgungsängste, wenn diejenigen, die davon befallen sind, aus ihnen die Berechtigung ableiten, nun ihrerseits rücksichtslos draufzuschlagen. Es entsteht eine fast krankhafte Opfer-Mentalität, die als Rechtfertigung aller Übergriffe herhalten muß.

Besonders verbreitet sind paranoide Gedanken bei Arbeitskämpfen. Gewerkschaften sind in den Augen der Unternehmer immer in der Gefahr, östlich unterwandert zu sein. Die Gewerkschaften selbst haben einen Popanz ihrer Verschwörungsängste in den „Multis", die über die Ländergrenzen hinweg Übles im Schilde führen. Schüler und Sträflinge verschwören sich natürlich unentwegt, deswegen ist ihnen der unkontrollierte Verkehr untereinander untersagt. Schwätzen in der Schule, Kassiber im Gefängnis bilden Gefahren für das seelische Gleichgewicht.

Doch mit der Trias der Abwehr (Absondern, Sammeln, Einsperren) ist die Grundstruktur der menschlichen Reaktion nicht hinreichend beschrieben. Wesentlich ist die Ambivalenz. Neben der Abwehr der Toten und der Absonderung von den Toten besteht die Liebe zu den Toten. Und auf allen Gebieten der Vorurteilsbildung finden wir diese duale Struktur. Abstoßung und Anziehung wechseln und halten einander in Spannung. So wie der Tote abstößt und reizt, so auch das Tier, der Fremde, der Jude, der Neger, der Indianer, das Kind, die Frau, der Paria. Alle diese Zielscheiben großer Vorurteile, schrecklicher Diskriminierungen sind auch Gegenstand tiefer Zuneigung, ja selbstloser Liebe geworden.

Die Totenbräuche zeigen nicht nur die bösen Vorurteile vor dem Andersartigen, von dem man sich absondert, sie zeigen auch die Sorge um sein Wohlergehen. Dieses wird freilich ethnozentrisch interpretiert. Was gut ist für General Motors, ist auch gut für die USA, will sagen, was gut ist für die Lebenden, ist auch gut für die Toten. Schon die Neandertaler färbten die Köpfe der Verstorbenen, vielleicht, um ihnen die Farbe der Lebenden zurückzugeben. Ariès (1976; 65) interpretiert den heute in den USA verbreiteten Brauch, Tote einzubalsamieren, in analoger Weise: als eine Weigerung, den Tod anzuerkennen.

Viele Völker begraben mit den Toten die für das jenseitige Leben notwendigen Gebrauchsgegenstände, Kleider, Tiere, ja den ganzen Hofstaat. Das Jenseits wird durchaus in Analogie zum Diesseits aufgefaßt, ganz ähnlich wie sich im Märchen der einfache Mann den Königshof mit den Mitteln seiner engen Phantasie ausmalt.

Die Entwicklungspsychologie zeigt den Aufbau der widerstreitenden Auffassungen vom Tode im Laufe des kindlichen Lebens (Nagy 1948; Anthony 1973). Vom dritten bis zum fünften Lebensjahr finden wir eine Verneinung, eine Negierung des Todes. Ein Toter „fühlt, wenn man auf seinem Grab steht", würde „gern aus dem Sarg rauskommen, wenn er nicht zugenagelt wäre". Vom fünften bis neunten Lebensjahr setzt eine Personifizierung des Todes ein. Der Tod ist eine böse, feindliche Person, ein Fremder, der den armen Menschen mit seinen Pfeilen trifft oder durch seine Listen fängt. Er hat die Züge des abstoßenden Fremden, sieht dem

Teufel ähnlich. Erst vom neunten Lebensjahr an erkennt das Kind den Tod als einen Prozeß, der in allen Menschen vor sich geht.

Die ambivalente Spannung der Vorurteile manifestiert sich in den Todesfiguren. Der Tod kann der böse, reißende, grausame Geselle sein, er kann aber auch als der Bruder Tod, der sanfte, der liebe, gütige Gevatter auftreten. Die Todesgöttin kann als die bergende, schützende Mutter auftreten, die den Toten im Sarg umfängt, aber auch als die böse Kali, die in mörderischem Beischlaf den Ahnungslosen hinrafft. Diese Spaltung der affektiven Vorurteile finden wir gegenüber dem Tier wieder, das bald vergöttert und gequält wird, und gegenüber dem Kind, der Frau, dem Fremden und Paria.

Besonders gut dokumentiert ist diese Meinungsspaltung bei den nationalen Vorurteilen: Der böse und der gute Italiener, Franzose, etc. Die Auffassung von dem ambivalenten guten Deutschen schlägt sich in der Auffassung von den deux Allemagnes nieder.

Die höchste Form der Ambivalenz, einer gesteigerten Fassungslosigkeit gegenüber dem Fremden, bildet seine Dämonisierung.

EVA AND TOPSY.

I love you because you haven't had any Father or Mother or Friends,— because you've been a poor abused child!

Abb. 11 (oben). Louisa Corbaux, Eva und Topsy (aus Onkel Tom's Hütte, 1852). In dem berühmten Tendenz-Roman der Elisabeth Beecher-Stowe ist Topsy eine kleine Negersklavin, die hier auf das zutraulichste mit ihrer kleinen weißen Freundin Eva spielt. Wer dieses Bild sieht, wird kaum noch von Segregation reden können. Die sentimentale Darstellung des Leides der Negersklaven hat von Onkel Tom's Hütte bis zu Roots politische Hintergründe. Auch heute profitiert noch mancher schwarze Politiker von den positiven Stereotypen einer langen literarischen und bildnerischen Tradition. Es ist dem Europäer kaum möglich, unbefangen, ohne extrem positive oder extrem negative Vorurteile Negern zu begegnen.

Abb. 10 (links). Joseph-Charles Marin, Kanadische Indianer auf dem Grabe ihres Kindes (1795). In antikischer Entblößung trauern die edlen Wilden. Pfeil und Bogen ruhen malerisch vor dem Grab. Das Weib schlägt sich seine Brüste und der Mann sitzt in edler, denkerisch-trauernder Pose, ein Vorläufer Winnetous, des edelsten aller Indianer.

Bei keinem anderen Volk ist die Ambivalenz der Einstellungen deutlicher zu fassen als bei den Indianern. Auf der einen Seite blanker Haß, unerbittlicher Vernichtungswille: Jeder Indianer ist ein schlechter Indianer, nur ein toter Indianer ist ein guter Indianer. Auf der anderen Seite romantische Verklärung.

Der Fremde wird jetzt ebenso göttlich wie gefährlich. Die Toten werden von den Lebenden getrennt – sie werden jedoch nicht nur in den Friedhof versetzt, sondern auch in den Himmel. Sie sind als heilig anzusehen. Der Kontakt mit ihnen ist durch Zauberei herzustellen. Beschwörung, Demut, Kult sind die angebrachten Mittel des Umgangs.

Ganz ähnliche Dämonisierungstendenzen finden wir auf den anderen Gebieten der Vorurteilsbildung. Auch das fremde, unverständliche Tier kann zum Gott hochstilisiert werden. Nicht nur die Toten im Reiche der Götter sind Objekte menschlicher Anbetung, sondern auch der Große Bär und die Heilige Kuh. Mit Dämonen muß man vorsichtig umgehen. Die Jagdmagie ist ein menschlicher Versuch, die fremde Eigenart des Tieres irgendwie zu verstehen.

Auch die Ausländer werden dämonisiert. Als die spanischen Eroberer in Mittelamerika eintrafen, wurden sie von den Indianern als Götter, als Dämonen, empfangen.

Greverus (1972; 57 ff.) weist an Beispielen nach, daß eine natürliche Reaktion auf den Fremden darin besteht, seine Erscheinung in eine andere Ebene zu verlagern. Es setze eine „Mythisierung" ein, ein „Abwehrverhalten gegen eine Störung der intraterritorialen Verhaltenssicherheit", das den „Identitätsraum" schütze. Der Fremde werde exotisiert.

„Die Venedigersagen sind dafür ein prägnantes Beispiel. Diese, als ‚Venediger' bezeichneten durchziehenden Händler, die unter dem Deckmantel eines Scheinhandels Goldsuche und Goldhandel betrieben, waren Glücksritter aus allen Gegenden. Bis zu ihren immer wieder in den Erzählungen hervorgehobenen Übernachtungen auf den Höfen der Einheimischen, ihrem Kommen zu bestimmten Jahreszeiten, ihrer geheimnisvollen Suche im Gebirge, den gefüllten Rucksäcken, ihrem fremdländischen Aussehen ist alles noch reales Geschehen – dann aber setzt ein Prozeß der Mythisierung und Exotisierung ein: sie kommen im Mantelflug, auf Drachen, sie machen sich unsichtbar, können fernschießen und besitzen Paläste aus Gold und Silber. Dieses aber sind die eigentlichen Gesprächsthemen, ein Geschehen, das durch seine ganz andere Ebene nicht in die eigene Verhaltenssicherheit eingreifen kann."

Eine Dämonisierung des Deutschen finden wir vor allem im englischen Sprachraum. Die Pfälzer Bauern in Pennsylvanien wurden mit dem Spuk und den Poltergeistern in Verbindung gebracht, der mittelalterliche Deutsche mit dem dämonischen Faust. Noch im 19. Jahrhundert ist diese Strategie der Erfassung in den englischen Romanen nachweisbar. „Ungebändigtheit der menschlichen Triebe, eine dämonisch-fantastische Natur, umgeben von einer Welt des Schauerlich-Geheimnisvollen, machen das Bild des Deutschen der Vergangenheit nach Ansicht des englischen Romantikers aus." (Kornder 1934; 16) Bei Walter Scott „tauchen immer wieder Phantasten, Schwindler, Schurken und Trinker auf, wobei diese Züge meist auf das ganze deutsche Volk übertragen werden". Adlige Abenteurer, wilde Soldateska, Werber, geplünderte Reisende, Seeleute in Hamburg, das sind die Personen, die auf einer Bühne agieren, wo einsame Herbergen, geheimnisvolle Schlösser mit unterirdischen Gängen, Falltüren, Kerkern an der Tagesordnung sind. Selbst die deutschen Verbrecher haben eine metaphysische Veranlagung. „Das Element des Unheimlichen und Undurchdringlich-Mystischen" tritt in der Romantik bei der Bewertung der Deutschen hervor. In Scotts Romanen erscheint der Typ des „German adept", der mit großer Wichtigtuerei mit Hilfe einer Wünschelrute Schätzen nachspürt (Schultz 1939; 9, 15, 17). Lawrence ordnet die deutsche Literatur in die Geschichte der „großen Perversen" ein, spricht ihr den common sense ab (Galinsky 1968).

Auch die Frau wird bei einem urtümlichen Versuch der Erfassung zum Dämon. Als Große Mutter wird sie ähnlich verehrt wie der Heilige Tote oder die Große Kuh. Besondere Mysterien sind ihr zugeordnet, die dem Manne verschlossen sind. Sie ist Spenderin alles Lebens, aber zugleich die Todesgöttin, die alles Leben grausam und plötzlich hinwegrafft. Andererseits ist sie die große Trösterin, die den Toten mit weichen Armen umfängt und ihm die Wiedergeburt garantiert. Auch heute schwingt im Vorurteil gegenüber Frauen diese Dämonisierungstendenz mit.

Auch dem Kind, das in seiner eigenen kaum verständlichen Welt lebt, gebührt der Heiligenschein. Als Genien, Engel, Putten steht diese lichte Seite des frühen Menschseins vor unserer Phantasie. Aber es fehlt nicht der gefährliche, dämonisierende Aspekt. Heinzelmännchen sind nicht nur freundliche Helfer, sie können sich plötzlich rächen und schreckliches Unheil bringen. Kobolde treiben unberechenbaren Schabernack. Das Wesen des Kindes ist ebenso dämonisch wie das anderer fremder Geister.

Schließlich ist die Dämonisierungstendenz auch gegenüber den unverständlichen Psychosen zu finden. Die Epilepsie gilt in vielen Kulturen als heilige Krankheit. Im Ritual der katholischen Kirche ist der Exorzismus bei Besessenheit ausdrücklich vorgesehen. Vorurteilsbildung in stilisierter Form. Das Stimmenhören, ein Symptom der Paranoia, wird von Naturvölkern oft als Kontakt mit übernatürlichen Mächten gedeutet.

Mit dieser strukturalistischen Betrachtungsweise haben wir die theoretische Basis gewonnen, das Phänomen der Vorurteile nicht nur von der Oberfläche her zu analysieren. Ein in sich geschlossenes System der Vorurteile soll im folgenden Kapitel dargestellt werden.

4. Die Wurzeln der Vorurteile: Formen des Chauvinismus

> Axiom der Gewöhnlichkeit: Wie es bei uns
> steht und um uns ist, muß es überall gewesen
> sein, denn das ist ja alles so natürlich.
>
> *Friedrich Schlegel*. 25. Lyzeums-Fragment

In der Wahrnehmung stoßen wir auf Stereotype, im Verhalten auf starre Muster, in der Kommunikation auf Gemeinplätze. Lassen sich diese Formeln, diese Einschränkungen der unendlichen Vielfalt des Verhaltens auf wenige Ausgangspunkte zurückführen? Gibt es einen Kanon der Vorurteile, in dem man alle auftretenden Einzelfälle einordnen kann?

Der klassische Versuch einer derartigen Systematisierung ist die Idolenlehre des Francis Bacon (1561–1626). Er unterschied in seinem Novum Organum vier Arten von Idolen, d. h. falsche Vorstellungen auf dem Wege zur Erkenntnis der Natur: Idola tribus, Trugbilder des Menschengeschlechts, die der natürlichen Anlage des Menschen zu anthropomorphem Denken, zum Wunschdenken entsprechen; idola specus, die aus der Eigenart des Einzelnen stammen; idola fori, die auf die verzerrende Wirkung der Sprache als Mittel der Erkenntnis hinweisen; schließlich idola theatri, Vorurteile aus der überlieferten Metaphysik.

Bacon meint, der Mensch erkenne seine Vorurteile zunächst nicht: „Es ist für die Menschen ganz natürlich anzunehmen, daß ihnen ihre Sinne direkte und wahrheitsgetreue Erkenntnisse der Realität vermitteln." Dem von Platon konstatierten Unvermögen menschlicher Erkenntnis gibt Bacon eine individualistische Wertung: „Each person has his own private den or cavern, which intercepts and discolours the light of nature." („Jede Person hat ihre eigene private Höhle, die das Licht der Natur auffängt und entstellt.") Man müsse mit Mißtrauen demjenigen gegenüberstehen, an das man mit besonderer Freude denke.

Anthropomorphe Vorstellungen stehen am Anfang aller Wahrnehmungsverzerrung. Das Unverständnis für das Nicht-Menschliche ist schon für Kinder typisch. Es wurde von Piaget Egozentrismus genannt (vgl. 1.3.1.). Der Schweizer Forscher sieht in diesem Phänomen eine Stufe auf dem Wege der Entwicklung. Das egozentrische Kind hat eine gewisse Stabilität der Weltauslegung erreicht. Es ruht in sich selbst und ist in dieser Ruhe dem mittelalterlichen Weltbild vergleichbar. Die Erde als Mitte des Kosmos, das eigene Ich als Mitte des Kosmos. Es bedarf fester Anstöße, um ein neues, weniger bequemes, kompliziertes Weltbild durchzusetzen. Piaget sieht den Vorteil des Verlustes egozentrischer Denkformen im Gewinn eines neuen Gleichgewichtes. Die Möglichkeit, sich in die Position anderer hineinzuversetzen, schützt vor Überraschungen, macht stabiler, unverletzlicher. Ganz ähnlich wie das heliozentrische Weltbild mehr Phänomene zu deuten vermag als die ptolemäische Ansicht. Piaget betont also die Nachteile der früheren Stufe. Es ist aber darauf hingewiesen worden, daß ein Rest von emotionalem Egozentrismus wahrscheinlich psychohygienisch notwendig und von Nutzen ist. Bei der Untersuchung der Selbstgespräche fand Rogers (1950), daß nur neurotische Personen an die eigenen Handlungen zu strenge Maßstäbe legen. Sie gestehen sich selbst nicht automatisch einen Heimvorteil zu. Ihr Selbstgespräch ist meistens kritisch: „Ein anderer hätte das besser gemacht", sagen sie sich oft oder: „Das muß ausgerechnet mir passieren", oder: „So dumm kann kein anderer sein."

Zeitlebens hat für den Menschen der eigene Standpunkt, haben die eigenen Gedanken, hat der eigene Körper, haben die eigenen Produkte einen besonderen Wert. Nicht nur der kleine Junge sieht in seinem eigenen Kot etwas Wertvolles (was uns die Tiefenpsychologie lehrt), sondern auch Pontius Pilatus war stolz auf das, was er auf das Kreuz des Jesus von Nazareth geschrieben hatte: Kritikern dieser Inschrift hielt er egozentrisch entgegen: Quod scripsi, scripsi. Was ich geschrieben habe, habe ich geschrieben.

Die Bevorzugung des Eigenen und die damit einhergehende

Herabsetzung des Fremden, das durch die Brille böser Vorurteile gesehen wird, ist aber vor allem ein sozialpsychologisches Phänomen. Wenn ein Einzelner Juden, Deutsche, Katholiken, Frauen, Sozis, Herrenreiter oder Kinder haßt, so ist das eher für den Psychotherapeuten interessant. Zum allgemeinen Problem werden die Vorurteile erst dann, wenn sie von einer Gruppe, einer Gemeinde einem Staat zur Doktrin erhoben werden, wenn sich Selbstverständnis und Selbstverständlichkeit des egozentrischen Weltbildes in der Gruppe immer wieder automatisch bestätigen.

Wenn auch die Grundmechanismen der Selbstbestätigung bei allen Menschen gleich sind, die Inhalte der Vorurteile werden stark von seiner Gruppenzugehörigkeit geprägt. Vorurteile entstehen auf sozialpsychologischer Ebene.

Es soll nun gezeigt werden, daß alle Vorurteilsbildung, Stereotypbildung, Formelbildung in Wahrnehmung und Sitte auf das Grundphänomen des Ethnozentrismus zurückgeht, auf das menschliche Bedürfnis, sich in Gruppen zu organisieren, die ihr Verhalten kollektiv von Fremden absetzen. Hierdurch wird die unendliche Plastizität des Möglichen eingeschränkt und auf feste tradierte Formeln reduziert, die dann von der Gruppe als richtig, anständig, gut akzeptiert werden.

Sobald sich unterscheidbare Gruppen bilden, entstehen Abneigungen gegen nicht zur eigenen Gruppe Gehörige (Sherif 1952). Es entstehen sofort kollektive Selbstbilder, die diese Verschiedenheit betonen, überhöhen, idealisieren. Zum kollektiven Selbstverständnis gehört die Herabsetzung des Fremden ebenso wie die Stilisierung eines Selbstbildes. Die psychohygienische Bedeutung des Selbstkonzepts betonen Tausch und Tausch (1977; 51 ff.): „Selbstachtung ist sehr bedeutsam für die seelische Funktionsfähigkeit von Kindern und Erwachsenen, für ihre konstruktive Persönlichkeitsentwicklung und für das soziale Zusammenleben von Menschen".

Dies gilt nicht nur für Individuen, sondern vor allem für Gruppen. Die kollektive Selbstachtung scheint auch genetisch früher aufzutreten. Der Angehörige primitiver Stämme bezieht seine psychohygienisch notwendige Selbstachtung zunächst aus der von ihm geschätzten Gruppenzugehörigkeit. Ohne die Gruppe hat sein Leben keinen Sinn mehr. Ohne die Gruppe ist er nichts.

In seiner Umgebung sucht der Mensch Bestätigung für seine Eigenart. Einstellungsähnlichkeit der anderen Gruppenmitglieder ist „ebenso ein positiver Verstärker wie Nahrung, Wasser oder Kopfnicken" (Kidder u. Stewart 1976; 58).

Dieses überhöhte Selbstkonzept steht dem einzelnen in Form von Verbalisierungen zur Verfügung. Der Gesunde klopft sich verbal häufig auf die Schulter: „Das hast du gut gemacht." „Gar nicht schlecht." „Dem hast du es aber gegeben." Gruppen brauchen eine ähnliche verbale Stützung ihrer Moral. Hierzu gehört eine mäßige Überbewertung der eigenen Lebensart, die verbal bekräftigt wird.

Auch ein weiteres Ergebnis der Untersuchungen von Tausch u. Tausch ist übertragbar. Bei ungünstigem, neurotischem, unausgeglichenem, spannungsgeladenem Zustand einer Gruppe wird die Tendenz zu einem günstigen Selbstbild und einem mäßig abwertenden Fremdbild weit überzogen. Jetzt wird der Außenstehende für die andere Gruppe zum Buhmann, dessen Funktion vor allem darin besteht, den eigenen Gruppenzusammenhalt wiederherzustellen. Böse, aggressive Vorurteile entstehen.

Der Humor kann typisch chauvinistische Züge annehmen. Die Witzfiguren sind die Außenseiter: Juden, Irre. „Humor gibt den Mitgliedern einer Gruppe, die in Gefahr ist oder unter Druck steht, Kraft zum Widerstand, indem er ein Identitätsbewußtsein und Zusammengehörigkeitsgefühl schafft." (Zijderfeld 1976; 187)

4.1. Ethnozentrismus

> We believe, first and foremost, what makes us feel that we are fine fellows.
>
> *Bertrand Russell*

„Mir san mir", sagen die Bayern und meinen damit, daß die anderen, vornehmlich aber die Preußen, sowieso das meiste falsch ma-

Abb. 12. Kaiser Wilhelm II., Völker Europas, wahret eure heiligsten Güter! (Zeichnung für den Zaren). „Diese Skizze stellt den Erzengel Michael dar, wie er die Völker Europas unter dem Kreuze sammelt, um sie gegen die gelbe Gefahr zu führen. Er sollte das Eindringen asiatischer Barbarei, ihren Überfall auf die europäische Kultur verhüten." (Zentner 1964; 129)

Vorurteile gegenüber den Völkern aus dem Osten: Die gelbe Gefahr! Der Fremde wird als gefährlich, als kulturlos, als zerstörerisch angesehen. Von dieser Auffassung ist es dann nicht mehr weit bis zur Lehre vom Untermenschen.

chen und also zunächst einmal den Mund halten sollen. Wobei statt Mund wahrscheinlich das entsprechende Wort aus der Mundart angeführt würde. Die extreme Form des Ethnozentrismus gewährt nur dem eigenen Stamm die Bezeichnung Mensch, die Fremden werden als Wesen anderer Art registriert.

Das Gefühl der Überlegenheit der eigenen Wir-Gruppe ist schon bei Kindern im Schulalter anzutreffen. Piaget und Weil (1951) führten eine klassische Untersuchung in den Schulen von Genf in der Schweiz durch: „Die acht Jahre und zwei Monate alte Murielle wurde gefragt: Hast du schon von Ausländern gehört? Ja, es gibt

Deutsche und Franzosen. Gibt es zwischen diesen Ausländern irgendwelche Unterschiede? Ja, die Deutschen sind schlecht, sie machen immer Krieg. Die Franzosen sind arm, und dort ist alles dreckig. Dann habe ich noch von den Russen gehört, die sind überhaupt nicht nett. Kennst du selbst Franzosen, Deutsche oder Russen, oder hast du etwas über sie gelesen? Nein. Woher weißt du es denn? Alle Leute sagen das." (Piaget und Weil, 1951)

Der Begriff Ethnozentrismus wurde von Sumner 1906 geprägt. Völker sehen sich selbst als Nabel der Welt an. Als der Graf Bobby einen Globus kaufen wollte und auf ihm sein Vaterland in seiner Kleinheit kaum entdecken konnte, fragte er folgerichtig den Verkäufer: „Geh'ns, hättens nicht an Globus von Österreich-Ungarn?"

Der Name Zulu bedeutet schlicht „Mensch". Es klingt damit die Auffassung an, daß die Nicht-Zulus eigentlich keine Menschen im engeren Sinne seien. Ein näheres Eingehen auf sie lohnt sich nicht, ist von vornherein zum Scheitern verurteilt. „Die Juden unterteilten die gesamte Menschheit in sich selbst und in Heiden. Sie waren das ‚auserwählte Volk'. Die Araber sahen sich selbst als die vornehmste Nation an und alle anderen als mehr oder weniger barbarisch." „Die Grönland-Eskimos denken, daß die Europäer nach Grönland geschickt worden sind, um die richtige Lebensart und gute Sitten von den Grönländern zu lernen. Die höchste Form des Lobes für einen Europäer besteht darin, festzustellen, daß er schon so gut ist oder so gut sein wird wie ein Grönlän-

Abb. 13. Johann Christoph Haselmeyer, Mohr und Gärtnerin mit Gemüsekorb (Modell, Ludwigsburg um 1780). Der dämonische Fremde wird im Rokoko verniedlicht, zu einem dekorativen Gegensatz in der Hautfarbe umstilisiert. Dahinter aber blitzt das Vorurteil durch. Fremde Rassen sind gefährlich. Sie stellen den eigenen Frauen nach. Wie ja auch die Menschenaffen. Diese fremdenfeindliche Schreckphantasie klingt in dieser höfischen Porzellan-Gruppe an. Die Verwandlung des Negers zum „Mohren", der dann zur Schokoladenwerbung erniedrigt wird, ist eine Erfindung der abendländischen Kultur, die mit dieser Strategie den Schock des Fremdländischen auffängt.

der. Die Tungusen nennen sich selbst Menschen." (Sumner 1906; 14)

Dieses Phänomen ist der Schlüssel zum Verständnis der Vorurteile. Alle anderen Formen des Chauvinismus zeigen fast identische Mechanismen. Mit der Herausbildung eigener Lebensformen werden abweichende Verhaltensweisen unterdrückt, verdrängt und verachtet. Treten sie bei anderen auf, werden sie abgewertet.

Winckelmann bemüht die Spekulation, „um den absoluten Vorzug der weißen Rasse zu erweisen": „Da ... die weiße Farbe diejenige ist, welche die meisten Lichtstrahlen zurückschickt, folglich sich empfindlicher macht, so wird auch ein schöner Körper desto schöner sein, je weißer er ist." „Die gepletschte Nase der Kalmükken, der Chinesen und anderer entlegener Völker ist eine ... Abweichung, denn sie unterbricht die Einheit der Formen ... Der aufgeworfene schwülstige Mund, welchen die Mohren mit dem Affen in ihrem Lande gemeinsam haben, ist ein überflüssiges Gewächs ..., welches die Hitze ihres Klimas verursacht." (Kramer 1977; 16)

Auf vielen Gebieten manifestiert sich der Gestaltungswille der Gemeinschaft und damit das Bedürfnis zur Abgrenzung gegen Fremde und zur Vorurteilsbildung. Der eigene Boden riecht gut. „Sogar der Rauch des Vaterlandes ist uns süß und angenehm" (Puschkin). Von Marc Chagall wird erzählt, er habe in Paris zwei getrocknete Blumensträuße unter die Nase eines Besuchers gehalten: „Riechen Sie, riechen Sie! Keine anderen Blumen haben diesen Geruch. Ich habe ihn 50 Jahre nicht mehr gerochen." (Hedrick Smith 1976; 379) Neger riechen schlecht – wenn man selbst kein Neger ist; Weiße riechen schlecht – wenn man Asiate ist, stinken sie nach Butter; Männer riechen schlecht – in den Nasen der Feministinnen; kleine Leute riechen schlecht – in den Nasen der stolzen Besitzbürger etc.

Das Eigene ist das Beste. John Steinbeck schreibt über New York: „Es ist eine häßliche Stadt, eine dreckige Stadt. Sein Klima ist schrecklich. Die Verwaltung ist so, daß man Kindern damit Angst einjagen könnte. Sein Verkehr ist Wahnsinn. Seine Konkurrenz ist mörderisch. Aber das ist eine komische Sache mit New

York – hast du einmal da gelebt und ist es deine Heimat geworden, dann ist kein anderer Ort mehr gut genug für dich." (Hedrick Smith 1976; 375) Die Heimat ist schön, ihre Trachten, ihre Lebensweise ist die richtige.

Die Eigenen kleiden sich richtig, die Anderen falsch. Als Kinder spotteten wir über die „Franzosen mit den roten Hosen". Italiener lachen über die weiten Hosenbeine der Deutschen, der polnische Teufel hat deutsche Kleider an (den Frack der deutschen Pastoren). Manche katholischen Kirchen dürfen Frauen nicht mit Hosen betreten. Den Smoking, den Thomas Mann eine „Uniform der Gesittung" nennt, verspottet die amerikanische Unterschicht als Monkey-suit, als Affenanzug. Die Nietenhosen der jungen Leute sind den älteren oft ein Dorn im Auge, besonders wenn sie in Oper und Konzert angezogen werden.

Die eigene Sprache wird geschätzt, sie klingt lieblich, rein, angenehm, die fremde rauh, krächzend, unmelodisch. Die Griechen verspotteten die radebrechenden Fremden als Barbaren, die Amerikaner imitieren die armen Puerto-Ricaner als „Spiks". Holländer halten Niederländisch für melodiöser als das Deutsche. Männer und Frauen entwickeln verschiedene Sprachen.

Bestimmte Kraftausdrücke ziemten sich nicht für Frauen. Feministinnen fühlen schon ihre Ketten weniger schmerzlich, wenn sie mehrmals am Tag laut „Scheiße" sagen können. Die Jugend entwickelt eine eigene Sprache, die von den Alten kaum noch verstanden wird. Über die Sprachbarrieren zwischen den Mittel- und den Unterschichten gibt es eine umfassende Literatur (vgl. Bernstein 1972). Die Unterschiede sind oft subtil; die feine Engländerin zeigt ihren Gästen nicht die Toilette, sondern vielmehr die „Geographie des Hauses", der bessere Amerikaner sagt „buy", nicht „purchase".

Wir wollen jetzt die anderen Formen des Chauvinismus ansehen, bei denen wir ebensolche Gesetzmäßigkeiten wie beim Ethnozentrismus finden werden. Das abweichende Verhalten wird verfemt. Religionen entwickeln automatisch einen Alleinvertretungsanspruch. Die Religion der Väter ist die richtige. Abweichungen sind schwer erträglich. Wer aus der Gemeinschaft der

Abb. 14 und 15. Japanische Holzschnitte aus dem 19. Jahrhundert. Ein russisches Schiff als Seeungeheuer. Ein japanischer Sumo-Ringer besiegt einen unsympathischen Fremden. Auch in außereuropäischen Kulturen werden die Fremden dämonisiert. Verehrt den Kaiser, vertreibt die Barbaren! riefen die fremdenfeindlichen Japaner. Das Gesicht des verhaßten Weißen, der im Ringkampf besiegt wird, zeigt tierähnliche Züge. Wie formulierte eine Kultur diesen alten Gedanken in moderner Form? Die Weißen sind Papiertiger.

Heiligen ausbricht, wird geächtet. Bei Naturvölkern fallen Sitten, Gebräuche und Religion zusammen. Der Fremde ist unverständlich, er spricht falsch, er kleidet sich falsch, seine Gebete sind falsch, seine Kulthandlungen ungültig. Er hat die falschen Götter. Jahwe ist nicht auf der Seite der unverständlichen Ausländer. Noch heute spielt die Religion bei der Vorurteilsbildung mit, wenn Religionsgrenzen mit nationalen Grenzen übereinstimmen. Für die Polen sind die Deutschen auch deswegen unsympathisch, weil sie nicht katholisch sind. Den Iren sind die protestantischen Engländer ein Greuel. Diesen Ungläubigen ist alles zuzutrauen, sagt das Vorurteil gegenüber demjenigen, der nicht zur Gemeinschaft gehört.

Auch die Außenseiter haben unter dem ethnozentrischen Syn-

drom zu leiden. Verbrecher sind stigmatisiert. Sie haben zusammengewachsene Augenbrauen und brutale Unterkiefer, dazu zusammengekniffene Lippen. Sie haben eine Verbrechersprache. Außerdem kann man bei ihnen körperliche Merkmale feststellen wie bei Negern oder Zigeunern. Die Vorurteilsbildung kann bei auffälligen äußerlichen Merkmalen ansetzen, die für eine Gruppe untypisch sind. Manche Tierarten beißen Albinos tot. Rothaarige haben unter Vorurteilen zu leiden. Rotes Haar und Erlenholz wachsen auf keinem guten Boden! Zusammengewachsene Augenbrauen, angewachsene Ohrläppchen sind verdächtig. Kriminellen soll man nicht trauen. Der Mechanismus des Mißtrauens ist aus den Kriegen der Antike bekannt. Fürchte die Achäer, auch wenn sie Geschenke bringen! Vorbestrafte treffen auf Verdächte und Vorbehalte. Wer einmal aus dem Blechnapf aß, hat es schwer, wieder akzeptiert zu werden. Straffällige werden abgesondert. Man steckt sie in besondere Kleidung, die sich von der Tracht der Gemeinschaft unterscheidet. Auch der gewöhnliche, vertraute Name soll nicht mehr geführt werden. Angeklagter, stehen Sie auf!, heißt es. Und als Nummer 3507 wird der Straffällige bezeichnet, nicht als Helmut Weber. Den Mechanismus der seelischen Demütigung bei diesem gesellschaftlichen Prozeß der Ächtung des Außenseiters hat Solschenizyn im „Ersten Kreis der Hölle" beschrieben: Der potentielle Verbrecher wird desinfiziert, schließlich haben Verbrecher mit hoher Wahrscheinlichkeit Ungeziefer (ebenso wie andere Outcasts, etwa Zigeuner). Die gesellschaftliche Identität des Delinquenten wird zerstört. Seine persönliche Frisur wird durch den Sträflingsschnitt ersetzt. Selbst das Schamhaar wird abrasiert. Schmuck, Gürtel, Hosenträger werden ihm abgenommen. Auch räumlich wird der Verbrecher abgesondert. Zucht- und Arbeitshäuser sind oft außerhalb der Städte, in der Nähe des Schindangers oder des Hochmoores. Die Polizei soll darüber wachen, daß der Sträfling außerhalb der Gemeinschaft bleibt.

Foucault (1977; 230f., 256) betont den strukturalistischen Charakter der Abwehr gegen das Nicht-Konforme: „Strafbar ist alles, was nicht konform ist". „Was in der Werkstatt, in der Schule, in

160

der Armee überhandnimmt, ist eine Mikro-Justiz der Zeit (Verspätungen, Abwesenheiten, Unterbrechungen), der Tätigkeit (Unaufmerksamkeit, Nachlässigkeit, Faulheit), des Körpers (falsche Körperhaltung und Gesten, Unsauberkeit), der Sexualität (Unanständigkeit, Schamlosigkeit)."

„Das psychiatrische Asyl, die Strafanstalt, das Besserungshaus, das Erziehungsheim und zum Teil auch die Spitäler – alle diese der Kontrolle des Individuums dienenden Instanzen funktionieren gleichermaßen als Zweiteilung und Stigmatisierung (wahnsinnig – nichtwahnsinnig, gefährlich – harmlos, normal – anormal) sowie als zwanghafte Einstufung und disziplinierende Aufteilung."

Aber auch der Kranke trifft auf die Vorurteile der Gesunden. Auch zwischen ihm und den übrigen wird eine Grenze gezogen. Siechenhäuser wurden im Mittelalter außerhalb der Stadtmauern errichtet. Noch heute wird bei Grenzkontrollen der Fremde und der Kranke erfaßt. Beide sollen nicht ohne weiteres einreisen können. Die Grenze gibt Sicherheit, schützt die Gemeinschaft vor Überfremdung. Außenseiter werden nur zugelassen, wenn sie nicht auffallen. Besonders unter Vorurteilen zu leiden haben die Geisteskranken. Die Geschichte der Psychiatrie zeigt, daß man sie mit Verbrechern in eine Reihe stellt.

Dostojewskij spottete: „Man wird sich seinen eigenen gesunden Menschenverstand nicht dadurch beweisen können, daß man seinen Nachbarn einsperrt." (Foucault 1969; 179) Und doch ist diese Methode der Vorurteilsbildung, zusammen mit der Verteufelung des Eingesperrten, der normale Abwehrmechanismus der Gruppe. „Als reiner Unterschied, Fremder par excellence, ‚anderer' mit doppelter Kraft wird der Irre aufgefaßt".

Rosenhan (1973) führte ein Experiment durch, das die Schwierigkeit nachwies, eine einmal erhaltene Stigmatisierung wieder zu verlieren. „Acht gesunde Pseudopatienten meldeten sich bei verschiedenen psychiatrischen Kliniken und berichteten, sie hätten undeutliche Stimmen gehört. Nach dem Erstinterview verhielten sich die Pseudopatienten völlig normal und produzierten keine Symptome mehr. Bei allen wurde eine psychotische Erkrankung diagnostiziert. In den Kliniken war niemand in der Lage, die Gesundheit der Pseudopatienten zu erkennen. Die Folgen derartiger stigmatisierender Attribuierungen sind kaum abzusehen. Die vergangene Biographie, das gegenwärtige Verhalten und die zukünftigen Möglichkeiten werden im Sinne dieses Etiketts interpretiert und gedeutet." (Jahnke 1975; 117)

Erst Pinel (1836) befreite die Geisteskranken von Bicêtre von ihren Ketten (Foucault 1969; 483). Jaspers, einer der Großen der verstehenden Psychologie, betonte noch 1936 die Grenze des Verständnisses gegenüber der Geisteskrankheit.

Auch die Schüler werden kaserniert. Auch sie wurden früher in Uniformen gesteckt und in Gebäuden untergebracht, die im Baustil den Zuchthäusern und Nervenheilanstalten angepaßt waren. Im ganzen Schulbereich ist die Atmosphäre des Zwanges spürbar. Pflichtschule, Pflichtunterricht, Pflichtfächer. Wann ein Kind zur Schule kommt, zu welcher Zeit es zu erscheinen hat, wann es Ferien hat, entscheidet ein Amt. Erscheint das Kind nicht in der Schule, kann es von der Polizei geholt werden wie sonst nur ein entlaufener Sträfling oder ein entsprungener Geisteskranker. Vermutlich sind in den Schulordnungen noch die Angstmechanismen der Gesellschaft vor dem andersartigen Kind wirksam, auf die man mit der bewährten Methode antwortete: Absonderung, Kasernierung, Zwang, Entlassung erst nach eingehender Prüfung und Kontrolle.

4.2. Chauvinismus der Geschlechter

Die Entstehung der Geschlechterrollen ist nicht leicht zu erklären. Weder die Theorien, die typisch männliches oder typisch weibliches Verhalten als angeboren, naturgegeben ansehen, noch die, die es als anerzogen, als reines Dressurprodukt interpretieren, können befriedigen. Den beiden Erklärungsmöglichkeiten, die Rolle werde entweder durch Lohn und Strafe erlernt oder durch die Vorbildwirkung der Eltern vermittelt, stellte der amerikanische Psychologe Lawrence Kohlberg seine Theorie entgegen, die Geschlechterrolle sei das Ergebnis einer Selbstkategorisierung, eines

Erziehungsprozesses, in dem sich der Kandidat selbst nach einem ihm vorschwebenden Bild formt. Die Vorbildwirkung könnte nämlich schwerlich homosexuelle oder lesbische Verhaltensweisen bei Kindern erklären, deren Eltern diese Rolle nicht verkörpern, auch Lohn und Strafe sind kein Erklärungsgrund; im allgemeinen werden Homosexuelle von ihren Eltern keineswegs zu der besonderen Ausformung ihres Gebarens ermuntert. Die Geschlechterrolle ist also auch von einer inneren Entscheidung abhängig, von einer inneren Stimme, die mir sagt: „So etwas tut ein richtiger Junge, ein richtiger Mann nicht!" Der Ansatz Kohlbergs macht deutlich, daß es sich beim Durchhalten der eigenen Geschlechterrolle um eine Anstrengung handelt. Ich bin immer gefordert, gehalten, meinen Standpunkt zu verteidigen, gegenläufige Tendenzen zu unterdrücken. Auch die Geschlechterrolle verlangt, daß ich Farbe bekenne. Daher auch die latente Spannung gegenüber den typischen Verhaltenstendenzen des anderen Geschlechts. Daher die schwer zu unterdrückende Abneigung gegen Homosexuelle und Lesbierinnen. Sie gefährden das eigene Selbstbild.

Auf besonders gefährliche und bösartige Vorurteile trafen die Homosexuellen, sowohl von Seiten der Männer wie von Seiten der Frauen. Die abweichenden Verhaltensweisen wurden kriminalisiert, unterdrückt, einer besonderen und sicher eingenständigen Form menschlichen Wesens wurde die Existenzberechtigung in vielen Epochen der Geschichte schlechthin abgesprochen.

4.2.1. Männlicher Chauvinismus

Die Entwicklungsgeschichte der männlichen Überlegenheitsgefühle ist einigermaßen bekannt. Im Patriarchat des Altertums ist die Frau Besitz des Mannes. Das klassische Griechentum kannte die Frau vornehmlich als Hüterin des Hauses und als Hetäre. Homosexuelle Tendenzen in der Kultur setzten den Wert der Frau herab. Wie alle sehr einflußreichen und erfolgreichen Bücher ist auch das Alte Testament eine Fundgrube von Vorurteilen, sei es, wenn es sich um die Beschreibung feindlicher Völker handelt, sei es bei der Zeichnung von Frauen. Schon Eva ist die Verführerin des Mannes. Im Neuen Testament tritt die Frau eigentlich nur als Mutter und als Dirne auf. Taceat mulier in ecclesia. Thomas von Aquin sah in der Frau eine unvollständige Form des Menschen. Auch Schopenhauer, ein böser Frauenfeind, definiert die Frau vom Manne her.

„Als die Natur das Menschengeschlecht in zwei Hälften spaltete, hat sie den Schnitt nicht gerade durch die Mitte geführt", meint Schopenhauer.' Er scheut nicht den Vergleich mit den Tieren: „Demgemäß wird man als den Grundfehler des weiblichen Charakters Ungerechtigkeit finden ..., [er] wird zudem aber noch dadurch unterstützt, daß sie als die Schwächeren von der Natur nicht auf die Kraft, sondern auf die List angewiesen sind: daher ihre instinktartige Verschlagenheit und ihr unvertilgbarer Hang zum Lügen. Denn wie sie Löwen mit Klauen und Gebiß, den Elefanten mit Stoßzähnen, den Eber mit Hauern, den Stier mit Hörnern und die Sepia mit der wassertrübenden Tinte, so hat die Natur das Weib mit Verstellungskunst ausgerüstet zu seinem Schutz und Wehr, und hat alle die Kraft, die sie dem Manne als körperliche Stärke und Vernunft verlieh, dem Weibe in Gestalt jener Gabe zugewendet." Auch über die Schönheit der Frauen weiß Schopenhauer wenig Anerkennendes zu sagen. Vorurteile auch hier: „Das niedrig gewachsene, schmalschultrige, breithüftige und kurzbeinige Geschlecht das schöne zu nennen, konnte nur der vom Geschlechtstrieb umnebelte männliche Intellekt: in diesem Triebe steckt nämlich seine ganze Schönheit. Mit mehr Fug könnte man das weibliche Geschlecht das unästhetische nennen. Weder für Musik, noch für Poesie, noch bildende Künste haben sie wirklich und wahrhaftig Sinn und Empfänglichkeit, sondern bloße Afferei. Zum Behuf ihrer Gefallsucht ist es, wenn sie solche affektieren und vorgeben."

Einen gewissen Höhepunkt markiert die Schrift von P. J. Möbius' „Über den physiologischen Schwachsinn des Weibes" von 1903. Auch er mißt das Weib am Mann und meint: „Körperlich genommen ist, abgesehen von den Geschlechtsmerkmalen, das Weib ein Mittelding zwischen Kind und Mann, und geistig ist sie es, wenigstens in vielen Hinsichten, auch."

Sigmund Freud, der so viele Vorurteile seiner Zeit bekämpfte, war nicht frei von stereotypen Auffassungen über die Frau. „Frauen erschienen ihm per definitionem kindlicher, verantwortungsloser und unschöpferischer als Männer." „Unter anderem stellt Freud fest, daß den Frauen die Gabe zur Sublimierung des Triebes nur in geringem Maße zugeteilt ist. Er vergleicht die Psychologie des Durchschnittsweibes mit der des polymorph pervers veranlagten Kindes." (Stierlin 1971; 121, 149) Vorurteile im Gewand einer wissenschaftlichen Theorie.

Bittere Töne findet schließlich Bellow, wenn er die Ansprüche der amerikanischen Frauen an den Mann beschreibt: „They eat green salad and drink human blood." „Ein Mädchen hatte nach Seldas Ansicht das Recht, von ihrem Mann folgendes zu verlangen: nächtliche erotische Befriedigung, Sicherheit, Geld, Versicherung, Pelze, Juwelen, Putzfrau, Mäntel, Kleider, Hüte, Nachtclubs, Ausgehen, Automobile, Theater!" (Herzog, 76)

4.2.2. Weiblicher Chauvinismus

Der Chauvinismus führt, wie Bronfenbrenner anhand der nationalen Stereotype gezeigt hat, zu spiegelbildlichen Verhaltensweisen. In der Nachahmung der Aggressivität des anderen sieht man das gerechtfertigte Mittel der Behauptung des eigenen Standpunktes. Haust du meinen Juden, hau ich deinen Juden! So ist es kein Wunder, daß die Damen der Schöpfung zurückschlagen. In unseren Tagen besonders vehement, wobei sie sich sprachlich nicht immer des Floretts bedienen. Die Attentäterin Valerie Solanas, die es auf Andy Warhol abgesehen hatte, meint lapidar: „Die Männer sind halbtote, gefühlsarme Dummköpfe, unfähig, glücklich zu machen, daher bestenfalls lästige Gesellen oder harmlose Trottel; ... wozu die Männer fähig sind, das ist eine Menge negativer Gefühle – Haß, Eifersucht, Verachtung, Ekel, Schuldgefühle, Scham, Zweifel – außerdem wissen sie genau, wie sie sind." (Fast 1973; 119)

Nicht gerade freundliche Bezeichnungen wählten amerikanische Frauenrechtsbewegungen als Namen, die von Valerie Solanas ge-

gründete nennt sich SCUM (Society for cutting up men), Gesellschaft zum Verhackstücken von Männern. Demgegenüber ist der
selbstgewählte Namen eines anderen Verbandes vergleichsweise
zahm zu nennen, er lautet „Tooth and nail" (Zähne und Nägel).
(Piettre 1974; 219)

Männern ist nach Ansicht der Frauen generell nicht zu trauen.
Wenn dich die bösen Buben locken, so folge ihnen nicht! Der
maliziöse Lichtenberg warf ein: Wenn es aber die netten sind, die
locken? Die vorurteilsbefangene Frau würde erwidern, alle Männer seien gleich, sie wollten nämlich alle das gleiche. Etwas zwang-
loser drückt es das Chanson aus: „Die Männer sind alle Verbrecher, ihr Herz ist ein finsteres Loch . . ."

Die weibliche Spiegelbildtheorie zur Freudschen Behauptung
des Penis-Neides stammt von Karen Horney. „Sie behauptete, daß
den Jungen das Mißverhältnis zwischen ihrem kleinen Penis und
der großen Vagina der Mutter Schrecken einflöße. In dem Aufsatz
,Die Angst vor der Frau' schrieb sie, daraus entspringe die Furcht,
nicht für voll genommen zu werden, die sie bei Männern oft ange-
troffen habe . . . Es handelt sich, wie Norman Mailer es nannte, um
Vagina-Neid." (Fast 1973; 56 f.)

Die neugegründete Zeitschrift „Emma" ist für den Vorurteils-
forscher ein interessantes Objekt seiner Studien. Zitieren wir aus
einigen ihrer Berichte: Die spiegelbildliche Verhaltensweise wird
von den Frauen aus Isenburg angewendet. „Sie erzählten vom
sogenannten Fan-schên, was soviel wie Umkehr bedeutet und aus
China kommt, wo Frauen in den ersten Jahren der Revolution
prügelnde Ehemänner nun ihrerseits verprügelten. Die Isenburge-
rinnen machen es ähnlich: Sie ,besetzen' die Wohnung geprügelter
Frauen und bleiben dort solange, . . . bis der Ehemann geht und
Frau und Kinder in Ruhe läßt."

Welche Schweine Männer im übrigen sind, ist einem Bericht aus
der Rubrik „Mein Beruf" zu entnehmen. Unter der Überschrift
„Ich bin Animiermädchen" erfahren wir Näheres: „Wenn man
dann die Leute" (womit ausschließlich Männer gemeint sind)
„nach einigem Hin und Her endlich im Separée hat, kommt man
oft aus dem Staunen nicht mehr heraus. Die einen haben gerade

massenweise Knoblauch oder Fusel zu sich genommen, bei anderen wieder könnte man wetten, daß sie mindestens vier Wochen kein Wasser geschweige denn Seife gesehen haben".

Dann versucht die Verfasserin eine Art Typologie der männlichen Barbesucher, die allerdings in den Ansätzen steckenbleibt: „Da sind erst mal die Jüngeren, die kein Geld haben, um in die Separées zu gehen und nur die Mädchen verarschen wollen."

„Dann die Arbeiter, die es sich einmal im Monat leisten können, zu uns zu kommen, und dementsprechend viel für ihr Geld verlangen. Dann kommen die sogenannten Gutbürgerlichen, deren Frauen auf der Straße mit Fingern auf uns zeigen und uns wie Dreck behandeln. Ich stelle allerdings immer wieder fest, daß die Leute, die das meiste Geld haben und in den höchsten Positionen stehen, die größten Schweine sind."

Die Verfasserin faßt ihre Auffassung von den Männern, denen sie in ihrem Beruf begegnet, wie folgt zusammen: „Es gibt sehr viel verschiedene Arten von Männern, die in einer Bar verkehren, Schweine sind sie allerdings fast alle."

4.3. Stratozentrismus

Um das mit Überheblichkeit gepaarte Unverständnis gegenüber Menschen anderer Schichten zu bezeichnen, bietet sich der Begriff Stratozentrismus an (von lat. stratum: die Schicht). Vorbild ist dabei der Begriff Ethnozentrismus, der von Sumner (1908) eingeführt wurde und, wie wir gesehen haben, eine vergleichbare Haltung auf dem Gebiete der Nationalität kennzeichnet.

Über die Entstehung der Schichtenvorurteile gibt es eine Reihe empirischer Untersuchungen. „Die Begriffe Arm und Reich entwickeln sich als Paar; doch ist im allgemeinen der Begriff der Armut ausgebildeter." „Beim Schulneuling sind die Begriffe besonders stark an die Anschauung gebunden." Wir finden Aussagen folgender Art: „Die armen Kinder sind schlecht angezogen. Vor die Fenster ist Pappe genagelt. Die Fußbodenfarbe ist nicht mehr schön. Die Stühle sind kaputt. Die armen Leute haben altes Zeug von der Wohlfahrt an ... Die Kinder kriegen Puppen von anderen Leuten. Bei den Reichen ist alles frisch gemalt. Sie sind auch besser angezogen. Sie brauchen nicht zur Wohlfahrt zu gehen. Die Reichen essen besseres Essen. Sie haben heiles Schuhzeug an und die Armen kaputtes. Die Reichen haben Schweine und Hühner, Hunde, Enten, Gänse, einen großen Garten mit Obst und Gemüse". (Böge 1932)

Zu ähnlichen Ergebnissen kommt Rist (1970) in den USA. Die befragten Schüler ordnen dem Armen folgende Adjektive zu: nicht gut, nicht viel, alt, wenig, dreckig, zerlöchert, schmutzig, zerfetzt, schlecht, klein, nicht sauber, traurig, gutmütig, nicht schön, billig, unsauber. Mit den Reichen werden folgende Aussagen verbunden: schnell, gut, modern, schön, teuer, neu, sauber, eigen, viel, geizig, hochnäsig, ordentlich, stolz, angeberisch, verschwenderisch (Wakker 1976; 72).

Auch die Prognose der Lernfähigkeit im Schulalter durch den Lehrer wird zum Teil von Äußerlichkeiten bestimmt. Kinder mit schlechter Kleidung, schlechtem Körpergeruch und mangelhafter Haarpflege werden niedriger eingestuft (vgl. Rosenthal u. Jacobson, Höhn).

„Etwa vom 5. Schuljahr an wird die eigene soziale Lage zum Nullpunkt gemacht. Und von hier aus Arm und Reich geschieden." (Böge 1932) Die jüngeren Kinder halten sich selbst und ihre Eltern fast stets für reich. Das Kind hält die Gegebenheiten der sozialen Umwelt zunächst für richtig, es ist begierig, sich zu orientieren und die üblichen Einordnungen zu lernen (Koch 1972; 81 ff.). Im Sozialisationsprozeß ist eine wichtige Technik die Orientierung an Extremen. Hierbei lernt das Kind die Klischees seiner Umgebung, die Vorurteile seiner Kultur: „Viele arme Leute beten in der Not zu Gott, er möge ihnen doch helfen aus dieser Not. Dagegen die reichen Leute denken nicht an Gott; sie gehen sonntags zum Ball, ins Theater." „Der Reiche ist weniger vergnügt, der Arme ist trotz seiner Armseligkeit meistens fröhlich und guter Dinge." „Trotz der schlechten Zeiten sitzen die reichen Beamten am Tisch und essen ihren Braten, während die Armen ihr hartes Brot essen müssen" (Böge 1932). Jarkotzky (1925) fand bei

Kindern im Alter zwischen sieben und vierzehn Jahren bei vierzig Prozent „gefühlsmäßigen Sozialismus": „Arm sein, das heißt arbeiten, sich plagen, sich sein Brot verdienen, zeitig aufstehen und dabei hungern, frieren, nicht das Notwendigste haben, keine schönen Kleider, kein ordentliches Bett, keine Möbel, keine gute Wohnung, kein Geld haben, zu Hause sitzen und ein stilles Leben führen oder gar arbeitslos und unterstandslos sein ..." „Reich sein aber heißt, nichts arbeiten, spazieren gehen, andere für sich arbeiten lassen, spät aufstehen, reichliches und gutes Essen haben, ein warmes Zimmer, Überfluß haben und verschwenden, viele schöne Kleider besitzen, ein weiches Bett, schöne Möbel, Villen auf dem Lande, viel, viel Geld, ein fröhliches Leben führen, zu Bällen, ins Theater, in die Oper gehen, im Wirtshaus essen, zur Jause ins Kaffeehaus gehen, sich bedienen lassen, sich allen Luxus leisten, kurz, ein Leben in Saus und Braus führen." (Wacker 1976; 64)

Davis, Gardner u. Gardner (1941) untersuchten im Süden der USA Selbstbild und Fremdbild der sozialen Schichten. Sie legten das Schichtenschema von Warner (1957) zugrunde, das die drei Schichten (Ober-, Mittel-, Unterschicht) noch einmal unterteilt, nämlich in eine obere und eine untere Ober-, Mittel- und Unterschicht.

Die Oberschicht hat demnach folgende Vorstellung vom Aufbau der Gesellschaft:

Obere Oberschicht:	*Alte Aristokratie*
Untere Oberschicht:	*Aristokraten, aber nicht alt*
Obere Mittelschicht:	nette, respektable Leute
Untere Mittelschicht:	anständige Leute, aber nobodies
Obere Unterschicht: } Untere Unterschicht:	Armes Volk

Die Obere Mittelklasse sieht denselben Sachverhalt anders:

O O:	„Society", alte Familien
U O:	„Society", aber keine alten Familien
O M:	*Leute, die eigentlich Oberschicht sein sollten*
U M:	Leute, die nicht viel Geld haben
O U: } U U:	Leute, die nicht zählen

Die Untere Mittelklasse hat wieder eine andere Vorstellung vom Aufbau der Gesellschaft:

O O:
U O: } Alte Aristokratie, oder heruntergekommene Aristokratie

O M: Leute, die sich einbilden, etwas zu sein

U M: *Wir armen Leute*

O U: Noch ärmere als wir

U U: Leute, die nicht zählen

Bei den Unterschichten wird zwischen Oberschicht und Oberer Mittelschicht nicht mehr differenziert. Das Bild für die Obere Unterschicht sieht so aus:

O O:
U O: } Society oder Leute mit Geld
O M:

U M: Leute, die was Besseres sind, weil sie ein bißchen Geld haben

O U: *Arme aber anständige Leute*

U U: Leute, bei denen man vorsichtig sein muß

Die Schlußlichter der Gesellschaft (untere Unterschicht) haben die folgende Perspektive:

O O:
U O: } Society, Leute mit Geld
O M:

U M: Höhere Kreise, aber nicht Society

O U: Snobs, die höher hinaus wollen

U U: *Leute, die so gut sind wie alle anderen auch*

4.3.1. Herrenreiter-Chauvinismus und bourgeoise Überheblichkeit

> „Sind Sie schon mal dritter Klasse gefahren?
> Ne, Sie? Muß mächtig interessant sein.
> So ganz kleine Bänke sollen da drinstehen."
>
> *Gottfried Benn.* Kasino 1912

„Hungerleider" ist in Tirol ein Schimpfwort. Ein anständiger Mensch leidet keinen Hunger. Spiel nicht mit den Schmuddelkindern! trägt die besorgte bürgerliche Mutter ihrem adretten und wohlgewaschenen Kind auf. „Prolet" wird von vielen als Schimpfwort angesehen. Mit Proleten will man lieber nichts zu tun haben. „Gemein" ist im Deutschen ein Synonym für niederträchtig, für unehrenhaft. Wenn sich ein Kind durch Aufstoßen unziemlich benimmt, nennt man diesen Rülpser ein „Bäuerchen", weil ein derartig schlechtes Benehmen für die ungebildeten ländlichen Schichten als typisch gilt. Der Höhergestellte verachtet den Niedrigen. „Shakespeare war noch in der Welt des Adels zuhause. Er sah im Bürgertum nur den Pöbel, das Handwerkervolk mit schmutzigem Schurzfell und trübem Hauch, widrig von ekler Speise, und lästert gleich am Beginn des kapitalistischen Zeitalters das Gold als den Götzen des Pöbels." (Muschg 1969; 359 f.) „In ‚Wilhelm Meisters Lehrjahren' läßt Goethe die Heldin von Widerwillen geschüttelt sein, weil der Bischof der Herrenhuter Gemeinde sich als ehemaliger Handwerker von einer Majorin die Hand küssen läßt." (Kofler 1976; 29)

Wieder finden wir die aus dem Ethnozentrismus bekannten Vorurteile. Der Andere, der Fremde riecht schlecht, sei er Neger, Europäer oder Pöbel, außerdem ißt er Ungenießbares. Europäer sind Ostasiaten auch deshalb nicht sympathisch, weil sie unappetitliche Butter essen. Beefsteak und Pommes frites sind nationale Güter in Frankreich. „Das Beefsteak saignant essen ist ein zugleich natürlicher und geistiger Akt" (Barthes 1957; 36). Der Pöbel ißt Margarine statt Butter. Bestimmte Gerichte werden zum Statussymbol. Der Fremde kleidet sich auch anders. Die eigene Tracht ist dem eigenen Dorf, dem eigenen Tal vorbehalten. Die Unterschicht hat ihre eigene Kleidung. In den Kleiderordnungen des Mittelalters waren bestimmte Farben, bestimmte Pelze, bestimmte Tuche den Ständen vorgeschrieben. Purpur war dem König, das Lila der höheren Geistlichkeit vorbehalten. Der Kragen und seine Farbe unterschieden in England die handarbeitenden von den bürgerlichen Schichten, die im Büro ihr Geld verdienten: Blue collar und white collar jobs wurden als wichtige Unterschiede angesehen.

In den Oberschichten wurde die eigene Überlegenheit auch

durch erbliche Argumente begründet. Ebenso wie im Ethnozentrismus das eigene Volk, der eigene Clan von den richtigen Göttern, dem richtigen heiligen Tier abstammt und seither durch die angemessenen Heiratsarrangements vor falschen Einflüssen geschützt wurde, so auch bei den großen Familien. Hier gilt es als fein, mit einem Königshaus blutsverwandt zu sein oder sechzehn adlige Ahnen zu besitzen oder Blut von Karl dem Großen in den eigenen Adern zu spüren. Die Unterschichten hingegen heiraten nach vorurteilsgetrübter Ansicht wild durcheinander, wenn sie überhaupt heiraten und es nicht vorziehen, uneheliche Kinder zu zeugen. Jedenfalls von Pedigree kann keine Rede sein.

Eine besondere moralische Verbrämung hat der Besitz im Calvinismus gefunden. Das Vermögen ist der mons pietatis, der Berg der Frömmigkeit, und zeigt schon hienieden, daß der Segen Gottes auf dem Besitzenden ruht, Armut ist Fluch, deutliches Zeichen fehlenden Gnadenstandes. Der Arme ist der Ausgestoßene. Es ist nicht mehr als recht und billig, ihn ähnlich wie einen Verbrecher zu behandeln. Max Weber und Tawney haben die ideologischen Beziehungen zwischen Calvinismus und Kapitalismus herausgestellt. Nach Kant sind Hausdiener, Ladendiener, Taglöhner und Friseure (als Beispiel für das niedere Handwerk) nicht „Bürger", weil dem Angehörigen dieser Schichten die Voraussetzung fehlt, „daß er sein eigener Herr sei, mithin irgendein Eigentum habe". (Kofler 1975; 26)

Armut entstehe im wesentlichen durch eigene Schuld. Wer fleißig arbeitet, bringt es auch zu etwas. Armut ist also ein Zeichen für Faulheit oder Dummheit. Ein früher Vertreter der bourgeoisen Überheblichkeit des 18. Jahrhunderts, F. E. Rochow (1781), sieht es so: „Mensch, dumm, unwissend, ... mehr oder minder stupid, unbrauchbar und ungeschickt zu tausend nützlichen und in seinem Kreis vorkommenden Geschäften, oder widerspenstig, arglistig, empörend, betrügerisch, naseweis, undankbar, verarmt aus Wahl des Schlechteren ..." „Mensch, geschickt, willig zum Guten, daher gelehrig, leicht zu bedeuten oder lenkbar durch verständige Gründe, zuvorkommend dem Verdruß, so aus Zwang entsteht, gehorsamer Untertan, treuer Diener auch des wunderlichen Herrn um Gottes und des Gewissens willen, Liebhaber des Besseren, dankbar, wenn es ihm dargeboten oder erleichtert wird, kann Vorteil und Schaden selbst berechnen – wird wohlhabend durch weise Benutzung der Gelegenheiten, die die Vorsehung Gottes ihm darbietet ..." (Rutschky 1977; 106)

Rasehorn (1974; 47ff.) geht dem „Zusammenprall der Kulturen" nach, wenn ein dem „harten Kern der Mittelschicht angehörender Richter über einen Angehörigen der Unterschicht zu Gericht sitzt". Der Richter entstamme einem Milieu, in dem „Enthaltsamkeit", „der Fleiß und die Bescheidenheit des alten preußischen Beamten in der Lebensführung, aber auch die sexuelle Prüderie besonders betont werden". Diese Basis führe zu charakteristischen Vorurteilen: „Von seiner Grundhaltung, seiner Moral aus, hält der Richter folgende Verstöße der Unterschicht gegen die geltende Gesellschaftsordnung für besonders schwerwiegend: Mangelnder Arbeitsfleiß, leichtfertiges Schuldenmachen und hemmungslose Genußsucht (‚die können den Hals nicht voll genug kriegen‘), Aggressivität in Wort und Tat (‚Pack schlägt sich, Pack verträgt sich‘), laxe Sexualmoral (‚die führen doch eigentlich gar keine Ehe‘)." Angesichts der Tatsache, daß Gerichte häufig gegenüber Angeklagten der Unterschicht die spezifische Sexualmoral der Mittelschicht als „sittliche Anschauung unseres Kulturkreises" durchzusetzen trachten, fordert Rasehorn „Raum für die Unterschichtkultur".

Foucault (1977; 182f.) geht den Vorurteilen gegenüber den Arbeitern in den Fabriken nach, die zu ähnlichen Zwangsmaßnahmen wie gegenüber Verbrechern und Geisteskranken führen. Ihnen ist nicht zu trauen. Man muß sich schützen und wachsam sein. Die Fabrik nimmt sich ausdrücklich das Kloster, die Festung, die geschlossene Stadt zum Vorbild. Der Aufseher öffnet die Pforte erst bei der Rückkehr der Arbeiter und nach dem Läuten der Glocke, welche die Wiederaufnahme der Arbeit ankündigt: „... es gilt, die Unannehmlichkeiten zu neutralisieren (Diebstähle, Arbeitsunterbrechungen, Ruhestörungen und ‚Kabalen‘) ..., die Materialien und Werkzeuge zu schützen und die Arbeitskräfte zu meistern." Der Arme tut gut daran, seine Armut zu tarnen. Da man den armen Fußgänger an seinen schmutzigen, staubigen, kotigen Schuhen erkannte – der vornehme Reitersmann hatte blanke Stiefel – wienerte und putzte auch der Arme sein Schuhzeug, um es dem Reiter wenigstens in diesem Punkte gleichzutun.

Der Unterschichtler kann sich nicht benehmen. Wenn er von seiner Frau redet, spricht er entweder von „meiner Alten", „der Mutti", oder von „meiner Frau Gemahlin". Er hat einen anderen Verhaltenskodex. Bei näherem Kontakt zwischen den Schichten kann es zu ähnlichen Mißverständnissen wie beim Kontakt fremder Völker kommen. Kinsey berichtet über den Abscheu des Unterschichten-Mannes gegenüber der Oberschichten-Frau, die sich beim Sexualverkehr vollständig ihrer Kleider entledigte. Dies war das in ihrer Schicht übliche Verhalten. Für den Unterschichten-Mann unterschied sich eine anständige Frau von einer Nutte aber dadurch, daß sie züchtigerweise auch in dieser Situation noch wenigstens Restbestände der Kleidung anbehielt, um das Dekorum zu wahren. Bei Türken, in deren Sittenkodex eine anständige Frau ihr Schamhaar entfernt, kann der unverhüllte Anblick einer Mitteleuropäerin zum Vorurteil verleiten, ihr volles Schamhaar deute auf einen einschlägigen Beruf hin.

Der kleine Mann zieht sich falsch an: karierte Jacken, wo gedecktes Tuch am Platze ist. Er neigt dazu, sich zu overdressen. Sein Geschmack läßt im allgemeinen zu wünschen übrig. Seine Anzüge sehen zu protzig aus. Zuhause trägt er Hosenträger, seine Frau Lockenwickler. „Seine Kleider sind reich, aber er trägt sie nicht fein", spottete Shakespeare von einem Emporkömmling. Vornehme Leute lassen frisch geschneiderte Kleider vorher vom Butler tragen, damit sie nicht mehr so neu wirken.

Die kleinen Leute sind zudem ungebildet. Sie kennen nicht den Unterschied zwischen Palestrina und Palästina und halten Botticelli für den Mittelstürmer von Schalke 04. Ihre Freizeitgewohnheiten sind vulgär, eben Fußball und Fernsehen. Sie trinken Bier aus der Flasche. Sonst wienern sie höchstens an ihrem Auto herum. Besondere Kapriolen schlägt Sartre (1969), um den Arbeiter am Bürgerfetisch Bildung teilhaben zu lassen. „Der Arbeiter ist zwar der negativste, der abhängigste Teil der Gesellschaft. Aber indem er als einziger die Dingwelt durch seine Arbeit beherrscht, sie umgestaltet, mit seiner Geschicklichkeit in der Lage ist, sie in den Griff bekommt und verändert, hat er in seiner Weise ‚Bildung'." (Kofler 1976; 49f.)

Im übrigen liegt die Ablehnung des bürgerlichen Bildungsideals nicht, wie viele meinen, am Zeitmangel des Arbeiters. Die Zeit-Budget-Studien zeigen, daß die verfügbare Zeit bei den Arbeitern eher reichlicher vorhanden ist als bei anderen Schichten. Gastarbeiter leiden manchmal geradezu an der freien Zeit, mit der sie wenig anfangen können und die sie damit verbringen, in den Bahnhöfen herumzustehen.

Nicht nur am Aussehen und Benehmen kann man den kleinen Mann erkennen, sondern vor allem an der Sprache. Er hat kein Abitur. Die Schulbildung ist ein wesentliches Unterscheidungsmerkmal. Er kann keine Fremdsprachen. Auch bei Fremdwörtern tut er sich schwer und sagt Champions statt Champignons, Zinzano statt Cinzano.

Außerdem sind die kleinen Leute nicht nur ungebildet, sondern auch träge. Selbst wenn man ihnen die Möglichkeit gibt, ins Theater zu gehen, ziehen sie den Fußballplatz vor. Gelingt es, das Theater „weiteren Kreisen" zu öffnen, dann wird das ebenso begrüßt und als gute Tat angesehen wie im 19. Jahrhundert die Taufe von Negerkindern am oberen Nil. Fremde wurden den Segnungen der eigenen Lebensweise zugeführt – ein Triumph des Ethnozentrismus. So auch die Rede von den „Sozialisationsdefiziten" in den Unterschichten, die man ausgleichen müsse, von den Begabungsreserven; die Idee der Gesamtschule zeigt, daß das Mensch-Sein und Mensch-Werden der eigenen Schicht positiver eingeschätzt wird. Der Mensch beginnt eigentlich erst beim Abiturienten (Krüll 1977; 154). Die Idee von der Gesamtschule ist eine Idealvorstellung bildungsbesessener kleinbürgerlicher Überheblichkeit.

Schelsky (1977; 244) sieht in der „Verleumdung der Leistung" ein Vorurteil der neuen Reflexionselite. Diese moderne selbsternannte Priesterkaste verwahre sich gegen das Leistungsprinzip. Auf den Universitäten dürfe es keine Habilitationen mehr geben, der Hochleistungssport sei abzulehnen, in Schulen solle die Notengebung abgeschafft werden, und jeder solle alles studieren dürfen. Leistung sei ein Prinzip, das sich allenfalls für Banausen eigne. Es sei ein Maßstab für niedrige Arbeit. Indem die neue Prälatenklasse an den Universitäten und Massenmedien neue utopische Maßstäbe setze und die Moral anderer Schichten ablehne, strebe sie die Herrschaft an. „Klassenherrschaft zielt vor allem auf die Verfügung über die soziale Wertsetzung …" „Diejenige Klasse herrscht, die den ‚Überbau' errichtet und verwaltet."

Die herrschende Klasse hat das Monopol einer korrekten Verwaltung der Riten. Der Ritus in den Wissenschaften ist die Methode. Nirgends drückt sich das Vorurteil unter Professoren mehr aus als in den Methodendiskussionen. Wer nicht die richtige Verfahrensweise anwendet, darf nicht mit an meinem Tische essen, er ist ein Paria, ein Banause. Die richtige Methode ist das, was für Heine die Taufe war, das Entréebillet zum Kreise der Akzeptierten. Bei Platon unterschieden sich die Eingeweihten, also die feinen Leute, vom Pöbel dadurch, daß ihre Methode des Philosophierens richtig war. Marx grenzt seine Methode als „wissenschaftlichen Sozialismus" gegen alle minderen Klassen von Denkern ab. Das Feld vieler Vorurteile sind die sich gegenseitig abgrenzenden Sekten, die eigene Kongresse veranstalten, zu denen Andersdenkende ebensowenig zugelassen sind wie die Ungläubigen zur Wallfahrt nach Mecca.

4.3.2. Henkelmann-Chauvinismus

> Philip Marlowe und ich verabscheuen die oberen Klassen nicht, weil sie täglich baden und Geld haben; wir verabscheuen sie, weil sie verlogen sind.
>
> *Raymond Chandler 1945*

„Die reichen Leute haben eine schlechte Presse" konstatiert Tucholsky mit Recht. Der Graf Bobby ist eine Witzfigur. „… Im Rang sitzen die Fetten mit ihren Kebsen und Günstlingen …", meint Benn bei der Beschreibung der menschlichen Verhältnisse.

176

Wie ist es dazu gekommen, wie konnte der Arme, der Niedrigge-
stellte die Anerkennung für seine besondere Lebensform als die
moralisch überlegene bekommen? Eine Verherrlichung der Unter-
drückten ist in der Bibel sowohl im Alten wie im Neuen Testament zu finden. Die Propheten wettern gegen unnützen Reichtum,
der die Gedanken von Gott ablenke, und Jesus predigt, daß eher ein
Kamel durch ein Nadelöhr gehe, als daß ein Reicher in den Himmel komme. In der „Sklavenmoral" (Nietzsche) des Christentums
ist also sicher ein Vorbild für die Verketzerung des Reichtums und
das mangelnde Verständnis für das Ethos der Oberschichten zu
finden.

Der Heilige Franz von Assisi verherrlichte die Armut im Mittelalter. Das einfache Gewand der Hirten mit dem Strick als Gürtel
wählte er als vorbildliche Tracht des Christen. Armut wird zur
„mystischen Heimat" (H. Böll). Die Blüte der deutschen Kultur in
der Goethezeit ist von Dichtern getragen worden, die meist aus
bedrückten Verhältnissen stammten und mühselig um ihren Brot-
erwerb ringen mußten. Muschg (1969; 371 ff.) führt als Beispiele
Lessing, Mozart, Wieland und Schiller an. „Beim Don Carlos
fehlte ihm das Geld für Papier und Tinte, die Geschichtsprofessur
in Jena war eine finanzielle Katastrophe, noch im Winter 1788
mußte er sich ‚ohne Mantel behelfen'." Durch diese großen Geister
konnte der Eindruck entstehen, daß die Armut eine Art Vorbedingung für die Genialität sei. Muschg spricht von der „Weihe der
Armut".

Die Verherrlichung gedrückter Verhältnisse führt oft zur Abwertung der Gehobenen. Insbesondere der Marxismus führte die
beklagenswerten Lebensumstände der Armen auf den bösen Willen der Reichen zurück. Eine Jagd auf Sündenböcke setzt ein, zunächst gegen die Oberschichten, dann gegen die Bürger. „Friede
den Hütten, Krieg den Palästen!"

Schon bei den frühen Sozialisten werden die Klischees benutzt,
die dann später wie Litaneien nachgebetet werden. Babeuf spricht
vom „Krieg der Armen gegen die Reichen". Der Reiche ist der
natürliche Gegner, der Feind, dem zu schaden kein Unrecht ist. Er
ist der außerhalb der Gemeinschaft Stehende. Außerdem hat er den

Frevel angefangen. Das gefährliche Gleichgewichtsmodell wird beschworen, um die eigenen aggressiven Handlungen zu rechtfertigen. Die Reichen sind es, die die Armen bestohlen haben, deren Recht besteht darin, sich das Gestohlene wiederzuholen. „Möge das Volk erklären, daß es die Herausgabe alles Gestohlenen verlangt, alles dessen, was die Reichen den Armen schändlicherweise weggenommen haben!"

Der Arme ist der Gute: „Das gemeine Volk bietet alle Tugenden auf: Gerechtigkeit, Menschenliebe, Opfermut. Das Patriziat holt sich Hilfe bei allen verbrecherischen Lastern: bei Arglist, Doppelzüngigkeit, Verräterei, Habsucht, Hochmut, Streberei." Nur wenn die Armen ihre Lebensgewohnheiten, ihren way of living rücksichtslos gegen die verderbten Reichen durchsetzen, kann Friede und Eintracht einkehren. Nur der Tod des Sündenbocks stellt die Gerechtigkeit wieder her. Dieser Endzustand wird idealisiert. Es werden verschwinden „die Feldmarken, die Hecken, die Mauern, die Schlösser an den Türen, die Streitigkeiten, die Prozesse, die Diebstähle und die Morde, alle Verbrechen; die Gerichtshöfe, die Gefängnisse, die Galgen, die Strafen, die Verzweiflung, welche all dies Übel verursachen; der Neid, die Eifersucht, die Unersättlichkeit, der Hochmut, der Betrug, die Doppelzüngigkeit, mit einem Wort: alle Laster." (Kool u. Krause 1972; 111 ff.)

Marx war kein Freund des Bürgertums, dem er angehörte. „Häufig wird bei Marx das Bürgertum durch die Bourgeoisie ersetzt – ein Begriff, der den klassenkämpferischen Charakter noch stärker hervorkehrt. Das Bild der Bourgeoisie sieht folgendermaßen aus: ‚knurrend gegen oben, zitternd gegen unten, egoistisch nach beiden Seiten und sich ihres Egoismus bewußt, revolutionär gegen die Konservativen, konservativ gegen die Revolutionäre, ihren eigenen Stichworten mißtrauend, Phrasen statt Ideen, eingeschüchtert vom Weltsturm …'" (Baden 1977; 9) Marx schreckt auch vor böseren Diffamierungen nicht zurück. Im „Kapital" liefert er eine kuriose Mischung herzzerreißender Schilderungen des Elends der Armen, besonders der Kinder, mit volkswirtschaftlichen Berechnungen und Tiefschlägen gegenüber den Reichen, deren Verhalten mit den „Grausamkeiten der Spanier gegen die Rothäute Amerikas" verglichen werden. Wenig später spricht er vom „Vampyrdurst" der Unternehmer „nach lebendigem Arbeitsblut", von ihrem „Werwolfheißhunger für Mehrarbeit" (Kapital I. Buch, 3. Abschnitt, 8. Kapitel).

Friedrich Engels, ein reicher Mann, rüttelte in seiner „Lage der arbeitenden Klasse in England" (1845) nicht nur das Gewissen Europas auf, er diffamierte auch alle, die nicht arm waren. Die Berührung mit den Armen ist ein Erlebnis, dem Kontakt mit dem Edlen Wilden in der Südsee vergleichbar. „Es ist übrigens nicht zu vergessen, daß ein großer Teil dieser Klasse, namentlich der in den Städten lebende, damals noch einen bedeutenden Kern gesunder Bauernnatur besaß und noch lange nicht die Käuflichkeit und Verkommenheit des heutigen zivilisierten Lumpenproletariats." „Ich verzichtete auf die Gesellschaft und die Bankette, den Portwein und den Champagner der Mittelklasse und widmete meine Freistunden fast ausschließlich dem Verkehr mit einfachen Arbeitern; ich bin froh und stolz zugleich, so gehandelt zu haben." Der Gegentypus wird global erfaßt. „Wenn ich hier von der Bourgeoisie spreche, so schließe ich gleich die sogenannte Aristokratie mit ein ..." Und dann folgt eine Kette von Vorurteilen: „Mir ist nie eine so tief demoralisierte, eine so unheilbar durch den Eigennutz verderbte innerlich zerfressene und für allen Fortschritt unfähig gemachte Klasse vorgekommen wie die englische Bourgeoisie. Selbst das Band zwischen ihm und seiner Frau ist in 99 Fällen aus 100 nur ‚bare Zahlung'. Die elende Sklaverei, in der das Geld den Bourgeois hält, ist durch die Bourgeoisieherrschaft selbst der Sprache aufgedrückt. Das Geld macht den Wert des Mannes aus ..." (2; 486).

Friedrich Engels verfolgt seine simplifizierende Betrachtungsweise auch bei der Erörterung der Geschichte; im „Deutschen Bauernkrieg" (1856) schreibt er: „Die Bauernschinderei durch den Adel wurde mit jedem Jahr weiter ausgebildet. Die Leibeigenen wurden bis auf den letzten Blutstropfen ausgesogen, die Hörigen mit neuen Abgaben und Leistungen unter allerlei Vorwänden und Namen belegt." „Die Justiz wurde verweigert und verschachert. Und wo der Ritter dem Gelde des Bauern sonst nicht beikommen konnte, warf er ihn ohne weiteres in den Turm und zwang ihn, sich loszukaufen." (MEW 7; 334) Dann werden auch gleich die Geistlichen in die Stereotypenbildung miteinbezogen: „Die hohen Würdenträger der Kirche ... exploitierten ihre Untergebenen nicht nur ebenso rücksichtslos wie der Adel und die Fürsten, sie gingen noch viel schamloser zu Werke. Neben der brutalen Gewalt wurden alle Schikanen der Religion, neben den Schrecken der Folter alle Schrecken des Bannfluches und der verweigerten Absolution, alle Intrigen des Beichtstuhles in Bewegung gesetzt, um den Untertanen den letzten Pfennig zu entreißen oder das Erbteil der Kirche zu mehren. Urkundenfälschung war bei diesen würdigen Männern ein gewöhnliches und beliebtes Mittel der Prellerei." „Das flotte Wohlleben der beleibten Bischöfe und Äbte und ihrer Mönchsarmee erregte den Neid des Adels und empörte das Volk, das die Kosten davon tragen mußte, umso mehr, je schreiender es ihren Predigten ins Gesicht schlug." (334f.) Engels befindet sich aber mit seinen Vorurteilen in guter Gesellschaft. Die bedeutendsten Geister der europäischen Geistesgeschichte neigten zur Propagierung von Vorurteilen, nicht nur Schopenhauer, wenn er über Frauen schrieb. Als weitere Beispiele für den antibürgerlichen Affekt führt Baden (1977; 5ff.) Nietzsche und Kierkegaard an. In ihrem Haß und ihrer Verachtung des Bürgers stimmten Engels und Hitler überein.

Besonders eindringliche Belege für den Stratozentrismus finden sich in den Schriften Heinrich Bölls. Es ist auffällig, daß diese selbst sehr vorurteilsbeladenen Texte vorgeben, zum Kampf gegen die Vorurteile beizutragen. Ebenso wie die Marxisten davon überzeugt sind, dem Weltgeist zum Durchbruch zu verhelfen und deswegen von Vorurteilen selbst notwendigerweise frei zu sein, so auch der Dichter. Wie im Märchen sind die Armen bei ihm die Guten. Die Welt, in der „in Brasilien Kinder sterben, die niemals erfahren haben, wie Milch schmeckt", die Welt „stinkt nach Ausbeutung". Armut sei in dieser Welt nur noch eine Art Aussatz. Deshalb verteidige er, Böll, „leichten Herzens" „die Waschküche", die er „nie beschrieben habe". „Was das Armeleute-Milieu betrifft, so frage ich mich schon lange, welche anderen Milieus es noch gibt ... Das Großeleutemilieu ist mir durch die Geschicklichkeit moderner Reklame erspart: Die Großen dieser Welt tragen Rolex-Uhren." Böll sieht den Klischee-Charakter der großen Welt, übersieht aber den der kleinen. Bedenklich wird sein Standpunkt, wenn er in der „Verlorenen Ehre der Katarina Blum" einen Mord billigt. Die Heldin bringt einen „Zeitungs-", d. i. einen Springer-Journalisten um. Nicht nur die Schwarzweißmalerei ist erschreckend, sondern auch das Vokabular: „Nun, ich sah sofort, welch ein Schwein er war, ein richtiges Schwein. Und dazu hübsch. Was man so hübsch nennt." „Er sagte, na, Blümchen, was machen wir zwei denn jetzt? Ich sagte kein Wort, wich ins Wohnzimmer zurück, und er kam mir nach und sagte: Was guckst du mich denn so entgeistert an, mein Blümchen – ich schlage vor, daß wir jetzt erst einmal bumsen." „Nun, inzwischen war ich bei meiner Handtasche, und er ging mir an die Kledage, und ich dachte: ‚Bumsen, meinetwegen‘, und ich hab die Pistole rausgenommen und sofort auf ihn geschossen. Zweimal, dreimal, viermal. Ich weiß nicht mehr genau ..., dieser Kerl und dann ‚bumsen‘. Und ich dachte: Gut, jetzt bumst‘s." (Böll 1970; 120)

Schelsky (1977; 467) wirft Böll „Unbeherrschtheit des sprachlichen Ausdrucks" vor. Er pflege das, wogegen er kämpfe, „sprachlich zu kriminalisieren". Besonders vorurteilsbeladen ist sein Ausdruck, mit dem er Unternehmer vor der SPD-Fraktion belegte: „Raubtiere, die frei herumlaufen."

Der Stratozentrismus läßt die politischen Vorurteile virulent werden. Den Rechten ist ebenso nicht zu trauen. Sie sind und bleiben Ausbeuter. Außerdem haben sie ein Nummernkonto in der Schweiz. Es werden ähnliche psychologische Mechanismen angesprochen wie im Verhältnis Mieter und Hausherr. Jeder Mieter glaubt, der Hausherr wolle ihn knechten, schikanieren, ausbeuten. Der Hausherr hat Angst, daß der Mieter die angemietete Wohnung verkommen, verrotten läßt.

Die Bildung der politischen Parteien läßt sich in die Systematik der Vorurteile einfügen. In einigen Ländern sind es ethnozentrische Bestrebungen, die zu politischen Gruppierungen führen. Die Südtiroler Volkspartei möchte die Belange der deutschsprachigen

Südtiroler gegenüber der italienischen Majorität verteidigen, die dänische Partei im schleswig-holsteinischen Landtag hat ähnliche Ziele, ebenso teilweise die CSU im Deutschen Bundestag, auch die wallonische Partei in Belgien, wo der Sprachenstreit zum virulenten Problem wird. Sehr viel häufiger ist jedoch die Spaltung der Parteienlandschaft in rechte und linke Parteien in Anlehnung an stratozentrische Vorurteile. Die Ärmeren, die Arbeiter, schließen sich zu Gewerkschaften, zu Kampfbünden, zu sozialistischen Parteien zusammen, um sich gegen die Ausbeutung zu schützen. Diese Parteien entwickeln dann systematisch Vorurteile gegenüber dem politischen Gegner. In gewisser Weise kann man Parteien geradezu als notwendige Produktionsstätten für Vorurteile ansehen. Mit den Rechtsparteien ist es natürlich nicht anders. Bei einer ideologischen Verteidigung des Besitzes und der bürgerlichen Lebensweisen kommt man zu keinem sympathischen Bild von denjenigen, die diesen Besitz wegnehmen und verteilen möchten. In der Parteipropaganda überschlagen sich die Stereotype: ein Festival der Vorurteile. Einzelne Vorstellungen vom Gegner werden zu ideologischen Systemen. Wenn man davon überzeugt ist, daß die Reichen Ausbeuter sind, muß man schließlich für Gleichheit auch auf Gebieten eintreten, in denen sie zum Unsinn wird. In der psychologischen Diskussion treffen die Weltanschauungen bei der Kontroverse um die Intelligenz aufeinander. In der Ansicht, daß die Intelligenz zum größten Teil erbbedingt sei, sehen manche Autoren einen Ausdruck faschistischer Tendenzen. Ungleichheit unter den Menschen hat es nicht zu geben. Die offensichtliche Diskrepanz zwischen ihrer Ideologie und der Wirklichkeit überbrücken diese Fanatiker der Gleichheit mit dem Vorurteil der generellen Machbarkeit. Wenn die Menschen nur guten Willens sind und von keinem bösen Kapitalisten oder den „Multis" daran gehindert werden, kann sich alles zum Besten wenden, alle können reich, glücklich, intelligent und gebildet werden. Mühlmann (1976; 216f.) verspottet diese Ansicht als Cargo-Komplex. Ebenso wie die Papuas auf die Schiffsladungen der reichen Weißen starrten und von einer Umverteilung allen Reichtums das Paradies erhofften, so das Vorurteil, durch „Redistribution der Erdengüter" das größte Glück der größten Zahl herbeizuführen, damit die ‚Wir-Gruppe' endlich zu dem kommt, was ihr durch die Zeitalter hindurch vorenthalten worden ist. „Und es besteht eine Übereinstimmung in den Gegen-Typen: der ‚reiche Mann', der ‚dives', der Kapitalist, der weißgekleidete Nichtstuer, der heuchlerische Missionar ..." „Für die Taboriten war das glanzvolle Prag das Babel der ‚avaritia' und ‚luxuria'."

Bei den linksgerichteten Parteien finden wir also das Vorurteil der Fülle und das Vorurteil der Machbarkeit. Hayek (1976; 96) wittert hinter diesem ein geheimes Vaterbild. Das Streben nach sozialer Gerechtigkeit sei dem Umstand zuzuschreiben, daß die meisten Menschen die Vorstellung hätten, „daß irgend jemand jedem seinen Anteil zuteilt". Die Erziehung ist der Prozeß, in dem soziale Gerechtigkeit hergestellt wird, die Gesamtschule ist hierfür das geeignete Mittel etc.

Die rechtsgerichteten Parteien hingegen hegen die Vorurteile der „gerechten Belohnung des Erfolges" und das Vorurteil des Schicksals. Intelligenz und auch die Stellung des einzelnen in der Hierarchie sind durch Geburt weitgehend festgelegt. Aufstieg ist Folge von Verdienst und Bemühung. Stereotype und Klischees aus dem Roman werden zur Weltanschauung. From rags to riches. Vom Tellerwäscher zum Millionär. Sparen, arbeiten, Leistungsprinzip!

4.4. Chauvinismus des Lebensalters

In dem Spruch „Trau keinem über Dreißig" hat die egozentrische Haltung der jungen Leute ihren klassischen Ausdruck gefunden. Der ältere Mensch wird nicht mehr zugelassen. Er wird ausgeschlossen wie der Jude aus einem vornehmen amerikanischen Club, wie der Andersgläubige von der Kommunion. Zwischen den Generationen tut sich ein Abgrund auf. Man spricht verschiedene Sprachen. Die englische Literatur nennt es den generation gap. Der Chauvinismus des Lebensalters findet sich vor allem in zwei Formen: in der Unterdrückung der Jugend und in ihrer Idealisierung. Beides gehört ebenso zusammen wie die Unterdrückung und Idealisierung der Neger oder die Unterdrückung und Idealisierung der Frauen.

4.4.1. Unterdrückung der Jugend

Vor der Jugend haben die meisten Kulturen eine verborgene Angst. Der Psychoanalytiker Bernfeld (1931) meint, daß Erziehung nicht ohne die „männliche Urreaktion" gegenüber dem Kind zustandekomme, die Tötungstendenz. Erziehung sei eine in vielen Formen sublimierte Todesdrohung. In den jungen Menschen lauert die Gefahr, die eigene Kultur zu zerstören. Die Angst vor dem destruktiven Potential der Jugend hat der amerikanische Soziologe Talcott Parsons besonders gut beschrieben, wenn er meint, in jeder neuen Generation werde die Kultur von einer Horde Wilder bedroht. Die Sozialisation, der Versuch die jungen Leute nicht nur mit der herrschenden Kultur vertraut zu machen, sondern den Heranwachsenden diese Kultur als die ihre einzuverleiben, sei ein Grundprozeß jeder Erziehung.

Die Schmerzlichkeit des Erziehungsprozesses ist oft gesehen worden. „Ein Mensch, der nicht geschunden wurde, ist nicht erzogen", lautet ein griechisches Sprichwort. „Lehrjahre sind keine Herrenjahre", heißt es im Deutschen. Das Berufsabzeichen des Schulmeisters im 18. Jahrhundert war der Stock oder die Rute. Von den Schlägen wurde eine heilsame Wirkung erhofft. Sparing the rod spoils the child (den Stock zu schonen, verdirbt das Kind), sagt man im Englischen. Die Interpretation, daß es sich beim Sozialisierungsprozeß um eine mehr oder minder grausame Unterdrückung einer Minorität durch eine herrschende Majorität handelt, ist neueren Datums. Foucault (1977, 181) vergleicht die Erziehungsmethoden, die gegenüber Heranwachsenden angewendet werden, mit den disziplinären Maßnahmen gegen Strafgefangene. „Bisweilen fordert die Disziplin die Klausur, die bauliche Abschließung eines Ortes von allen anderen Orten. Die Stätte der Disziplinär-Monotonie wird behütet. Es gibt die große Einschließung der Landstreicher und der Elenden, und es gab andere Einschließungen, die diskreter waren, aber vielleicht hinterhältiger und wirksamer. Kollegs: Das Modell des Klosters setzt sich allmählich durch; das Internat erscheint, wenn nicht als häufigste, so doch als vollkommenste Erziehungsform ..." Klassenzimmer mit geordneten Bankreihen und Zuchthäuser mit übersichtlichen gleich großen Zellen seien nach identischen Prinzipien gegliedert. Neben der Klausur werde die Parzellierung als Gliederungs- und Herrschaftstechnik angewendet. „Jedem Individuum seinen Platz, und auf jeden Platz ein Individuum." Schuldisziplin, Arbeitsdisziplin, soldatische Disziplin haben ähnliche Absichten: „Gruppenverteilungen sollen vermieden, kollektive Einnistungen sollen zerstreut, massive und unübersichtliche Vielheiten sollen zersetzt werden." „Es geht gegen die ungewissen Verteilungen, gegen das unkontrollierte Verschwinden von Individuen, gegen ihr diffuses Herumschweifen, gegen ihre unnütze und gefährliche Anhäufung: eine Antidesertions-, Antivagabondage-, Antiagglomerationstechnik." Ob es sich um Schulzucht oder Gefängniszucht handelt, wir finden überall strukturelle Ähnlichkeiten. „In allen Klassen werden allen Schülern aller Lektionen Plätze zugeteilt werden, so daß sich die Schüler derselben Lektion immer an ein und demselben Platz befinden ... Jeder der Schüler wird seinen festen Platz haben, und keiner wird ihn verlassen oder wechseln ohne die Anordnung und Zustimmung des Inspektors der Schulen." (Foucault 1977; 189) „Es geht darum, die Anwesenheiten und Abwesenheiten festzusetzen und festzustellen; zu wissen, wo und wie man die Individuen finden kann; die nützlichen Kommunikationskanäle zu installieren und die anderen zu unterbrechen; jeden Augenblick das Verhalten eines jeden überwachen, abschätzen und sanktionieren zu können, die Qualitäten und die Verdienste zu messen." Im 18. Jahrhundert wurde der Schulraum zu einer „Lernmaschine umgebaut – aber auch zu einer Überraschungs-, Hierarchisierungs-, Belohnungs- und Bedrohungsmaschine". „Mißtrauen und Kontrolle sind gegenüber der gefährlichen Minderheit der Heranwachsenden am Platze." Als eine Periode böser Vorurteile gegenüber der Kindheit und Jugend demaskiert K. Rutschky (1977; 102, 148) die bürgerliche Erziehung im 19. Jahrhundert. Sie wird als

„endlose Initiation" aufgefaßt. „Der Eingriff in ein anderes menschliches Wesen läßt sich in einer Zeit, in der die physische und moralische Integrität des anderen Norm wird, am ehesten dann rechtfertigen, wenn ihm auf irgendeine Weise der normalmenschliche Status abgesprochen werden kann."

Die Erziehung wird von J. Sailer (1809) gar als ein „ewiger, doch heiliger Krieg" angesehen. „Der Erzieher muß im Kind den potentiellen Feind sehen, dessen Aktivität er dauernd überwachen, am besten vollständig unterbinden muß." Die „sorgfältige Inspektion ist der eigentliche nervus der Erziehung", meint A. H. Francke (1722): „Die Kinder müssen allezeit unter sorgfältiger Inspektion gehalten werden, sei es in der Stube, auf dem Hof, im Speise- oder Bettsaal, beim Kleiderwechseln, bei der Reinigung oder wo es auch sein mag, und sind ohne Not auch nicht auf eine kurze Zeit allein zu lassen." Denn es kann leicht geschehen, „daß ein Kind heimliche Briefe schreibt oder in garstigen Büchern liest". Das Kind ist als Zielscheibe des Vorurteils nicht nur der Feind, es gleicht in vielem fast einem wilden Tier – ganz ähnlich wie der Mann in der Blickweise der vorurteilsbefangenen Frau. Die Prügelknaben sind austauschbar wie die Sprachhülsen. Rutschky (1977) spricht vom „Dompteurjargon" der Erzieher, die berichten, daß „Erzvagabunden", die wie wilde Tiere herumschweiften, durch ihre Besserungsanstalten und Werkstätten „wirklich gebändigt, erzogen und wieder Menschen geworden sind".

Eine Liste der Untaten, die die Jugend verübt, wenn sie sich allein überlassen bleibt, gibt E. Trapp (1784): „Sie schimpfen und balgen sich, wobei es blutige Nasen und zerrissene Kleider gibt; sie machen allerhand Experimente mit Pulver und anderen gefährlichen Sachen; sie kehren Tische und Bänke um, schlagen Fenster ein, reißen den Ofen um; sie lehren einander unzüchtige Reden und Lieder, die sie von Domestiken und anderen gelernt haben; sie gehen mit Domestiken fleißig um und hören viel Unvernünftiges und Schädliches von ihnen; sie brauchen diese und andere, die im Haus aus- und eingehen, als Perückenmacherbursche u. dgl., um ihnen ihre Sachen zu verkaufen oder zu versetzen, und für das

Abb. 16. Wachspuppe der Familie Pierotti. Vorurteile gegenüber Kindern: Das idealisierte Kind. Schon mit dem Spielzeug erhält das Kind eine Lektion in Stereotypen. Die Puppe zeigt ihm sein Idealbild, so wie es eigentlich sein sollte. Oder doch so, wie das Stereotyp der Erwachsenen vom Kind beschaffen ist. Brav, sauber, gekämmt, sittsam und mit schönen, wohl geordneten und frisch gewaschenen Kleidern. „Henry Pierotti zeigte seine Puppen auf der Weltausstellung von 1851 und eröffnete später an der Oxford Street sein bekanntes Ladengeschäft ‚The Gallery, Crystal Palace Bazaar‘“ (King 1977; 67). Bei dieser Pierotti-Puppe des 19. Jahrhunderts sind die Augen starr eingesetzt und ist das Haar in kleinen Büscheln eingepflanzt.

Abb. 17. Haussubsellium nach Lickroth. Vorurteile gegenüber Kindern: Das gefährliche Kind. Unbeaufsichtigte Kinder sind gefährlich wie unberechenbare Fremde, wie wilde Tiere. Kinder müssen diszipliniert werden, damit sie nicht auf dumme Gedanken kommen.

> Ja, zur Übeltätigkeit,
> Ja, dazu ist man bereit!
> Menschen necken, Tiere quälen,
> Äpfel, Birnen, Zwetschgen stehlen.
>
> (Wilhelm Busch, Max und Moritz)

Die Schulbank ist das pädagogische Möbel par excellence. Sie garantiert eine aufrechte äußere Haltung, die zwangsläufig zu einer aufrechten inneren Haltung führt. Der Sitz ist hart und unbequem und verführt damit kaum zu lasziven Phantasien. Die Bank soll zudem so konstruiert sein, daß der Lehrer auch jene Tätigkeiten beobachten kann, die der Schüler unter der Bank treibt.

gelöste Geld ihnen schädliches und unschädliches Naschwerk, Pulver u. dgl. zu verschaffen; sie probieren, wie es tut, sich in Bier, Wein usw. zu berauschen und Tabak zu rauchen; sie spielen Karten und Würfel, verspielen ihr Geld und ihre Sachen, borgen und bezahlen nicht, und einige fangen dann an zu stehlen; sie treiben fleißig die Onanie, entweder jeder für sich, oder einer lehrt sie gar den anderen, sie erzählen einander die Fehler ihrer Lehrer und ihrer Vorgesetzten, und sie machen sich lustig darüber, verabreden miteinander, wie sie ihnen oder ihren Mitschülern Streiche spielen wollen." (Rutschky 1977; 153) Auf jeden Fall hat der Erwachsene ein gutes Recht, das Kind kurz zu halten. J. B. Basedow (1773) wünscht für die Kinder einfachere Kleider, die von den Kleidern der Erwachsenen „merklich unterschieden" sein sollen. „Die Kinder müssen vielleicht nicht bei Tisch sitzen, sie müssen schlechteres Tischgerät als ihre Eltern und erwachsenen Freunde haben ..." „Der Nachtisch wird zwar den Kindern am meisten gefallen; aber ordentlicherweise muß ihnen davon nichts oder sehr wenig gereicht werden ..." „Nicht zur Strafe, sondern bloß weil ihr es so wollt, müssen sie zuweilen solche Speisen und Getränke genießen, die nicht so gut schmecken als die gewöhnlichen. Sie müssen zuweilen nach einer Verordnung ein gemeines, hartes und unbequemes Lager haben." (Rutschky 1977, 116 ff.)

Der Unterdrückungs- und Zwangscharakter der Sozialisation wird von anderen Autoren idealistischer gedeutet. Aber auch sie erkennen die Schmerzhaftigkeit der Erziehung. Eduard Spranger bemüht Gedankengänge Spinozas. Ursprünglich sei es das Ziel jedes Individuums, die ganze Welt in sich aufzunehmen und alle eigenen Fähigkeiten optimal und umfassend auszubilden. Die Erziehung müsse die Einsicht fördern, daß erst in der Beschränkung das Heil liege. Viele hoffnungsvolle Fähigkeiten müssen beschnitten werden, brach liegen, damit in der Spezialisierung aus den einzelnen ein nützliches Mitglied der Gesellschaft werde. Unmittelbare Auswirkungen, Jugendliche als eine Art Fremde anzusehen, denen das volle Bürgerrecht nicht zugestanden werden kann, finden wir in den Gesetzen wieder. Die jungen Leute werden nicht als Vollbürger anerkannt. Alle Kulturen setzen Altersgrenzen für die Erreichung bestimmter Ämter. Das Heruntersetzen dieser Altersgrenzen verbirgt nicht die grundlegende Skepsis gegenüber der Jugend. Mecker (1975; 75 ff.) untersuchte die Vorurteile der älteren Generation gegenüber den jungen Leuten. Sie findet Schwierigkeiten des Verständnisses im Sozialverhalten der Jüngeren, bei ihren Interessen, bei ihrer äußeren Erscheinung. „Und man ist früher noch gewandert. Ich kann mich erinnern an meinen Bruder, der war bei den Pfadfindern früher. Ja, und da ist man auch oft mitgegangen, da wurde Gitarre gespielt mit den schönen Bändern herum ... Da wurde gesungen und auch mal ein Lagerfeuer gemacht, also es war viel romantischer als heute. Heute sitzen sie mehr in den Beatkellern da, und da wird so verrückte Musik und heiße Tänze getanzt" (60jährige Frau). „Die bleiben mitten auf der Straße stehen und umarmen und küssen sich, also das ist ... Früher, die haben wenigstens gewartet, bis es dunkel war. Und dann habe ich schon festgestellt, die wechseln oft ihre Partner" (60jährige Frau). „Die gehen also ins Theater in Blue jeans und bunten Hemden." „Die fahren mit Fahrrädern einfach auf den Gehsteigen herum bei uns im Einkaufszentrum." (60jähriger Mann)

4.4.2. Idealisierung der Jugend

> Gewiß, das Alter ist ein kaltes Fieber
> Im Frost von grillenhafter Not;
> Hat einer dreißig Jahr vorüber,
> So ist er schon so gut wie tot.
> Am besten wär's, euch zeitig totzuschlagen.
>
> *Goethe*. Faust II, 2, Baccalaureus

Eine der einflußreichsten Ideologien unseres Jahrhunderts stammt von Margaret Mead. Sie dichtete nicht nur am Mythos der Frau, sondern auch am Mythos der Jugend. Kinder sind für sie die Verkörperung des Guten. Völker, die keine Kinder mögen, können kein Glück finden, sind nicht nur in einer biologischen, sondern vor allem in einer psychologischen Sackgasse.

Giovinezza! Jugend!, schwärmte das faschistische Italien, die Jugend verherrlichend. Im Kabinett der Bundesregierung sitzt ein Minister für Jugend, Familie und Gesundheit. Jugend, das ist etwas Besonderes, etwas Erstrebenswertes. „Gaudeamus igitur, juvenes dum sumus" singen noch die bemoosten Häupter. Alt zu sein,

BEFORE

A Coty Cremestick turned Alice Pearce...

heißt, dem Grabe näher zu sein. Jugend ist lustig, voller Leben; Alter heißt Steifheit und Verkalkung.

Die Idealisierung der Jugend ist eines der Stereotype, die aus der griechischen Tradition stammen. Die homoerotische Bewunderung der Mittelmeervölker idealisierte nicht nur den schönen Körper des Jünglings, sondern auch seine Eigenart, seine Weltsicht.

Der Schöpfer des Wortes Ideologie, Destutt de Tracy, setzt diese alte Tendenz fort und gibt ihr eine neue Wendung: Die Jugend hat deswegen recht, weil ihr die Zukunft gehört. Das Alte ist das Überkommene, das Vorurteilsbehaftete. „Destutt de Tracy wollte die Jugend als Zukunftsträgerin ansprechen, um seiner Lehre die Zukunft zu sichern: ‚Junge Menschen, an Euch wende ich mich, für Euch schreibe ich allein‘." (Hölzle 1969; 90)

Jugend ist auch der Fetisch der Werbung. Zunächst einmal aus ökonomischen Überlegungen: Ein junger Mensch wird in seinem Leben noch Hunderte Zigarettenpackungen kaufen, noch sehr viel mehr Persil-Pakete verbrauchen als der alte, dessen Lebensende schon abzusehen ist. Dann aber wird das Lebensalter der Jugend zum Selbstzweck.

Jung bleibt man durch angepriesene Kosmetika, durch eine Heimsauna, durch Vitaminpillen. Nicht das freundliche faltige Gesicht des älteren Menschen gilt als Vorbild, sondern das faltenlose des jüngeren. Filmschauspielerinnen lassen ihr Gesicht liften, auch andere Körperpartien werden der Jugendform durch plastische Chirurgie angeglichen. Die Vorliebe auch älterer Herren für die

Abb. 18. Vorher – Nachher. Der Traum vom Jungbrunnen, dem der alte Mensch als frischer Jüngling wieder entsteigt, wird von der Kosmetik-Industrie ausgenutzt. Das Vorurteil, die Jugend sei besser, schöner, wertvoller, stammt von den alten Griechen. Rousseau und die Romantik haben es neu belebt, diese Idee zieht sich wie ein roter Faden durch die europäische Geistesgeschichte. „Wenn die Feuersbrunst regiert, ist nur der Barbar jung und kühn. Unrecht hat nur, wer alt ist" (Konstantin Bal'mont). Hier wird das Klischee von der begehrenswerten Jugend in der Werbung dazu benutzt, die Kundin zum Lippenstift greifen zu lassen: „Ein anderer Cream-stick Trick: sie sind anfeuchtend, aber niemals fettig."
Es wird der Konsumentin mit der Werbung klar gemacht, daß es ihre Verpflichtung sei, schön zu sein, jung zu sein, dem Mann zu gefallen. Andere Qualifikationen, wie etwa Intelligenz, Weisheit, Güte, die sehr wohl mit einem faltigen Gesicht einhergehen können, sind weniger gefragt, ja suspekt: „Wenn ein Weib gelehrte Neigungen hat, so ist gewöhnlich etwas an ihrer Geschlechtlichkeit nicht in Ordnung." (Nietzsche, Jenseits von Gut und Böse, Sprüche und Zwischenspiele, 144)

AFTER

nto Joey Heatherton.

d you thought lipsticks weren't important, eh?
other Cremestick trick: they're moisturizing,
they're never greasy.
d zip! They're on in a stroke.
k Alice Pearce.

Some luscious Cremestick colors:

POPPY LOVE
Wear it.
But watch it!

PINK ME UP
That's what it's called.
That's what it does.

WET APRICOT
Much nicer than
dry apricot.

SUN SHIMMER GLOSSER
For come-hither
highlights.

And:

jugendliche Wölbung des weiblichen Busens persifliert Gottfried Benn in seinem Gedicht „Kasino":

„Vorläufig bin ich ja noch rüstig,
Aber wenn ich mich mal auf Abbruch verheirate,
Brüste muß sie jedenfalls haben,
daß man Wanzen drauf knacken kann."

Weißes oder graues Haar, ein Merkmal des Alters, ist unerwünscht. Es wird mühselig ausgezupft; wenn das nichts mehr hilft, gefärbt.

Auch die wissenschaftliche Beschreibung des alten Menschen spart nicht mit negativen Attributen: Sie spricht vom „Ergrauen, Ausfall, Dünnerwerden der Haare", vom „Runzeligwerden der Haut", „Schlafferwerden der Brüste", „Zunehmen der Warzenbildung und des Körpergewichts, Nachlassen der Zuverlässigkeit und Geschwindigkeit der Bewegungen, der Sinnesfunktionen etc." (Stern 1968). Kucher (1968) untersucht die Wertung der Lebensalter bei den Naturvölkern und stößt wieder auf die ambivalente Grundstruktur der Vorurteile. Auf der einen Seite finden wir bei einigen Naturvölkern Australiens die Ansicht, das Alter sei der Höhepunkt des Lebens. Bei den Barongas Südafrikas sind hingegen „die Alten einer richtigen Verachtung ausgesetzt". Sie „werden von den Kindern verspottet. Oger, Werwolf heißt der vom Alter Gebeugte". „Oft läßt man die Alten einfach verhungern!" Die Vorurteile gegenüber den alten Leuten in der Industriegesellschaft erfaßt eine Studie der Harris Company (April 1975) bei einem repräsentativen Querschnitt der amerikanischen Bevölkerung. Ein Neunzehnjähriger faßt die menschliche Situation des Alten lapidar zusammen: „Du beginnst deine Gesundheit zu verlieren, und die Leute sind nicht mehr an deinen Meinungen oder an irgendeinem anderen Aspekt deines Lebens interessiert." Andere Stimmen der amerikanischen Befragten lauteten: „Sie kümmern sich einfach nicht mehr um dich." „Gewöhnlich sind die Leute krank, wenn sie so alt sind, und auch nicht mehr besonders attraktiv anzuschauen."

4.5. Zusammenfassende Übersicht

Die gemeinsamen Strukturmerkmale der Vorurteilsbildung fallen dann besonders ins Auge, wenn man sie in einer Übersicht zusammenfaßt. Diese ist auf den beiden folgenden Seiten versuchsweise zusammengestellt worden, im Bewußtsein der notwendigen Verkürzungen und Verfälschungen, die eine zu knappe Darstellung mit sich bringt.

4.6. Chauvinismus des Lebenszieles

Bisher haben wir den Prozeß der Vorurteilsbildung nur statisch gesehen. Gegenüber Fremden finden wir normalerweise Vorurteile. Sie werden jedoch erst virulent, wenn die Fremden eigene Ziele bedrohen. Der Krieg verändert die nationalen Stereotype, sobald ein fremdes Volk zum Kriegsgegner wird. Beim Kampf um Siedlungsgebiete entstehen besonders intensive nationale Vorurteile, etwa in den Gebieten Osteuropas, in denen Slaven und Deutsche siedelten, oder in Nordamerika, wo jeder Indianer zum Gegner wird (vgl. Koch-Hillebrecht 1977).

Carl Schmitt (1963) sieht die Einteilung in Freund und Feind als den Wesenszug des Politischen an. Will jemand ein politisches Ziel erreichen, so kommt es aus der Natur der Sache zu einer Zweiteilung der Beteiligten in Gegner und Freunde.

Über das andere Geschlecht hat man gewisse verzerrte Ansichten, virulent werden sie jedoch erst, wenn man in einer Konfliktsituation, etwa bei einer Ehescheidung, um Lebenschancen kämpft. Oder wenn Frauen mit Kindern in einer Situation gefangen sind, die ihnen unmittelbar bedrohlich erscheint.

Im Bereiche des Alters ist es nicht anders. Ärger über die Jugend, die mit dem Fahrrad in der Fußgängerzone fährt, kommt in dem Augenblick auf, in dem sich der Ältere bedroht sieht. Vorurteile über die Alten wird der Jungbauer oder der Juniorchef einer Firma besonders dann entwickeln, wenn er zur Erreichung eigener

Objekt des Vorurteils (Sündenbock, Prügelknabe, Minorität)	Erkennungszeichen (Stigma, Kainszeichen)	Ambivalenz (Gute Form)	Ambivalenz (Böse Form)
Toter	Leichengeruch, Leichenstarre	„Mitten auf der Brust hält er seine schönen weißen Hände gekreuzt." Mit den Sterbesakramenten versehen	Plötzlicher Tod
Tier	Geruch, falsche Augen, Lauern, Geheul	Zahmes Tier, „lammfromm", macht Männchen, gibt Pfötchen	Unberechenbar, wild, hinterhältig, Schlange, Ratte, Wolf. Kratzt, reißt, beißt, spuckt
Fremder	(Knoblauch-) Geruch, Hautfarbe, Beschaffenheit des Haares, Judennase, Negerlippe, Mongolenfleck	Der Edle Wilde; Winnetou, Freitag, Neger in Südafrika, Vietnamesen im Kampf gegen Amerikaner	Barbaren, Tataren, Gelbe Gefahr
Frau	Parfum, Geruch, Körperformen, Hintern, Busen	Jungfrau, Mutter (züchtig, verbirgt weibliche Formen, kein Make-up, kein Lippenstift)	Hure (zeigt Formen, benutzt Lippenstift, raucht, trinkt)
fremde Klasse	Schweißgeruch, niedrige Stirn; Parfum, Degenerationsmerkmale	Anständiger, fleißiger Arbeiter, streikt nicht; Arbeitgeber von altem Schrot und Korn, hat Mitgefühl, hilft	Müßiggänger, feiert krank, Aufhetzer; Ausbeuter, Kapitalist, „Multi"
Kind	Geruch (macht in die Hose), Kleinheit, Dummheit	Braves Kind: blond, artig, hält sich sauber, lügt nicht	Böses Kind: faul, frech, Lausbub, lügt, onaniert
Geisteskranker	Hypoplastisches Mittelgesicht, irrer Blick	schreibt harmlose Gedichte, tut keinem was zuleide, armer Irrer	läuft Amok, Perversitäten
Verbrecher	Zusammengewachsene Augenbrauen, angewachsene Ohrläppchen, finsterer Blick	Robin Hood, Verbrecher aus verlorener Ehre, hält den Ehrencodex der Unterwelt ein	„stiehlt Weihegeschenke, beschädigt Götterstatuen, verrät Mysteriengeheimnisse"

196

Gefahren	Maßnahmen	Zuständiger Beamter
Leichengift, Ansteckung	Einsargen, weg-bringen, verschar-ren; auf geweihter Erde bestatten, Friedhof, ein-mauern, fesseln	Priester, Arzt (Totenschein), Standesbeamter, Totengräber
Gift, plötzlicher Angriff	Käfig, Zwinger, Zaun	Jäger, Hunde-fänger
Danaergeschenke, plötzlicher Angriff im Frieden, fal-sches Lächeln, Kriegsverbrechen	Grenzwälle, Chi-nesische Mauer, Niemandsland, Paßkontrolle, Quarantäne	Grenzpolizei, Zoll
Verführung, Abhängigkeit	Harem, Beguinenhaus, Kloster; Heirat	Äbtissin, Vorste-her, Obereunuch
Revolution; Aus-beutung, Fron-arbeit	Fabrik, Kaserne; Umerziehungs-lager	Aufseher, Unteroffizier
Krach, Unord-nung, Chaos, Kin-derladen	Schulbank, Klassenzimmer, Internat	Lehrer
Unberechenbar-keit, plötzliche Ge-walttätigkeit	Anstalt, hinter Gitter	Arzt
Mord und Tot-schlag, Raub, Überfall, Kindes-entführung, Brandstiftung, Vergewaltigung	Zuchthaus, hinter Gitter	Justiz, Polizei

Ambitionen wünscht, daß sich der Alte endlich auf das Altenteil zurückzieht.

Neben dem Vater nimmt der Lehrer eine wichtige Position bei dem Versuch des Menschen ein, seine Lebensziele zu erreichen. Lehrer können mehr oder minder nachhaltig die Ziele blockieren oder ihre Erreichung erleichtern. So ist es kaum verwunderlich, daß Lehrer neben Vater und Mutter eine besondere Zielscheibe der Vorurteilsbildung sind. Adorno (1965) weist auf die Ambivalenz im Lehrerbild hin: Einmal „die magische Verehrung, die die Lehrer in manchen Ländern wie in China, und bei manchen Gruppen, wie bei den frommen Juden, genießen". Auf der anderen Seite eine tiefsitzende Verachtung: „Ich weiß nicht, wieweit es den Tatsachen entspricht, daß im 17. und 18. Jahrhundert ausgediente Soldaten als Volksschullehrer bestellt wurden. Jedenfalls ist diese Populärvorstellung für das imago des Lehrers ungemein charakteristisch. Soldatisch klingt das Wort Steißtrommler; unbewußt werden Lehrer vielleicht wie jene Veteranen als eine Art von Krüppel dargestellt ..." Adorno findet im Vorurteil gegenüber dem Lehrer das „Bild des quasi Kastrierten, wenigstens erotisch Neutralisierten, nicht frei Entwickelten ..." „Sie stehen im permanenten Verdacht der sogenannten Weltfremdheit."

Auch bei einem anderen Berufsbild, bei dem des Bauern, läßt sich nachweisen, daß es sich dann verschlechtert, wenn er in den Verdacht gerät, eigene Lebenschancen zu blockieren. Das ursprüngliche Bauernbild hat stratozentrischen Charakter: der Bauer ist ein Angehöriger der Unterschicht. In den Kinderspielen ist er der Letzte, Schlechteste, Niedrigste; er kommt erst nach dem König, dem Edelmann und dem Bürger. Im Schach bezeichnet der Bauer die Figur, die den geringsten Wert hat, einen Stein, den man notfalls bereit ist zu opfern. Die Ambivalenz des Bauernbildes zeigt sich in einer Verehrung, die sich über der Verachtung aufbaut. Von der Arbeit des Bauern hängt unser Wohl ab. „Und gäb es nicht den Bauern, dann hättest du kein Brot!" Der Bauer wird als der ursprüngliche, der eigentliche und unverdorbene Mensch verklärt. Er hat noch Zugang zu den Quellen des Lebens. In Zeiten der Not mischt sich in dieses Image jedoch ein neuer Zug. Jetzt wird der Bauer der Ausbeuter. Er tauscht Butter gegen Antiquitäten. In seinem Stall liegen echte Teppiche, von deren Wert er nichts versteht. Als Konkurrent um Lebenschancen wird der Bauer zum Buhmann.

Wir müssen also die bisherige Betrachtungsweise um ein dynamisches Moment ergänzen. Die Vorurteilsbildung setzt besonders dann ein, wenn ich annehme, daß mir jemand im Wege steht. Wenn ein Beamter mein Gesuch ablehnt, unterstelle ich ihm Böswilligkeit oder beschränkte Auffassungsgabe. Positive Vorurteile entwickeln sich dort, wo ich den Eindruck bekomme, daß mir jemand bei meinen essentiellen Zielen hilft. Die Vorurteilsbildung vollzieht sich also in einem sozialen Feld, in einem Handlungsraum (Lewin 1963). Denjenigen Menschen, von denen ich glaube, daß sie mir Barrieren errichten, attribuiere ich negative Züge. Morton Deutsch (1949) weist auf die Zusammenhänge zwischen Kooperation und interpersoneller Anziehung hin. Er glaubt, daß schon die Absicht eines anderen, mir zu helfen, sein Image verbessere. Wer mir hilft, mein liegengebliebenes Auto wieder flott zu machen, den sehe ich als charaktervollen edlen Menschen an, nenne ihn „Kavalier am Steuer".

Kampfgefährten, Kriegskameraden werden günstiger beurteilt als andere (vgl. Koch-Hillebrecht 1977, Zajong 1968). Wenn einer von ihnen fällt, dann habe ich das Gefühl, „als wär's ein Stück von mir", wie es im Lied vom guten Kameraden heißt. Der neben mir Getötete ist damit automatisch ein guter Kamerad, selbst wenn er sich vielleicht zu Lebzeiten als ein ziemlich schlechter Kamerad gezeigt hat. Gemeinsames Schicksal führt zur Solidarisierung. Studenten, die gemeinsam demonstriert haben, halten zusammen und halten sich gegenseitig für Helden. Wenn ich mich freiwillig für eine Sache einsetze, von der ich anfangs weniger überzeugt bin, dann wächst meine Überzeugung allein wegen des Umstandes, daß ich mich eingesetzt habe (Festinger 1957). Gleiches Schicksal führt zu positiven Vorurteilen.

Wenn es um das Rauchen am Arbeitsplatz geht, kann es zu Prozessen kommen. Bildung von Kampfbündnissen und Vorurteilsbildung gehen Hand in Hand. Bürgerinitiativen haben ein festes Feindbild. Es geht gegen die Multis, die Atomkraftwerke, gegen die Umweltverschmutzer. Aber auch die politischen Parteien sind nicht nur Vereinigungen Gleichgesinnter, sondern auch Zweckbündnisse zur Erstreitung von Privilegien, Ämtern, Posten, Vergünstigungen, Steuererleichterungen, Subventionen. Also blüht auch in ihnen die Vorurteilsbildung. Dem Linken ist der CDU-Anhänger ein potentieller Faschist; dem Rechten der Linke ein potentieller Kommunist. Das Feindbild fördert den Zusammenhalt mindestens ebenso sehr wie das gemeinsame Absingen der Internationale oder des Deutschlandliedes. Franz-Josef Strauß ist für die Sozialdemokraten eine notwendige psychohygienische Einrichtung, fast wichtiger als die des Parteivorsitzenden. Rechte hingegen brauchen Herbert Wehner als Buhmann, in dessen politischer Vergangenheit zu forschen Befriedigung und Selbstbestätigung mit sich bringt.

Besonders militante Vorurteile treten beim offenen Kampf um wirtschaftliche Chancen bei beiden Parteien zutage, sowohl bei den Gewerkschaften als auch bei den Arbeitgebern. Das Image des Gewerkschaftsführers ist weder bei den Arbeitern noch bei den Arbeitgebern sehr günstig. Der Arbeiter gesteht dem Kapitalisten zähneknirschend, aber immerhin zu, einen dicken Mercedes zu fahren und feine Anzüge zu tragen. Dem Gewerkschaftsführer, der auch einen statusträchtigen Wagen fährt, wird vorgeworfen, zu Unrecht „etwas Besseres" sein zu wollen als der einfache Arbeiter.

Bei geringem sozialem Stress im eher entspannten Feld beschränken sich die beruflichen Vorurteile auf mehr oder minder harmlose Neckereien. So stritten sich schon im Mittelalter die verschiedenen Mönchsorden untereinander. Den Franziskanern wurde vorgehalten, sie trügen ihre Kutte nur, um desto schneller zur Unzucht bereit zu sein. Heute wie ehedem necken sich die Waffengattungen der Armee. Die Kavallerie galt als hochnäsig, weil sie die Infanteristen „Stoppelhopser" nannte.

Raucher hegen Vorurteile gegenüber Nichtrauchern, Trinker gegenüber Antialkoholikern. Die Vorurteile drücken sich in Fragen aus wie etwa: „Trinken Sie denn nie Alkohol? Nicht mal ein Glas Wein, oder eine Flasche Bier?" Im Geheimen denkt der Alkoholtrinker, ein solcher Mensch sei eigentümlich, wahrscheinlich auch sonst verklemmt.

Aus der klassischen Antike sind dezidierte Meinungen (und handfeste Vorurteile) über den Wert und Unwert einzelner Berufsgruppen überliefert. „Das Gesetz von Solon untersagte honorigen Bürgern die Herstellung von Parfüm. Eine ehrenhafte Existenz sah das frühe Griechentum vor allem in den Tätigkeiten des Landbaues und der Kriegsführung. Handwerker galten nicht viel. Sie wurden als ‚Banausen‘ abgestempelt. Xenophon meinte: ‚Die oft als banausisch bezeichneten Tätigkeiten stehen in schlechtem Ruf und werden zu Recht in der Welt sehr verachtet. Sie verunstalten den Körper derer, die so arbeiten und sich beschäftigen, indem sie zum Stillsitzen und Zuhausebleiben, sogar beim Feuer, zwingen. Und wenn der Körper geschwächt wird, erschlafft auch der Geist viel mehr‘.“ Herabsetzung also einer ganzen Schicht städtischer Berufe, die jetzt im Konkurrenzkampf mit dem traditionellen Bauernkrieger als Bedrohung seiner Existenz empfunden wurden. Daß die größten Geister des Abendlandes auch große Vertreter von Vorurteilen waren, zeigt das Beispiel Ciceros, der in seiner Lehre von den Pflichten (de officiis I, 42) ein ganzes Stereotypensystem liefert: „Was nun die Berufe und Existenzmittel betrifft, welche für einen Mann guten Standes als erlaubt gelten dürfen, und welche dagegen plebejisch sind, darüber herrscht bei uns die folgende Auffassung: Zunächst verachtet man im allgemeinen die Tätigkeiten, die leicht Haßgefühle bei der Öffentlichkeit hervorrufen, etwa die der Steuereinnehmer, oder die der Geldverleiher. Eines Mannes guter Herkunft unwürdig ist die Tätigkeit von Menschen, die sich vermieten, zumindest soweit es ihre Arbeitskraft, nicht ihre Fähigkeiten betrifft: Schon die Tatsache als solche, daß er im Lohndienst ist, besiegelt die Abhängigkeit eines Menschen. Minderwertig ist auch der ganze Beruf von Wiederverkäufern im kleinen. Diese können schließlich nichts verdienen, wenn sie nicht unbändig lügen: Und nichts ist schändlicher als Betrug und Irreführung. Minderwertig ist der Beruf aller Handwerksleute: Denn an einem Arbeitsplatz kann nichts Geistiges gedeihen. Besonders verabscheuungswürdig sind die Berufe, die im Dienste des sinnlichen Genusses stehen: Fischverkäufer, Brater, Köche, Geflügelhändler, Fischer, die Terentius aufzählt; man darf hinzufügen: Parfümhersteller, Balletttänzer und Variétékünstler." (van de Ven 1972 I; 33ff.; 45)

Positive Vorurteile hegt man gegen die Mitglieder des eigenen Berufsstandes dann, wenn es um Standesbelange geht. Jetzt wendet man sich gegen Kurpfuscher. Ärzte bekämpfen Psychologen, die ihnen Psychotherapiepatienten streitig machen. Psychologen schauen scheel auf Soziologen, die ihnen Planstellen wegnehmen. Zahnärzte ärgern sich über Dentisten, die es überhaupt nicht mehr geben sollte. Und sie gestehen sogar den Dentisten den Titel Zahnarzt zu unter der Bedingung, daß es künftig keine Dentisten mehr geben darf.

In den meisten Kulturen gibt es Paria-Berufe, die als unrein gelten wie Abdecker, Henker, Prostituierte und Zuhälter. Aber auch Schmiede, Schäfer, Köche wurden von der Vorurteilsbildung und sozialen Ächtung getroffen.

Mitglieder fast aller Berufe sind stolz auf ihre Beschäftigung und bestrebt, den anderen Menschen deren Bedeutung darzutun. Ärzte reden von Volksgesundheit, Fluglotsen von Beinahe-Zusammenstößen, Journalisten von der Informationsfreiheit, vornehmlich um die eigene Wichtigkeit zu demonstrieren.

Um die Berufe ranken sich von alters her Vorurteile. Der Arztberuf ging aus dem des Medizinmannes und Zauberers hervor, wurde vielleicht früher bei bestimmten Völkern einmal vornehmlich von Frauen ausgeübt. Die Ambivalenz gegenüber dem Arzt ist noch heute spürbar. Einerseits steht der Beruf auf der Skala des Sozialprestiges ganz oben – er hat auch den strengsten numerus clausus –, auf der anderen Seite ist das Stereotyp des Quacksalbers, des Kurpfuschers, der falsche Operationen durchführt, um sich zu bereichern, seit Jahrhunderten verbreitet. Auch bei vielen anderen Berufen ist die Ausbildung der Vorurteile zu spüren. Der Polizist gilt nicht nur als Freund und Helfer, sondern bisweilen auch als brutaler Schläger, der sich Wehrlose zu Opfern aussucht. Vor Psychologen muß man sich einerseits in acht nehmen, denn sie vermögen den Alltagsmenschen mit einem Blick bis in den Grund seiner

Seele zu durchschauen, auf der anderen Seite aber sind sie selbst mindestens genauso neurotisch wie ihre Patienten, andernfalls hätten die Psychologen wohl kaum Psychologie studiert.

Priestern gilt nicht nur Ehrfurcht und Hochachtung. Als Beispiel sei Wilhelm Busch zitiert, in dessen Werk viele sprachlich treffend formulierte Vorurteile zu finden sind. Im „Pater Filuzius" wird dem Helden Geldgier, Doppelzüngigkeit und unschickliche Zuneigung zum weiblichen Geschlecht unterstellt:

> Jetzt kommt der Filuzio.
> Nämlich dieser Jesuiter
> Merkt schon längst mit Geldbegier
> Auf den Gottlieb, sein Vermögen,
> Denkend: „Ach wo krieg ich dir?"

> Allererst pirscht er sich leise
> Hinter die Angelika,
> Die er, Apfelmus bereitend,
> An dem Herde stehen sah.
> Und er spricht mit Vaterstimme:
> „Meine Tochter, Gott zum Gruß!"
> Schlapp! Da hat er im Gesichte
> Einen Schleef von Appelmus.
> Dieses plötzliche Ereignis
> Tut ihm in der Seele leid. –
> Ach, man will auch hier schon wieder
> Nicht so wie die Geistlichkeit.

5. Die Überwindung der Vorurteile: Figuren des Verstehens

5.1. Holzwege

5.1.1. Unwiderlegbare Prophezeiung

Vorurteile sind in allen Lebensbereichen zu finden, sie scheinen unüberwindlich. Ihre Unausweichlichkeit kann an einem schrecklichen und grausamen Beispiel aus der Zeit der Hexenverfolgung demonstriert werden. Zur Entlarvung der Hexen wurde im Mittelalter die Folter angewendet. Man sah in ihr das angemessene Mittel, die Hexe zum Geständnis zu bringen; nur wenn sie die schrecklichen Qualen ertrug, war dies ein vertrauenswürdiger Beweis der Unschuld. Im Verlauf der Folterpraxis wurde jedoch der Vorwurf, Hexe zu sein, zu einer sich selbst erfüllenden Prophezeiung (Merton), zu einem unwiderlegbaren Vorurteil. Ein Beispiel: „1672. Frühjahr. Katharine Lips aus Betzlesdorf in Oberhessen wird in den Marburger Hexenturm gesperrt und dort gefoltert. Da sie nicht geständig ist trotz härtester Marter, wird sie zunächst entlassen. In den folgenden Jahren wurde sie wieder verhaftet und am 4. November 1673 nochmals und noch grausamer gefoltert. Sie wird viermal aufgezogen, sechzehnmal wird sie so weit wie möglich geschraubt. Sie fällt wiederholt in Starrkrampf, mit Werkzeugen wird ihr Mund aufgebrochen, um sie zum Bekenntnis zu zwingen. Aber die Frau, die bald betete, bald wie ein Hund brüllte, gestand nicht. Im Bericht der Folterkommission an die Landgräfin wird dazu bemerkt, die Frau habe sich offenbar durch Zauberei unempfindlich gemacht, weil sie sonst unmöglich die Folter ohne Geständnis hätte ertragen können." (Becker, Bovenscher, Brackert u. a. 1977; 426f.)

Daß diese Frau eine Hexe ist, kann durch die Wahrnehmung nicht mehr widerlegt werden. Das Vorurteil siegt über die Erfahrung. Nun könnte man versucht sein, diesen Fall als ein bedauerliches, aber schließlich rein historisches Beispiel für die rauhen Sitten unserer Vorväter abzutun. Neuere psychologische Untersuchungen zeigen aber, daß ähnliche Verhaltensweisen heute unverändert anzutreffen sind.

„Robert Rosenthal und Leonore Jacobson (1968) besuchten eine kalifornische Grundschule und erklärten deren Lehrer, sie arbeiteten an einem wichtigen Forschungsprojekt über Intelligenzmessung. Sie sagten zu den Lehrern: Alle Kinder zeigen in ihrer schulischen Entwicklung Hügel, Ebenen und Täler. Die gegenwärtig in Harvard mit der Unterstützung der National Science Foundation durchgeführte Untersuchung ist besonders an solchen Kindern interessiert, die ungewöhnlich schnelle geistige Fortschritte machen. Diese können auf jeder Ebene der intellektuellen Entwicklung stattfinden. Machen sie sich bei Kindern bemerkbar, deren geistige Entwicklung bisher keine besonderen Fortschritte aufwies, so wird das Ergebnis gewöhnlich als ‚Aufblühen‘ bezeichnet. Mit dem ‚Harvard-Test of Inflected Acquisition‘ kann man die potentiellen Aufblüher feststellen." „Die Forscher erhoben die Schulnoten und IQ-Werte der Kinder im September und wiederholten dies im Mai des darauffolgenden Jahres. Die Ergebnisse entsprachen, besonders für die Erst- und Zweitkläßler, der Vorhersage: die ‚Aufblüher‘ zeigten eine wesentlich größere Verbesserung sowohl der Schulnoten als auch der IQ-Werte als die ‚Nicht-Aufblüher‘." „Man stelle sich die Gesichter der Lehrer vor, als sie erfuhren, daß der Test ein Täuschungsmanöver war. Es gab weder einen ‚Harvard-Test of Inflected Acquisition‘, noch gab es wirkliche ‚Aufblüher‘. Die Experimentatoren hatten vielmehr zwanzig Prozent der Kinder nach Zufall der Kategorie ‚Aufblüher‘ zugeteilt. Sie hatten tatsächlich Namen aus dem Hut gezogen, und die glücklichen zwanzig Prozent, deren Namen gezogen worden waren, profitierten davon." (Kidder u. Stewart 1976; 97 ff.) Andere Untersuchungen konnten diesen „Pygmalion-Effekt" allerdings nur teilweise bestätigen (vgl. Barber u. Silver 1968, Jose u. Cody 1971).

Rosenthal (1966) berichtet über einen weiteren Fall von sich selbst bestätigenden Hypothesen im psychologischen Laboratorium. Den Studenten wurde berichtet, daß es gelungen sei, „durch selektive Aufzucht über Generationen hinweg reine Linien von Labyrinth-klugen und Labyrinth-dummen Ratten zu schaffen". Von den klugen sei zu erwarten, daß sie besser im Experiment lernten als die dummen. „Die Ergebnisse fielen erwartungsgemäß aus – die Labyrinth-klugen Tiere übertrafen die Labyrinth-dummen Ratten, und diese Differenz nahm an den folgenden Tagen des Experiments zu." „Der Witz ist hier der gleiche wie bei der Untersuchung der Kinder, die ‚aufblühten': Es gab keine Labyrinthklugen oder Labyrinth-dummen Tiere. Sie stammten alle aus der gleichen Aufzucht und waren nach Zufall den Kategorien zugeordnet worden. Alle Unterschiede, die in ihren Lernfähigkeiten zutage traten, waren durch die Erwartungen der Experimentatoren geschaffen". (Kidder u. Stewart 1976; 99f.) „Wir sehen nicht wirklich mit unseren Augen, und wir hören nicht wirklich mit unseren Ohren", meint Murphy (1947; 333) zu Recht. Müssen wir angesichts dieser Funktionsweisen der menschlichen Auffassung resignieren? Gibt es überhaupt keine sinnvollen Ansätze zur Überwindung der Vorurteile?

Es ist nicht die Absicht dieses Buches, dem Leser den Boden unter den Füßen wegzuziehen. Hier schlägt die Frage nach den Vorurteilen nämlich in die Frage nach der Wahrheit um. Welche Kriterien gibt es denn, Urteil und Vorurteil, Irrtum und Wahrheit zu unterscheiden? Die Antwort lautet hierauf keineswegs: Es gibt keinen Unterschied zwischen Wahrheit und Irrtum. Wir gehören nicht zu denen, die alles in einen Topf werfen wollen. Aber Irrtum und Wahrheit sind schwieriger zu unterscheiden, als das meist angenommen wird. Wahrheit kann durch die richtige Methode nicht gewährleistet werden. Es gibt überhaupt keine Garantie für Wahrheit. Mit einwandfreier Sicherheit kann ich nur den Irrtum feststellen. Falsifizierung, nicht Verifizierung ist das vornehmliche Geschäft der Wissenschaft. Vorurteile sind als solche erkennbar. Die Wahrheit ist bei Gott; sie entzieht sich dem menschlichen Geist. Hieraus sollte eine Haltung der Bescheidenheit folgen. „Every ra-

tional man holds his opinions with some measure of doubt"
(B. Russell). Aus dieser Haltung folgt aber keine Aufgabe aller
Ethik. Im Gegenteil. Ich erkenne den Fehler auch ohne pharisäi-
sche Überzeugung eigener Unfehlbarkeit, und die erkannten Fehler kann ich auch dann bekämpfen, wenn ich selbst nicht fehlerfrei
bin. Eigene Unfehlbarkeit ist keine Voraussetzung für den Kampf
gegen den Irrtum und die Vorurteile. Auch kann man aus einem
berechtigten Kampf gegen Irrtümer keineswegs folgern, daß damit
der wackere Kämpfer die Wahrheit für sich gepachtet habe.

5.1.2. Überheblichkeiten der Wissenschaftler

Da es ein Ziel der Wissenschaft ist, Vorurteile zu überwinden,
könnte man annehmen, daß die Werke der Wissenschaftler von
Vorurteilen weitgehend frei sind. Dies ist nun keineswegs der Fall.
Einige Beispiele: Hegel glorifiziert den europäischen Geist: „Hier
herrscht daher ein unendlicher Wissensdrang, der den anderen Rassen fremd ist" und zeichnet eine afrikanische Welt, „in der alles
anders sein soll als in der europäischen". Damit füge er sich in eine
„Philosophie des Imperialismus". (Kramer 1977; 56 ff.) Schopen-
hauers Ansichten über die Weiber sind allgemein bekannt. Marx
sprach sein Leben lang nur verächtlich von „Knoten und Straubin-
gern", „wenn von Arbeitern die Rede war". Lassalle nennt er
einen jüdischen Nigger (Raddatz 1975; 217, 210). Die Verleumdung des Bürgertums ist eine Modetorheit vieler kritischer
Autoren.

Trotz einer besonders starken Gefährdung durch Vorurteile faßt
der Wissenschaftler die eigene Tätigkeit gern in schmeichelhafte,
aber irreführende Bilder. Alle Wissenschaften, seien es die Naturwissenschaften oder die Soziologie, Psychologie, Geschichtswissenschaft, leben in ihrem Selbstverständnis von Metaphern, die oft
aus der Antike stammen. Eine dieser Rede-Figuren ist die der reinen Quelle. Der Wissenschaftler trinkt das klare Wasser der reinen
Quelle. Der Banause hingegen muß sich mit getrübter Flüssigkeit
zufrieden geben. Der Begriff der Quelle als philosophische Metapher „ist platonisch-neuplatonischer Herkunft. Das Hervorquellen

des reinen und frischen Wassers aus einer unsichtbaren Tiefe ist dabei die Leitvorstellung" (Gadamer 1965; 474). Sicher kann die unmittelbare Beschäftigung mit den Quellen, den Klassikern, den heiligen Büchern, den Autoritäten neue Erkenntnisse bringen. „In der Quelle strömt immer frisches Wasser nach, und so ist es auch mit den wahren geistigen Quellen in der Überlieferung. Ihr Studium ist gerade deshalb so lohnend, weil sie immer noch etwas anderes hergeben, als was man bisher aus ihnen entnommen hat." Gewiß, aber auf der anderen Seite kann durch die Autorität der großen Quelle ziemlich viel Unsinn mit aufgenommen werden. Die Quelle ist nicht immer rein. Reinheit ist oft erst durch einen langen Prozeß der Filterung zu erreichen. Eine „unbefleckte Empfängnis" ist dem Reiche der Ideen fremd (Talcott Parsons). Irreführend ist auch die Metapher des „sauberen Versuchsaufbaus" bei den Behavioristen. Monika Hartig (1975; 63) scheint die Sauberkeit als eine Garantie für Wahrheit anzusehen. Allerdings will sie auch zeigen, „daß ein sauberer Versuchsaufbau und Perfektion der Meßtechnik noch nicht verbürgen, daß sich nicht doch noch durch irgendwelche Hintertürchen bei der Versuchsdurchführung wieder Unsauberkeiten und unkontrollierte Variablen ins Experiment einschleichen." Hier scheinen Bilder aus Hygiene und Bakteriologie die Forschertätigkeit zu verklären. Die Metaphorik der Reinheit ist nicht ohne Gefahren: Erfahrene Reisende kochen ihr Trinkwasser auch dann ab, wenn es frisch aus der Quelle springt. Überhaupt verführt die Metapher der Frische zu Kurzschlüssen. „Planck stellte als einer der ersten fest, daß sich mit wachsender Distanz die Erkenntnischancen nicht verringern, sondern steigern." (Koselleck 1977; 31) „Jede große Begebenheit ist immer für die Zeitgenossen, auf welche sie unmittelbar wirkt, in einen Nebel verhüllt, der sich nur nach und nach, oft kaum nach einigen Menschenaltern, wegzieht." Die Unmittelbarkeit ist gar kein Garant für die Wahrheit. Der Forscher sollte sich nicht allzusehr darauf berufen. Wie viele Untersucher haben die eigenen Versuche mißinterpretiert! Wie viele Feldforscher haben Völker mißverstanden, wenn sie glaubten, aus den reinen Quellen eines unverfälschten Naturvolkes zu trinken!

Koselleck (1977; 20f.) geht einer weiteren schmeichelhaften Metapher wissenschaftlichen Selbstverständnisses nach, der „Spiegelmetapher". „In keiner Weise entstellt, verblaßt oder verzerrt sollte – nach Lukian – das Bild sein, das der Historiker einem Spiegel gleich zurückwerfen müsse." In dieser Betrachtungsweise sieht sich der Wissenschaftler – nicht nur der Historiker – als unbeteiligtes neutrales und objektives Erfassungsinstrument. Er registriert das Vorfallende „unter Absehung von der eigenen Person, ohne Leidenschaft und Eifer, sine ira et studio" (Weymann 1908). „Eine ebenso häufige Variante der erkenntnistheoretischen Unbekümmertheit ist im Gleichnis der ‚nackten Wahrheit' enthalten, die ein Historiker zu schildern habe" (Koselleck 1970; 20).

Besonders stolz sind die Wissenschaftler auf ihre Methodik, in der sie die Schlüssel zur Wahrheit erblicken. Der Psychologie wurde das Experiment zum Fetisch. Ein experimenteller Psychologe war ein guter Psychologe, ein nicht-experimenteller war ein böser. Man mußte alles daran setzen, daß er seine Ansichten nicht veröffentlichte, auf keinen Fall aber einen Lehrstuhl bekam. Mit der Methode wurde auch die Versuchsanordnung kanonisiert. Über die positiven Vorurteile gegenüber technischen Geräten informiert Thomae (1977).

Es ist auffällig, daß alle Wissenschaften sich davor scheuen, vom Menschen zu reden, falls ein solcher im wissenschaftlichen Rahmen auftaucht. Für den Juristen ist der Mensch „Angeklagter", „Klient" oder „Partei". Auch der Mediziner täte sich schwer, einem Menschen den Bauch aufzuschneiden. Einen „Patienten" zu „operieren" ist eine ganz andere Sache. Eine besondere Berührungsfurcht vor Menschen hat die moderne Psychologie entwickkelt. Manche Forscher ziehen es vor, die Gesetze des Verhaltens an Ratten zu studieren. Kann man es aber nicht umgehen, mit Menschen zu experimentieren, so werden diese nur im unverfänglichen Aggregatzustand der „Versuchsperson" ins Laboratorium eingelassen (zu diesem Begriff Koch–Hillebrecht 1960). „Was sich behavioristisch wie ein Interesse an der Eigenart des zu untersuchenden Gegenstandes oder des zu erforschenden Gebietes ausnimmt, kann primär eine Anstrengung des Organismus sein, sich zu beruhigen und die Spannung, die innere Unruhe und Angst zu vermindern. Das unbekannte Objekt ist dann primär ein Angsterzeuger, und das Prüfen und Erforschen ist in allererster Linie eine Entgiftung des Objekts" (Maslow 1977; 42). Die naturwissenschaftliche Psychologie wäre demnach ein „Absicherungssystem, ein kompliziertes Mittel, Angst zu vermeiden" (Maslow 1977; 57). Die Terminologie der exakten Naturwissenschaft könnte aus dem Wörterbuch des „analen" Menschen stammen: Geduld, Vorsicht, Sorgfalt, Bedächtigkeit, die Kunst, keinen Fehler zu machen." (Maslow 1977; 21) Die „Subkultur der Naturwissenschaft" neige zur „kontraphobischen Herabwürdigung ihres Forschungsgegenstandes". Das Bedürfnis zu desakralisieren finde sich besonders bei Medizinern, die ihrer schweren Tätigkeit oft nur dadurch nachgehen könnten, daß sie die Ehrfurcht, das Staunen und die Bewunderung los würden. Diese Entwicklung führe dann aber zum falschen Bewußtsein, ja zu typischen Vorurteilen, zu einer Nichts-als-Einstellung: „Ein Mensch ist in Wirklichkeit nichts als Chemikalien im Werte von höchstens 24 Dollar", oder: „Ein Kuß ist das Aneinanderstoßen der oberen Enden von zwei Verdauungstrakten." (Maslow 1977; 179)

Devereux (1967; 19, 55) gibt eine umfassende Analyse der Gegenübertragungs-Phänomene, die beim Vorgang der Forschung, also der Konfrontation des Forschers mit dem Fremden, Unbekannten auftreten. Die Forscher müssen sich die „Illusion aus dem Kopf schlagen, sie könnten jegliche Subjektivität ausschalten und die Angst gänzlich neutralisieren". „In diesem Sinne ist jedes Rattenexperiment auch ein am Beobachter vorgenommenes Experiment. Auch der Naturwissenschaftler ist vor den Gefahren der Fremdheit nicht gefeit, denn der Mensch reagiert auf die Stummheit der Materie mit Panik", und: „Das Bedürfnis des Organismus nach einer Antwort ist Tatsache. Die Kategorie der Erträglichkeit ist das alles bestimmende Moment verhaltenswissenschaftlicher und ethnographischer Forschung." (Heinrichs 1977; 23) Die Methodologie ist vor allem eine Veranstaltung zur Reduzierung der Angst des Wissenschaftlers. „Exemplarische Angsterreger sind: psychotische Erfahrungen, die der Wissenschaftler durch Einstufung als unverständlich oder fremdartig abwehren kann. Die Belebtheit der Wesen, mit denen man experimentiert, die – behavioristisch – dadurch abgewehrt wird, daß man so tut, als seien sie unbelebt. Die Unbelebtheit der Materie, der man – animistisch – Belebtheit zuspricht. ... Das Verstehen geht jeweils so weit, wie das Geschehen in einen hineinreicht und zeichnet sich wissenschaftlich durch den Grad der erreichten Sublimierung aus." (Heinrichs 1977; 23 f.) Auch Devereux (1967; 302) bezweifelt, daß „Daten, die man durch direkte Beobachtung gewonnen hat, solchen, die man durch Befragen von Informanten gewonnen hat, unbedingt überlegen seien". Auch mit einem zweiten Einwand will er das Selbstbildnis des Forschers erschüttern, falls sich dieser als ungetrübte Linse, als unveränderbarer Registrator auffaßt. Die Ich-Grenze des Beobachters sei schwankend. Ratten können im Lernexperiment als Freunde, als Erweiterung des eigenen Ichs, als Brüder in Wald und Flur angesehen werden, aber auch als Verdammte, als Gegenmenschen (vgl. Hofstätter 1957).

Eine Systematik der Reaktion des Reisenden auf die Fremdheit gibt Kramer (1977; 69): „Vorurteile werden durch die mit der Reise gegebene Bekanntschaft mit ihrem Gegenstand nicht reduziert. Soweit eine romantische Sehnsucht nach der Ferne das Motiv eines Reisenden ist, sind drei Formen der Verarbeitung zu unterscheiden: Die Desillusionierung, die Entrückung des unbestimmt Erwarteten in immer weitere Ferne und die Umformung der enttäuschten Erfahrung in ein Bild, das den Symbolen der imaginären Ethnographie entgegenkommt."

Entscheidende Kritik an der Überheblichkeit der westlichen Wissenschaftler hat die „humanistische Psychologie" geübt. Die Suche nach der Wahrheit ist eine Konfrontation mit dem Fremden, für die der Wissenschaftler kaum gerüstet ist. Ob dieses Fremde nun die Gestalt eines unverständlichen Textes hat – in der Philologie, Theologie, Jurisprudenz – oder eines fremden Volkes, das dem Forscher rätselhaft gegenübertritt wie in der Ethnologie, ob es im tierischen Verhalten liegt wie in der Biologie oder im Verhalten der Geisteskranken wie in der Psychiatrie oder im menschlichen Verhalten schlechthin wie in der Psychologie, stets finden wir bestimmte Abwehrmechanismen gegenüber dem Fremden.

„Die Verschiedenheit der Völker und Zeiten schreckt uns nicht mehr", hatte Giovanni Battista Vico 1725 ausgerufen. Er hatte das Verstehen, die Überwindung der eigenen Enge, des begrenzten Standpunktes der hingenommenen Selbstverständlichkeiten als Vorbedingung einer neuen Wissenschaft angesehen.

Hegel faßt den Gedanken in seiner Tiefe: „Man kann … sagen, daß das Ziel, das Hegel dem Denken setzt, die Beseitigung der Fremdheit ist." (Kramer 1977; 56) Der Geist überwindet in seiner Odyssee seine Entfremdung und findet zu sich selbst zurück. „Voraussetzung dieser Selbsterkenntnis ist die Entfernung von den Selbstverständlichkeiten des alltäglichen Lebens."

5.1.3. Brüderlichkeit und Feindbild

Der Kampf gegen die Vorurteile gehörte zum philosophischen Programm der Denker der Aufklärung. Es setzte sich in der französischen Revolution durch, die die Überwindung der Vorurteile in dem Leitspruch feierte: Freiheit, Gleichheit, Brüderlichkeit. Diese Maximen gelten auch heute noch für unser Denken über Staat und Gesellschaft. Sie haben auch Eingang in die Gesetze gefunden. Unsere Verfassung spricht von der freiheitlichen Grundordnung, von der Gleichheit vor dem Gesetz. Die Fraternité hat heute eine Renaissance. Sie wird im Deutschen mit „Solidarität" wiedergegeben und taucht in den Reden aller Parteien auf, auch in der Rede von der Solidarität aller Arbeitnehmer. Es soll nun gezeigt werden, daß diese Formel von der Freiheit, Gleichheit und Brüderlichkeit unseren psychologischen Erkenntnissen nicht mehr genügt. Das Menschenbild des 18. Jahrhunderts ist nicht mehr das unsere. Die Formeln der früheren Zeiten sind sogar gefährlich, weil mindestens die Forderung der Gleichheit leicht mißverstanden werden kann. Den gefährlichen Kurzschluß bei der Verwendung des Begriffs der Brüderlichkeit zeigt Schelsky (1977; 183) auf. Der Mensch ist durch seine lange Vorgeschichte an kleine Gruppen gewöhnt. Der modernen Gesellschaft mit ihren versachlichten, kalten, vielfältigen und oft nur kurz dauernden Kontakten ist er von seiner instinktiven Mitgift her kaum gewachsen (Morris

Abb. 19. Kathedrale von Reims. Das Jüngste Gericht. Der Teufel holt die Vornehmen und Reichen. Jene sind an Krone und vornehmer Kleidung erkennbar, diese (auf der linken Seite) an dem deutlich sichtbaren Geldbeutel. In der biblischen Tradition steht das Stereotyp vom bösen Reichen, der geringe Chancen hat, in den Himmel zu kommen. Nietzsche interpretiert diesen Haß gegenüber den Reichen und Vornehmen als Ressentiment einer Priesterkaste gegenüber kriegerischen Aristokraten, als einen „Sklavenaufstand der Moral". „Die Juden sind es gewesen, die gegen die aristokratische Wertgleichung (gut = vornehm = mächtig = schön = glücklich = gottgeliebt) mit einer furchteinflößenden Folgerichtigkeit die Umkehrung gewagt und mit den Zähnen des abgründlichsten Hasses (des Hasses der Ohnmacht) festgehalten haben, nämlich ‚die Elenden sind allein die Guten, die Armen, Ohnmächtigen, Niedrigen sind allein die Guten, die Leidenden, Entbehrenden, Kranken, Häßlichen sind auch die einzig Frommen, die einzig Gottseligen, für sie allein gibt es Seligkeit – dagegen ihr, ihr Vornehmen und Gewaltigen, ihr seid in alle Ewigkeit die Bösen, die Grausamen, die Lüsternen, die Unersättlichen, die Gottlosen, ihr werdet auch ewig die Unseligen, Verfluchten und Verdammten sein!'" (Zur Genealogie der Moral, 7)

Abb. 20. Klaus Staeck, Eigentum verpflichtet zur Ausbeutung *(Politisches Plakat 1972).* Der reiche Mann ist der Ausbeuter. Er ist ohne Kopf dargestellt, aber mit schwarzem Anzug und weißem Hemd. Das Hemd galt schon in England während des letzten Jahrhunderts als Stigma der Klassen: Blue collar gegen White collar. Antibürgerliche Ressentiments galten auch einem anderen Kleidungsstück, der Fliege oder der Krawatte, die beinahe schon als modischer Hinweis auf eine faschistische Gesinnung gewertet werden. Trau keinem mit Krawatte! Der reiche Mann in seinem schwarzen Anzug ist derjenige, der die Städte mit protzigen Bauten verschandelt und überhöhte Mieten aus den anständigen Arbeitern herauspreßt.

Der Marxismus von heute nimmt die homiletische Tradition der Bettelmönche auf. Der Haß auf den Reichtum ist in allen Predigten zu finden, die Argumentation hat sich kaum verändert. Den alten und neuen Predigern ist auch die unumstößliche subjektive Überzeugung gemeinsam, für eine gute Sache zu kämpfen. Man ist nicht nur berechtigt, man ist verpflichtet, den Gegner anzugreifen. Die Verketzerung des Reichen wird als Akt der Notwehr empfunden. Vorurteile im Gewande der Moral.

Antikapitalistische und antibürgerliche Ressentiments sind in den Künstlerkolonien seit dem letzten Jahrhundert verbreitet. Tiermetaphern werden als lustig empfunden. Hans Arp zeichnet ein Bild, nach dem „der normalorganisierte Bürger über weniger Phantasie als der Wurm verfügt und an Stelle des Herzens ein übergroßes Hühnerauge sitzen hat, welches ihn nur bei Wettersturz, das heißt bei Börsensturz zwickt". Staeck nimmt in anderen Plakaten die Tradition der Tiermetapher auf, die den politischen Gegner kennzeichnen soll. Beliebte Epitheta um die Jahrhundertwende waren: Schleimige Kröte, Mastschwein, Raubtier (Kreuzer 1968; 147). Krieg den Palästen, aber Friede den Hütten. Der Genosse Ilja Ehrenburg drückt es so aus: „. . . den Nackten und Verachteten, die nur den Wind und den Skandal lieben, gilt mein letzter Kuß. Hurra! Hipp, hipp, hurra! Vive! Zivio! Hoch! Evviva! Bansai!"

1968, Gehlen 1972). In der kühlen sauerstoffarmen Atmosphäre des „sekundären Systems" (Freyer) sehnt er sich nach den vertrauten Bindungen der „primären Gruppe" (Cooley). In der Gesellschaft sehnt er sich nach Gemeinschaft (Tönnies). Viele Heilslehren beuten diesen Mangel menschlicher Durchhaltefähigkeit aus. Sowohl das Christentum wie der Sozialismus täuschen vor, diese Nestwärme dem modernen Menschen zurückgeben zu können. Es kommt zu „künstlichen Verbrüderungen", zur „jakobinischen Halluzination" (Sorel).

Auch die moderne Pädagogik interpretiert den komplizierten und schwierigen Prozeß des Verstehens oft als ein Eintauchen ins laue Bad der Regression. Schelsky (1977; 413) kritisiert das rein regressive Gespräch, das „zum rituellen Zentrum der modernen Pädagogik" werde. „Das ‚Gespräch' in diesem Sinne, genauer die Diskussion im Sinne der unaufhörlichen Meinungsumwälzung ohne Entscheidungs- und Durchführungszwang einer Handlung, sondern nur mit der illusionären Hoffnung auf ‚Konsens', der im Sinne der ‚Subjektivitätsäußerung' natürlich nie erreicht werden kann, tritt heute funktional genau an die Stelle, wo in alten Religionen das Gebet stand . . ." Auch Tausch und Tausch (1977) sind in diesem regressiven Ideal des brüderlichen Verstehens befangen. Was ist denn dieses „einfühlende Verstehen" anders als eine Fortführung der Familienatmosphäre in der Schule? Das Verstehen ist in der familiären Situation das Selbstverständliche. Die Schwierigkeit aber besteht darin, in der strengen Atmosphäre der Gesellschaft, in der harten Welt des Fremden, das Verstehen noch durchzuführen. Hierbei ist das Rezept: „Du mußt den anderen wie einen Bruder betrachten", dich also wieder in deine Kindheit zurückversetzen, wenig hilfreich. Wir dürfen uns das komplizierte Geschäft des Verstehens nicht so einfach machen. Auch die Rede von der Brüderlichkeit nimmt an, daß der andere so ähnlich sei wie ich; dieses braucht nicht der Fall zu sein.

Schelsky (1977; 189) meint mit Recht, daß diese unangemessenen Regressionen in jugendlichen Erlebnis- und Verhaltensformen besonders vorurteilsträchtig seien: „So kommt es, daß die abstrakten und künstlichen Verbrüderungen die Feindschaft, ja die Gewalt in der unmittelbaren Lebenswelt eher steigern als verhüten. Zur fiktiven ‚brüderlich-familiären' Gesinnungsgeborgenheit gehört die Bestimmung des ‚Fremden', des ‚Feindes' als des konstituierenden ‚Außen', von dem aus Glaubensgemeinschaft als das ‚große Wir' überhaupt sich erst verstehen und ihre seelisch-geistige Sicherheitswirkung entfalten kann. Auch erfüllt diese Bestimmung des ‚Feindes' die für jede Heilsgläubigkeit unabdingbare Leistung, für die unvermeidbaren Enttäuschungen in der Wirklichkeit, die ja nicht bewältigt werden, personifizierte Ursachen und damit Ziele der Aggressionsabfuhr bereitzustellen."

Dem Feindschema zugeordnet ist die Kriegsform des „absoluten Krieges" (Speier 1966; 240ff.). Während in den anderen sozialen Typen des Krieges, dem „Instrumentalkrieg" und dem „Zweikampf", auf die Einhaltung von Regeln gesehen wird, fallen im absoluten Krieg diese Rücksichtnahmen weg. „Die historischen Kriegstypen, bei denen Beschränkungen leicht aus der Kriegführung verschwinden, sind vor allem Kriege gegen ‚Barbaren', ‚Wilde' und ‚Ungläubige'. In den Kriegen der Griechen gegen die Barbaren galten die in den innerhellenistischen Auseinandersetzungen anerkannten Regeln nicht mehr. Ebenso wurden im Mittelalter Waffen, die in Kriegen zwischen Christen verboten waren, gegen die Mohammedaner eingesetzt. Der christliche Ritter ist so

Abb. 21. Bruno Paul, Bei Stinnes (Simplizissimus 1905). „Wissen Sie, den Streik hätten wir bald hinter uns, wenn das Gesindel nicht so ans Hungern gewöhnt wäre." Der Streik wird hier nicht als ein notwendiger Kampf um Einkommen und wirtschaftliche Macht angesehen, in dem zwei ebenbürtige Parteien ihre Kräfte messen, sondern als ein Kampf des Bösen gegen das Gute. Ein manichäisches Weltbild. Der Unternehmer ist der Böse, der Bad Guy in der menschlichen Komödie. Also trägt er auch Kostüm und Physiognomie des Bösewichtes. Er völlert. Schon seine Physiognomie mit dem geröteten Teint und den Hängebacken deutet auf unmäßiges Essen und Trinken hin. Die Batterie von Flaschen bestärkt dieses Bild. Die Arbeiter hingegen sind die Armen, die Hungernden, mit denen sich der Künstler identifiziert, obwohl das florierende Wirtschaftsunternehmen „Simplizissimus" auch nicht zugunsten der Armen auf die Gewinne verzichtete.

geartet, daß er gegenüber seinen heidnischen Feinden jede Ehre und Gerechtigkeit vergißt." Treffen dagegen Heere in fremder Umgebung aufeinander, die sich als gleichartige Gegner empfinden, so bricht das Feindschema zusammen. Nun wird der Gegner wieder als Mensch anerkannt, man versucht, ihn zu verstehen. Besonders ritterlich wurden teilweise die gegenseitigen Gefechte weißer Armeen in Afrika geführt, dies gilt sowohl für den Burenkrieg (vgl. Churchill 1924) wie für den Feldzug des deutschen Afrikakorps. Rommel wurde ausdrücklich von den Alliierten aus dem Feindschema herausgenommen.

Und willst du nicht mein Bruder sein, so schlag ich dir den Schädel ein! Nur der Genosse ist es wert, verstanden zu werden. Die Feinde werden über einen Kamm geschoren: Alle Männer sind Schweine. Alle Polizisten sind Bullen. Alle Roten sind Untermenschen. Feind bleibt Feind. Schon die Wortwahl zeigt manchmal die mangelnde Bereitschaft an, in irgendeiner Weise zu differenzieren. Wenn manche Jusos von der CDU sprechen, dann ist dies der „Klassenfeind", Mitglieder der DKP hingegen sind nur „politische Gegner". Auch in der aktuellen Diskussion des Ost-West-Konfliktes spielt das „Feindschema" wieder seine Rolle (vgl. Senghaas 1967). Für das amerikanische Deutschenbild während des 2. Weltkrieges war der Kreuzzugsgedanke ebenfalls typisch. Man kämpfte gegen einen barbarischen, „heidnischen" Feind. Aufschlußreich ist in diesem Zusammenhang der Titel der Memoiren des amerikanischen Oberbefehlshabers der Invasion in Europa, der „Crusade in Europe", „Kreuzzug in Europa" lautete (Eisenhower 1945).

Der Fremde ist der Feind schlechthin. Man sieht ihn schematisch. Das Feindschema kennt keine feinen Unterscheidungen. Die geringe Spezifität tritt schon im Deutschenbild des altfranzösischen Epos zutage. Hier werden die Deutschen mit den Sarazenen in einen Topf geworfen. Remppis (1911; 159) spricht von der Umwandlung aller Reichsfeinde in Sarazenen. So kommt es zu der kuriosen Schilderung der Deutschen, auf die das Sarazenenschema angewendet wird: „Schwarze Haare, häßliches, teuflisches Aussehen, übermenschliche Größe und Kraft. Und diese körperlichen Eigenschaften reichen denen des Charakters brüderlich die Hand:

Verschlagenheit, Verlogenheit, Treulosigkeit zeichnen den Sarazenen-Sachsen gegenüber dem Franken aus." Die Sachsen sprächen im übrigen Sarazinois und verehrten Mahom, Tervagant, Appollin als ihre Götter.

Auch innerhalb Deutschlands sind die Schemata, mit denen der Fremde charakterisiert wird, sehr global gehalten. Für den Bayern ist der „Preuße" der paradigmatische Fremde; der dem Reichsfeind „Sarazene" im altfranzösischen Epos in etwa entspricht. Ein derartiger „Saupreiß" kann also aus Westfalen, Hessen oder aus dem Rheinland stammen, und bei der Sprache „Preußisch" kann es sich um irgendeinen nichtbayrischen Dialekt handeln oder auch um ein dialektfreies Hochdeutsch. Im übrigen haben alle „Preißn" eine „große Goschn". In Luxemburg hingegen wird jeder Deutsche (auch ein Bayer, für den dies eher grotesk wirkt) als „Hure-Preuß" bezeichnet. Der „Yankee" ist für den Einwohner der amerikanischen Südstaaten jeglicher Amerikaner aus dem Norden, alle sind unsympathisch, sind „carpetbaggers". Für den amerikanischen Soldaten sind alle asiatischen Gegner schlicht „Gooks", mag es sich um Laoten, Kambodschaner, Koreaner oder Vietnamesen handeln.

5.2. Umkehr

Ein erster schüchterner Schritt auf dem Wege, die Geltung des anderen zu akzeptieren, besteht darin, ihn in Ruhe zu lassen. Er soll nun nicht mehr missioniert, überzeugt, verändert werden. Man übersieht seine Andersartigkeit. Man guckt mehr oder minder absichtlich weg. Man wendet sich ab von dem, was am befremdlichen Verhalten stört. Dies ist oft schon eine beträchtliche Anstrengung. Man toleriert beinahe das abweichende Verhalten, indem man jedenfalls über es hinwegsieht. Man enthält sich auch der Deutung.

In der späteren Antike hat sich eine Geisteshaltung in der Stoa herausgebildet, die dem Fremden gegenüber eine detachierte, ja blasierte Haltung einnimmt. Die Ataraxia ist durch das Fremde nicht aus der Ruhe zu bringen, da es ohnehin nichts Neues unter der Sonne gibt und da dem Weisen nichts Menschliches fremd ist. In der Mentalität der modernen Großstadt tritt diese Daseinstechnik wieder auf, die auch zum Neuesten, Fremdartigsten nur mit „Na und" und „So what?" antwortet. Diese Technik ist jedoch schon bei Naturvölkern verbreitet.

Der Fremde ist in dieser Betrachtungsweise kein Mensch im eigentlichen Sinne. Eine Reihe von Naturvölkern bezeichnen den eigenen Stamm mit dem Begriff „Mensch" schlechthin. „Als die Kariben gefragt wurden, woher sie gekommen seien, antworteten sie: ‚Nur wir allein sind Menschen'. Die Bedeutung des Namens Kiowa ist ‚richtige' oder ‚hauptsächliche Menschen'. Die Lappen nennen sich selbst ‚Menschen' oder ‚menschliche Wesen'." (Sumner)

Menschliches Anderssein findet eben nicht statt, es wird verdrängt.

Diese Technik birgt jedoch auf der anderen Seite viele Gefahren, insbesondere die der Selbstgerechtigkeit. Die eigene Wesensart wird in verklärtem Licht gesehen. Right or wrong, my country. Insofern ist die Technik des Übersehens noch nicht als wirkliche Umkehr zu bezeichnen.

Sie scheint uns aber eine Vorbedingung zum Verständnis fremder Individualität zu sein. Erst wenn der andere nicht mehr Objekt meiner Missionstätigkeit ist, kann ich ihn als eigenständig erkennen. Den langen Weg der Erkenntnis der Individualität, der Verfeinerung des Sinnes für das Individuelle, ein Weg, auf dem Goethe vorangegangen ist, zeichnet Meinecke (1959; 1937). Ehe unser heutiger Begriff der Persönlichkeit zustandekommen konnte, bedurfte es vieler kultureller Einflüsse (Koch–Hillebrecht 1960).

Wir wollen zeigen, daß eine Überwindung der Vorurteile nur möglich ist, wenn wir die neueren Erkenntnisse der geisteswissenschaftlichen Psychologie in unser politisches Denken einbeziehen.

Mit der Umsetzung wissenschaftlicher Einsichten ins politische Leben haben wir Deutsche keine sehr glückliche Hand. Gerade die Denker, die handfeste Vorurteile verbreiteten, waren politisch besonders wirksam.

„Die ‚Intoleranz der Vernunft', die so oft am wissenschaftlichen Sachverständigen auffällt, die Ungeduld mit dem Laien, die für den Fachmann so charakteristisch ist, und die Verachtung für alles, was nicht von einem überlegenen Geist bewußt nach einer wissenschaftlichen Blaupause organisiert worden ist, das alles sind Erscheinungen, die man im öffentlichen Leben in Deutschland schon seit Generationen kannte ..." (Hayek 1976; 194). Nietzsche ist ein Beispiel für antibürgerliche Ressentiments. Seine antifemininen Vorurteile sind sprichwörtlich: „Wenn du zum Weibe gehst, vergiß die Peitsche nicht!" Seine Lehren von der „blonden Bestie" und vom „Herrenmenschen" hatten verheerende Wirkungen. Sie wurden mißverstanden, gewiß, aber lag nicht eine vorurteilsbegünstigende Denkweise schon in den brillanten Formulierungen? Popper (1945) weist auf den gefährlichen politischen Einfluß großer Denker des Abendlandes hin. „Great men make great mistakes." Platon, Hegel und Marx waren mit ihren Lehren Feinde der Freiheit. In ihren Systemen finden wir die Tendenz zur Gleichschaltung. Der einzelne soll bei Platon seinen Willen zugunsten des idealen Staates aufgeben. Die Weltgeschichte hat bei Hegel und Marx ein festes Ziel. Die Diktatur des Proletariats versagt Andersdenkenden den Minderheiten-Schutz.

Es wäre für uns Deutsche an der Zeit, uns politisch auf eine andere Tradition unserer klassischen Philosophie zu berufen. Weniger Gleichheit, aber mehr Toleranz! Die Eigengesetzlichkeit verschiedener Formen des geistigen Lebens wurde von Lessing und von Herder betont. Unglückseligerweise haben sich die Herderschen politischen Ideen in starken chauvinistischen Tendenzen der osteuropäischen Völker manifestiert (vgl. Lemberg 1965).

Ausgehend von Rankes großem Wort: „Jede Epoche ist unmittelbar zu Gott" hat aber die deutsche historische Schule, hat insbesondere Dilthey eine Lehre vom Verstehen der zunächst fremden und damit abstoßenden Gedankensysteme und geistigen Äußerungen Andersdenkender entwickelt.

Der deutsche Idealismus versuchte, alle geistigen Erscheinungen aus ihrer Individualität zu verstehen, also ohne Anlehnung und Bezug auf das Vertraute, Bekannte und Hergebrachte. Als Beispiel seien die Berichte A. v. Humboldts (1806, 1808) angeführt, der als geistiger Entdecker Südamerikas gilt. Die europäische Spielart der Landschaft mit ihren Gewächsen ist ihm nicht mehr die einzige, die eigentliche Landschaft, an der alle anderen Formen gemessen werden können. Vielmehr habe jedes Klima seine eigenständige typische Schönheit. Die Tropen, besonders aber die tropischen Bergregionen Südamerikas, sind für Humboldt die edelste Landschaftsform, weil man hier vom Meeresspiegel ansteigend sukzessive alle Formen der Vegetation studieren könne.

Diese Techniken des Verstehens sollen nun auf den Bereich der Vorurteile angewendet werden, in der stillen Hoffnung, daß sie dadurch zu einer späten politischen Wirksamkeit kommen und das Klima der Unduldsamkeit verändern. Dilthey beschließt seinen Aufbau der geschichtlichen Welt in den Geisteswissenschaften mit der Erkenntnis: „Das historische Bewußtsein von der Endlichkeit jeder geschichtlichen Erscheinung, jedes menschlichen und gesellschaftlichen Zustandes, von der Relativität jeder Art von Glauben ist der letzte Schritt zur Befreiung des Menschen."[1]

Verstehen ist nur dann möglich, wenn ich von einer missionarischen Geisteshaltung abgehe. Das menschliche Grundbedürfnis, dem anderen zu zeigen, was richtig ist, muß ich ablegen. Im Umgang mit Fremden gilt der unumstößliche Grundsatz: Nehmen ist seliger als Geben. Geltenlassen, Lernen, Zuhören sind wichtiger als Helfen und Überzeugen. Eine wesentliche Entwicklung des hermeneutischen Gedankens findet sich in der nicht-direktiven Methode in der Psychotherapie von Rogers (1973; 973). Ich muß mich von der Überzeugung lossagen, daß ich schon weiß, was für den anderen richtig ist. Das steht nämlich von vornherein gar nicht fest. Erst im Prozeß der Interpretation kann das Richtige gemeinsam gefunden werden. Hierbei ist die Reflexion über die Methode der Erfassung von Fremdem wichtig. Wir streben also eine Art Logik des Verstehens an, oder, bescheidener, wir versuchen, einige typische Formen der Erfassung fremder Eigenart herauszuarbeiten.

Gadamer (1965; 261) kennzeichnet die Vorurteile als „Bedingungen des Verstehens". Sie lassen sich ebenso systematisch darstellen wie andere Kategorien. Ähnlich wie wir bei den Handlungen nicht wahllos vorgehen, sondern bestimmte Bewegungsabläufe systematisch bevorzugen, sie auch rituell festsetzen und als ausgezeichnete Formen in der Erziehung weitergeben, ähnlich wie wir in der Wahrnehmung gute Gestalten anderen vorziehen, so scheinen sich auch im Prozeß der Orientierung ausgezeichnete Strukturen aufweisen zu lassen. Der Prozeß des Verstehens selbst zeigt also eine Reduktion der Möglichkeiten, „Flucht aus der Komplexität" und das „Bedürfnis nach der Vereinfachung". Bei der Zurückbiegung der hermeneutischen Grundfrage auf den Prozeß der Interpretation selbst müssen wir nun mit Erstaunen feststellen, daß Festlegungen wohl nicht nur historisch bedingt sind. Die Ähnlichkeit der Interpretationswege bei der Erfassung fremder Völker, fremder Schichten, von Frauen und Kindern von den Griechen bis zur Neuzeit ist überraschend. Es will uns scheinen, daß sich bei dem Versuch, fremde Eigenart zu verstehen, Prinzipien unterscheiden lassen, die vier rhetorischen Techniken entsprechen. Wir wollen diese Figuren des Verstehens nun näher analysieren. Sie sind nämlich auch die Methoden, mit denen die Vorurteile bekämpft werden können.

5.2.1. Die Wortmarke und das Vorverständnis durch Lehn- und Fremdwörter

Das Fixieren einer Wortmarke ist ein Grundprozeß der Vorurteilsbildung. Ullmann und Krasner (1969) geißeln die Tendenz der Mediziner, abnormes Verhalten durch ein Etikett wie „Schizophrenie" festzuschreiben. Schon Hegel wies darauf hin, daß es ungerecht sei, einen Menschen als „Mörder" zu bezeichnen, auch wenn er tatsächlich jemanden umgebracht habe, denn außerdem sei er ja noch Vater, Bruder, Deutscher, Weißer, Mann, Großstädter etc. Und alle diese ebenso zutreffenden Bezeichnungen fielen unberechtigterweise unter den Tisch, wenn ich ihn Mörder nenne. Eine moderne Fassung des Gedankens ist bei Berger (1963; 167) zu finden: „Sich mit einem Menschen ausschließlich qua ‚Neger' abzugeben, ist ein Akt von ‚Unredlichkeit', ob es sich bei diesen

Kontakten um die eines Rassisten oder eines in Bezug auf die Rassenfrage Liberalen handelt."

Das Etikettieren ist ein besonders gutes Beispiel für die archaische Technik der Centration, der Fixierung der Blickrichtung auf einen willkürlichen Punkt unter Vernachlässigung des Gesamtfeldes. Die Schwierigkeiten des Außenseiters diesen Etikettierungen gegenüber werden oft hervorgehoben (Szasz 1966, Scheff 1966). Goffman (1975; 60f.) diskutiert die Rolle der Stigmata im sozialen Umgang. Ein Stigma vermittle eine verzerrte soziale Information. „Handgelenksmerkmale, die enthüllen, daß ein Individuum einen Selbstmord verübt hat; die Einstichnarben an den Armen von Rauschgiftsüchtigen", „angeborene Hautfarbe", „eines Sträflings Haarschur", „die mit Handschellen gefesselten Gelenke von Sträflingen auf dem Transport", „geplatzte Kapillaren auf Wange und Nase, manchmal passender als gemeint ‚Venen-Stigmata' genannt, können ein Indikator für alkoholische Exzesse sein und werden dafür gehalten". Goffman (1975; 68ff.) sieht am Stigma vornehmlich die problematische Seite, und er überlegt sich, wie ein Stigma-Management möglich sei. Als erstes fällt ihm die Methode der Abstumpfung, der Verdrängung ein. „Gewerbebetriebe, die manchmal in unmittelbarer Nachbarschaft von Nervenheilanstalten gefunden werden, können Orte mit hoher Toleranz gegenüber psychotischem Verhalten werden; die Nachbarschaften rund um Krankenhäuser entwickeln eine Fähigkeit, die Gesichtsverunstalteten, die sich einer Hautverpflanzung unterziehen, gelassen zu behandeln; die Stadt, in der eine Blindenschule gelegen ist, lernt blinde Schüler hinnehmen ... Doch ist diese Methode oft nicht gangbar. Untersuchungen zeigen, daß Kinder in einem Sommerlager auch über längere Zeit hinweg nicht dazu kommen, körperbehinderte Gefährten bereitwilliger zu akzeptieren (Richardson). Völker, die jahrhundertelang mit gemeinsamer Grenze leben, hören nicht auf, stigmatisierende Vorurteile gegeneinander zu hegen."

Es kommt also auf einen „Durchbruch" an, der durch einfache kontinuierliche Kontakte wohl nur selten herbeigeführt wird. Es gilt, die Situation neu zu sehen, neu zu strukturieren, dann kann gerade das Stigma eine Hilfe zum Verstehen sein, so daß ich den Stigmatisierten besser erfasse als den neutralen Mitmenschen.

Wir wollen an einigen Beispielen zeigen, wie Stigmata, insbesondere Wortmarken, durchaus zum Verstehen beitragen können. Die Handgelenksmale des Selbstmörders und die Einstichsnarben des Rauschgiftsüchtigen können schließlich der Ansatzpunkt meines Interesses und meiner Hilfe werden; aber die wichtigste Rolle im Verstehensprozeß spielt doch die Sprache.

Sie ist die Deuterin der Umwelt und nimmt ihr das Unheimliche. Sie faßt das Unbekannte in vertraute Laute, in vertraute Sätze, in vertraute Denkfiguren. Die Sprache bannt damit das Fremde. Wer den Namen eines Dinges, eines Ereignisses oder eines Menschen weiß, hat damit den ersten Schritt getan, sich seiner zu bemächtigen. Die Sprache grenzt ein, der Zwerg, dessen Name unbekannt geblieben ist, kann im deutschen Märchen frohlocken: „Ach wie gut, daß niemand weiß, daß ich Rumpelstilzchen heiß!"

Die Sprache ist das Bezugssystem, in dem die sonst unfaßbare Information aufgefangen wird. Erst mit den Kategorien der Sprache wird eine verstehende Erfassung möglich. Das Beispiel der Wüstensprachen, die für den Löwen, für Kamele und die fahlen Farben der Steine unendlich mehr Ausdrücke besitzen als die europäischen, zeigt, daß die Sprache einen bestimmten Blickwinkel, eine Weltauslegung mitliefert (W. v. Humboldt, Weisgerber, Gipper 1973).

Das sprachliche Relativitätsprinzip ist vor allem bei der Betrachtung fremder Völker wirksam. Da ist zunächst auf den Einfluß der Fremdwörter hinzuweisen. Wenn, wie in den meisten europäischen Sprachen, viele Ausdrücke der Musizierpraxis in italienisch gebraucht werden, dann gibt die Sprache einen Hinweis auf eine Beziehung der italienischen Kultur zur Musik. Die Perspektivität der Sprache lenkt unseren Blick auf ein bestimmtes Gebiet, auf einen bestimmten Aspekt des fremden Volkes. Wandruszka (1971) stellt europäische Schlüsselwörter heraus, unübersetzbare Begriffe, die sich nur im Geist einer Sprache ausdrücken lassen und die als Fremdwort in einer anderen etwas von ihrem Wesen mitteilen, derartige Sonderbegriffe seien etwa: courage, gentilesse, noblesse, courtoisie, politesse, galanterie für das Französische, „Gemüt", „Wesen", „Heimat" und „Heimweh" für das Deutsche.

Lück (1938; 112) meint, daß die deutsche Sprache mit ihren Entlehnungen aus dem Slawischen schon meist etwas „Verächtliches, Minderwertiges oder Komisches" ausdrücke. Beispiele sind: Roboter (von Robata, Arbeit), Jauche (von jucha, Tierblut, Suppe), dudeln (von dudy, Sackpfeife), Matsch (von mocz, Harn).

Eine gewisse Hochachtung vor den Deutschen dagegen empfange der Sprecher einer slawischen Sprache schon allein aus den vielen Begriffen, die dem Deutschen entnommen seien.

„Die Auswahl der eingeführten Fremdwörter ist ein wichtiger Faktor des nationalen Stereotyps. Es ist z. B. nicht ohne Bedeutung, daß Wörter wie ‚kaputt', ‚schnell' usw. zu den in Frankreich bekanntesten deutschen Wörtern gehören. Man müßte ebenfalls untersuchen, zu welchen Sprachebenen und zu welchen gesellschaftlichen Sektoren die in der deutschen Sprache gebrauchten französischen Fremd- und Lehnwörter gehören (z. B. ‚Chansonette', ‚raffiniert', ‚Friseur', ‚Gourmet', ‚salopp')." (Boyer 1973; 65)

Auch im Englischen geben die deutschen Fremdwörter schon ein Gerippe für das Deutschenstereotyp. Der Fremde wird vor einer Begegnung mit Deutschland schon mit bestimmten deutschen Grundzügen bekannt gemacht. Das Unheimliche am Deutschen wird mit Begriffen wie „poltergeist", „spooky" akzentuiert und eine gewisse romantische Note mit der „Gemütlichkeit". Es liegt auf der Hand, daß ein Ausländer mit seiner Sprache, die ihm die Begriffe „Oktoberfest" und „Stein" (= Bierkrug) auf den Weg gibt, eine bestimmte Leitlinie für die Erfassung des Fremden besitzt. Weineck (1937; 222) gibt einen Überblick über die im Original eingestreuten deutschen Wörter im englischen Roman des 19. Jahrhunderts.

Von Hase (Harburger Nachrichten 1973) untersucht neuere Fremdwörter, die das Englische aus dem Deutschen übernommen hat: „‚Mitbestimmung' und ‚Ostpolitik' sind zwei Wörter, die sich in den letzten Jahren im Englischen fest eingebürgert haben – die jüngsten Beispiele von Wortwanderungen, die sonst eher aus dem

Angelsächsischen ins Deutsche verlaufen. Aus dem Deutschen haben wir früher ‚Weltschmerz‘ und ‚Wanderlust‘ ins Englische exportiert, dann in den schlimmen Kriegstagen den ‚Blitz‘ und den ‚Ersatz‘, später die ‚Fräuleins‘ und das ‚Wirtschaftswunder‘. Diese Wortwanderungen sind kein Zufall, sondern bezeichnen sehr deutlich Schwerpunkte in den Beziehungen zwischen den Ländern – zugleich eine positive oder negative Bewertung der Leistungen, die das andere Volk erbracht hat.

Die Erinnerungen an den ‚Blitz‘ der deutschen Luftwaffe gegen London und andere Städte während des letzten Weltkriegs sind verblaßt. Die ‚Fräuleins‘, die nach dem Krieg mit englischen Soldaten aus Deutschland auf die Insel kamen, haben hier ebenso ihre Heimat gefunden wie in Deutschland die ‚Panzer Brides‘, walisische Mädchen, die deutsche Bundeswehrsoldaten von ihren Manövern in Castlemartin als Ehefrauen mitgebracht haben.“

Die Sprache verkürzt mit Hilfe der Wortmarke die Wirklichkeit, zugleich garantiert sie eine Perspektivität der Auffassung. Und die Perspektive ist, wie Panofsky gezeigt hat, jenes Bezugssystem des Abendländers, das alles Fremde auf den Betrachter ausrichtet und somit die Fremdheit eingrenzt.

Spaghetti und Maccaroni sind nicht nur Begriffe, um Italiener scherzhaft abzuqualifizieren. Diese Wörter richten auch mein Verständnis auf eine wichtige Seite des italienischen Lebens, die buona cucina, und können mir so einen Einstieg zum Verständnis italienischer Lebensart geben.

Mit der kraftvollen Sprache eines Jürgen von Manger ist es nicht anders. Sie dient nicht nur zur distanzierenden Kennzeichnung des kleinen Mannes, des Herrn Tegtmeier, sie weckt auch Verständnis. Auch aus dem Deutsch mit Knubbeln sind Lehnwörter in die Umgangssprache aufgenommen worden. Mit dem Jargon des Jugendlichen oder der Drogenszene ist es nicht anders. „Ausgeflippt“, „Joint“, „Trip“ geben mir ein gewisses erstes Vorverständnis für die Probleme einer schwierigen Generation.

Und die Wortmarke „Schizophrenie“ stößt den Etikettierten nicht nur aus der Gemeinschaft aus, sie gibt ihm auch ein gewisses Maß an Verständnis oder gewährt ihm doch Schonung, z. B. vor

Verfolgung bei Straftaten, bei mangelnder Schuldfähigkeit. Mit anderen Stigmata ist es ähnlich. Wenn ein Autofahrer in einer deutschen Stadt gegen alle Verkehrsregeln verstößt, mildert sich mein Zorn, sobald ich entdecke, daß es sich um einen Neger handelt. Die Hautfarbe als Stigma und als Entschuldigung. Das Schild „L" (Learner) oder „Fahrschule" an einem Auto ist Stigma, das nicht vornehmlich zum Nachteil des Stigmatisierten funktioniert.

Stigmata werden auch mit Stolz und zu Demonstrationszwecken verwendet, wenn etwa ehemalige KZ-Häftlinge mit ihren alten Sträflingskleidern auftreten oder wenn die Angehörigen schlagender Verbindungen ihre Schmisse zur Schau tragen. Die negativen Aspekte der Stigmatisierung (vgl. Wiswede 1973, Bruster u. Hohmeier 1975) sollten also durch die Ansätze einer verstehenden Psychologie ergänzt werden.

5.2.2. Die Erfassung über einen Kanon

Eine Erweiterung des Ansatzes, den Fremden an einem herausgehobenen Punkt zu fassen und zu erfassen, besteht darin, über eine ganze Reihe allgemein bekannter Eigenschaften zu seinem Verständnis zu kommen. Ein Bündel von Stigmen kann zum Kanon der Erfassung werden.

Wer den internationalen Reisebetrieb betrachtet, kann bald den Baedeker-Touristen beobachten. Für diesen besteht das fremde Land nur, insoweit er es bereits in seinem Reiseführer beschrieben findet. Der Prozeß des Verstehens ist hier ein Abhaken der Kategorien des Buches. Die Rhetorik kennt diese Figur als Sentenz, als anerkannte Norm der Lebensführung, die den Einzelfall erklärt (Lausberg 1963; 131). Was die Sehenswürdigkeiten des Baedeker für den Touristen ist, ist der Gemeinplatz für den Redner.

Sowenig wie die Wortmarke ist der Kanon immer eine Barriere des Verständnisses. Barthes (1974; 61) hat nur teilweise recht, wenn er den Guide bleu ein „Instrument der Blendung" nennt. („Die Auswahl der Denkmäler beseitigt die Wirklichkeit der Erde und zugleich die der Menschen. Sie berücksichtigt nichts Gegenwärtiges, das heißt Geschichtliches, und dadurch wird das Denkmal selbst unentzifferbar und somit stumpfsinnig.")

Insofern ist die Hervorhebung des Gebirges als Sehenswürdigkeit sicher ungerecht – für den Guide bleu meint Barthes (1974; 59) sei nur das malerisch, was uneben sei –, aber auch nützlich. Der Baedeker verstellt nicht nur die Schönheiten Frankreichs, er kann mich auch zu ihnen hinführen. Besonders, wenn mir jeglicher Anhaltspunkt des Verständnisses fehlt, ist ein derartiger Kanon vorbekannter Merkmale wichtig.

Das Verstehen muß an den Klischees ansetzen. Wir wollen diese Gehversuche der Erfassung an einem klassischen Beispiel demonstrieren. Im 18. Jahrhundert kamen neue völlig unbekannte Völker und Landschaften im südlichen Pazifik dem Europäer vor Augen. Wie konnte er sie erfassen?

Insbesondere Reminiszenzen aus der klassischen Bildung und aus der christlichen Religion halfen den Reisenden, die Wirklichkeit der fremden Völker zu begreifen. Diese wurden unter drei alte Schemata subsumiert, sie wurden als edle Wilde mit den Spielarten des „weichen" und des „harten" Primitivismus und als Verworfene, als verlorene „Heiden" oder sogar als Untermenschen angesehen (B. Smith 1960).

Der weiche sanfte Typ des Wilden wurde vor allem in die Bewohner Tahitis hineingesehen, die wir noch heute gern mit den Augen Gauguins betrachten. Die geistige Landschaft, in der der edle Wilde zuhause ist, ist das alte Arkadien, das nach Snell (1955; 371) 42 oder 41 v. Chr. entdeckt wurde: „Das Land der Schäfer und der Schäferinnen, das Land der Liebe und der Dichtung" (vgl. auch Panofsky 1936). Diese Betrachtungsweise wurde von Bougainville 1768 initiiert und von Banks, einem Mitglied der 1. Expedition des Kapitän James Cook fortgesetzt. Banks sieht Tahiti mit den Augen Vergils: „... Die Szene, die wir sahen, war das vollkommene Abbild Arkadiens" (Smith 1960; 26). Schon Bougainville nennt ein Eingeborenen-Mädchen eine „Venus, die dem phrygischen Schäfer erscheint". Banks gab den Häuptlingen sentimentalisierende griechische Namen: „Herkules wurde wegen seiner Stärke so genannt, Ajax bekam seinen Namen wegen seines grimmigen Aussehens, Epikur wegen seines Appetits, Lycurgus wegen seiner Gerechtigkeit bei der Rückgabe einer Schnupftabakdose, die Banks gestohlen worden war." (B. Smith 1960; 24 ff.)

Die antiken Vorbilder für den „harten Primitivismus" (Lovejoy u. Boas 1935) sind die Skythen und die Spartaner. Mit diesen Stereotypen werden von Cook vor allem die Feuerländer und die australischen Buschmänner verglichen. Diese besitzen nur so viel, wie zum Leben notwendig ist. Deswegen sind sie auch glücklicher als die Europäer. Zum Stereotyp des „harten Primitiven" gehört die Tapferkeit, so werden auf frühen Darstellungen die australischen Buschmänner als spartanische Helden abgebildet (vgl. Abbildungen bei Smith 1960).

Auch die nordamerikanischen Indianer wurden von ihren Entdeckern mit Hilfe klassischer Schemata erfaßt (Chinard 1913). „Drei berühmte Missionare – Lafitau, Bufier und Charlevoix – glaubten, daß die homerischen Griechen in den Indianern weiterlebten; verlorene Antike in einer zeitgenössischen Umgebung. Die indianische Methode der Kindererziehung wurde als spartanisch angesehen, und die spartanische Methode wurde als der severambischen ähnlich befunden. Pater Lafitau behauptete, daß ein paar Monate Aufenthalt unter den Huronen ihm mehr über den Trojanischen Krieg beigebracht hätten als alle langatmigen Werke der klassischen Gelehrten zusammen." Die Schemabildung bei der Entdeckung der schwarzen Afrikaner bespricht Bitterli (1970).

Das Bild des bösen Wilden wurde von christlichen Denkmustern vorgezeichnet, in denen die Welt in Erlöste und Unerlöste, in Christen und Heiden eingeteilt wird (vgl. Mühlmann 1964; 385). Der „wilde", „heidnische" Charakter der neuentdeckten Völker tritt besonders nach der Ermordung des Kapitäns Cook in den Vordergrund. Das Bild des „bösen Wilden" überlagert nun zeitweise die beiden anderen Bilder. Jetzt wird die Unberechenbarkeit der Wilden betont und ihre leichte Erregbarkeit. Crozet, ein Franzose, der 1772 Neuseeland besuchte, schreibt: „Ich habe gefunden, wie sie von kindlicher Freude zur tiefsten Schwermut, von vollkommener Ruhe zur höchsten Erregung wechselten und sich dann ins Ungebändigte entluden. Ich bemühte mich, ihre Neugierde zu wecken, ihre Gefühle kennenzulernen, die in ihren Seelen erweckt werden konnten, aber ich fand nichts bei diesen Kindern der Natur; und sie sind umso gefährlicher, als sie die Europäer an körperlicher Stärke weit übertreffen." (B. Smith 1960; 87).

Auch beim Deutschenbild lassen sich ähnliche Schemabildungen zeigen. Das von Rousseau inspirierte Bild des „bon sauvage" in seiner sanften Form ist im Deutschenstereotyp bei den Franzosen nachzuweisen. „Jeden Sonntag gehen die Eltern mit ihren Kindern, selbst Leute aus besseren Schichten, auf eine Wiese und lassen Ballons und Drachen steigen." Chateaubriand beachtet in Deutschland besonders die Bauern, die er um ihre einfältige Kindlichkeit und glückliche Heiterkeit beneidet. „Er habe mehr gesunden Menschenverstand bei den armen deutschen Bauern gefunden als bei allen anderen Völkern, meint er einmal." (Diem 1935; 65)

Auch in den USA gibt es literarische Belege für diese Betrachtungsweise, z. B. den Ansatz der Erklärung der unter nationalsozialistischer Herrschaft begangenen Verbrechen als eines natürlichen Ausdrucks des deutschen Nationalcharakters. Shirer (1961) sieht die Deutschen als „böse Fremde" und schreibt ihnen demgemäß etwa die gleichen bösen Eigenschaften zu wie Crozet den Maoris. Die gleiche Kennzeichnung offensichtlich sehr unterschiedlicher Nationen zeigt deutlich den stereotypen Charakter dieser Auffassungsweise.

Die Deutschen sind nach Ansicht der Italiener und Franzosen diszipliniert wie die Spartaner, ebenso rauh wie sie und ebenso kriegstüchtig.

Auffällig ist auch das Bild des harten Primitivismus, das im Deutschenstereotyp der Japaner zu finden ist. Danach „arbeiten" die Deutschen „hart, sind einfach im Auftreten, machen nichts von sich her und essen Kartoffeln und Brot, und zwar dunkles Brot, Roggenbrot". Bei den Deutschen hätten „die Kinder noch vor den Eltern Respekt" (Koch-Hillebrecht 1977).

Der Kanon ist meist nicht nur eine Figur der Rede, des Vorurteils, sondern auch eine Figur des Verstehens, ein Freipaß, der einem an sich abzulehnenden fremden Verhalten ausgestellt wird. Die „Frau am Steuer" wird nicht nur verkannt, sie kann auch mit

Wohlwollen und Nachsicht rechnen. Zerstreute Professoren, exaltierte Stars, Skilehrer und alte Jungfern passen in ein Schema und genießen damit eine gewisse Narrenfreiheit. Der Angehörige der niederen Klasse wird durch sein weniger angepaßtes Benehmen in einem feinen Restaurant bald erkannt – und oft geduldet. Stadtstreicher werden kaum mehr eingesperrt, man weiß schließlich, daß sie oft besoffen sind und sich entsprechend benehmen.

5.2.3. Die Erfassung über das Gegenbild

Bei den bisherigen Erfassungsformen blieb der Betrachter aus dem Spiel. Er konnte als Außenstehender analysieren und sein Verständnis gewinnen. Er war in jedem Fall der Normale, der nicht interpretiert werden mußte. Also bestand kein Anlaß, ihn in die Betrachtungsweise einzubeziehen. Das Verstehen war bisher kein dynamischer, kein dialektischer Prozeß. Erst bei den beiden letzten Figuren des Verstehens tritt der Verstehende in das Beziehungsfeld ein. Die Eigenschaft des anderen ist in diesen Figuren immer auf eine Eigenschaft bei mir bezogen. Diese Technik ist universal anwendbar und besteht darin, das Fremde in jeder Beziehung dem Vertrauten, Bekannten antithetisch gegenüberzustellen.

Als Herodot (II, 35, 36) vor der Aufgabe stand, seinen Landsleuten die Sitten der Ägypter verständlich zu machen, griff er zur rhetorischen Figur der Antithese. „Die Ägypter haben entsprechend dem Himmel, der bei ihnen anders ist, und dem Flusse, der ein anderes natürliches Gepräge hat als die sonstigen Flüsse, sich Sitten und Gebräuche gegeben, die in fast allen Stücken im Gegensatz zu denen der übrigen Menschheit stehen. Bei ihnen gehen die Frauen auf den Markt und treiben Handel, während die Männer zu Hause bleiben und am Webstuhl sitzen. Während alle anderen beim Weben den Einschlag nach oben stoßen, stoßen ihn die Ägypter nach unten. Die Lasten tragen die Männer auf dem Kopf, die Frauen auf den Schultern. Die Frauen urinieren stehend, die Männer sitzend. Den Abort haben sie im Haus, das Essen nehmen sie außerhalb des Hauses auf der Straße ein, wobei sie als Erklärung geben, man müsse, was zwar häßlich, aber unumgänglich ist, im

Abb. 22. Luca Beltrami, Modell für die Fassade des Mailänder Doms (1898).
Erfassung über das Gegenbild – Abneigung und Verständnis. Gotisch war
zunächst ein Schimpfwort. Den gotischen Stil nannten die italienischen
Architekten der Renaissance auch „maniera tedesca". Vasari meint, dieser
Stil werde von den besseren Künstlern als „monströs und barbarisch"
abgelehnt, da ihm alle Ordnung fehle. „So sollte er lieber Konfusion und
Unordnung genannt werden" (Wittkower 1974; 19). Aber der ungeliebte
Stil wurde genau studiert, und erst die ablehnenden Urteile der italieni-
schen Architekten brachten das Phänomen des Gotischen als eines einheitli-
chen Stils zu Bewußtsein (Panofsky 1955; 169 ff.). Die Ablehnung und
Überwindung dieses Stils, der innere Abstand von ihm wurden damit zur
Vorbedingung des Verständnisses dieses fremden Stils und zugleich des
neuen Stils der Renaissance, dem man sich nun bewußt zuwandte.

Verborgenen erledigen, was aber nicht häßlich ist, solle man in aller Öffentlichkeit tun." „Die Priester der Götter tragen anderswo langes Haar, in Ägypten lassen sie es scheren. Bei anderen Völkern herrscht die Sitte, daß bei einem Trauerfall die nächsten Leidtragenden das Haupthaar geschoren haben, die Ägypter aber lassen bei Todesfällen ihr Haupthaar und ihren Backenbart wachsen, während sie sonst geschoren sind. Die anderen Völker leben getrennt von ihren Tieren, die Ägypter aber mit ihren Tieren zusammen. Von Weizen und Gerste leben die anderen; wer jedoch von den Ägyptern davon seinen Lebensunterhalt bestreitet, der zieht sich größten Tadel zu." „Die Geschlechtsteile lassen die anderen so, wie sie geworden sind, ausgenommen diejenigen, die von den Ägyptern gelernt haben, sie zu beschneiden." „Bei den Segeln binden die anderen die Ringe und die Taue an der äußeren Schiffswand an, die Ägypter an der inneren. Die Hellenen schreiben und rechnen, indem sie die Hand von links nach rechts führen, die Ägypter von rechts nach links."

In der Zeit der Ablösung der Rhetorik durch die Logik bei den Vorsokratikern ist die Figur der Antithese vorherrschend: „Gegensätzlichkeit als Prinzip spielt seit Anaximander eine große Rolle. Die Pythagoreer und Parmenides nehmen sie auf. Nur bei Heraklit ist sie die allbeherrschende Denkform geworden. Auf ihn und auf die Nachfolger des Parmenides geht alle Dialektik im Abendlande zurück." (Jaspers 1957; 31; vgl. auch über die verkehrte Welt bei Hegel: Gadamer 1971)

Zwei Typen von Gegenbildern treten in den nationalen Vorurteilen auf. Beim ersten wird das Fremde zur Unkenntlichkeit verzerrt: Haben die bekannten Menschen der Wir-Gruppe zwei Beine, so hält man es für möglich, daß die fernen Fremden nur ein Bein besitzen, aber möglicherweise zwei Köpfe etc. Besonders im Mittelalter sind derartige Vorstellungen nachweisbar, „deren Geschmacksrichtung auf das möglichst Krasse, Abstruse, Paradoxe und Monströse ging. An Stelle anthropologischer Vielfalt finden wir die Vorstellungen von den sogenannten Monstra, die man an die Ränder der bekannten Ökumene versetzte: die einschenkligen Lebewesen, die Fußschattner, Pferdefüßler, Hundsköpfe, Großlip-

pigen, Großohrigen und Kopflosen, Mundlosen, Lang- und Kurz-
leibigen . . . aber sogar Marco Polo berichtet von den Cynocephali,
die auf den Andamanen leben sollen." (Mühlmann 1968; 29)

Diese Form des Gegenbildes zeigt einige strukturelle Übereinstimmungen mit der von Curtius (1954; 104ff.) aufgewiesenen
rhetorischen Figur der „verkehrten Welt". In ihr ist das Vertraute
in sein Gegenteil verkehrt, was oben war, ist jetzt unten: „Nun
möge der Wolf aus freien Stücken die Schafe fliehen, die Eichen
goldene Äpfel tragen, Käuzchen mit Schwänen wetteifern, der
Schäfer Tityrus Orpheus sein." (El. VIII, 53ff.)

Bei dem anderen Gegenbild wird der eigenen Wirklichkeit zum
Zwecke der Kritik eine überhöhte, idealisierte fremde Wirklichkeit
antithetisch gegenübergestellt. Diese Technik ist ebenfalls im
Altertum nachweisbar. „Schon Homer preist die hochgemuten
Rossemelker und milchessenden Abier und die Äthiopier als
‚göttergeliebtes Südvolk'." „Auch bei römischen Schriftstellern
finden wir später die Tendenz zur Idealisierung der Randvölker-
schaften: Horaz preist das Familienleben der Skythen und Geten,
Properz und Valerius Maximus rühmen die Treue der indischen
Frau, die ihrem Gatten in den Tod folgt. Auch in der höchsten
Leistung der römischen Ethnographie, der Germania des Tacitus,
besteht eine Neigung zur Idealisierung." (Mühlmann 1968; 25,
27)

Diese beiden Gegenbilder, dasjenige, in dem die Welt auf dem
Kopf steht, und das idealisierende, sind in nationalen Vorurteilen
andeutungsweise anzutreffen. Vielleicht verrät die erstaunte Feststellung der italienischen Gastarbeiter, daß in Deutschland alles
teuer ist, was in Italien billig zu haben ist, daß sogar die Kirchen
nicht alle katholisch seien, ansatzweise die erste schockartige Ver-
wunderung über die fremden Zustände, die mit der Formel „Hier
steht die Welt auf dem Kopf, hier ist grundsätzlich alles anders als
zuhause" zu überwinden versucht wird. Ein idealisierendes Gegenbild ist am ehesten bei den Japanern aufzuweisen, die die Weißen für konzentrationsfähiger halten im Gegensatz zum eigenen
Volk, das man als konzentrationsschwach ansieht. Ebenso gelten
die Westler bei manchen Japanern als intellektuell überlegen, wäh-

rend die eigene Nation als unterlegen bewertet wird (Koch-Hille-brecht 1977).

Häufig ist hingegen eine Technik anzutreffen, die als typologisches Gegenbild gekennzeichnet werden soll.

Im Deutschenbild der Franzosen findet sich diese Technik. Sich selbst sehen sie als elegant und weltgewandt an, die Deutschen als plump, sich selbst als großstädtisch, die Deutschen eher als klein-städtisch usf.

Die Österreicher kontrastieren die eigene Gemütlichkeit mit der deutschen Fortschrittlichkeit und Rücksichtslosigkeit.

Die heuristische Strategie bei der Bildung dieser Gegenbilder folgt dem Grundsatz Lévi-Strauss' (1962; 24): „Jede Klassifizierung ist dem Chaos überlegen ...“ Selbst aus einem mangelhaften Schema läßt sich oft ein kognitiver Nutzen oder doch wenigstens eine innere Beruhigung erzielen.

Aus dem Deutschenbild der Italiener (Koch-Hillebrecht 1977) läßt sich geradezu eine Tafel von Gegensätzen aufstellen:

Italiener	Deutsche
einladend	unfreundlich
Langschläfer	Frühaufsteher
dolce far niente	Arbeitswut
modisch	ungepflegt
geschickt	linkisch
schnell	langsam
undiszipliniert	diszipliniert

Dieses Verfahren, die möglichen Verhaltensweisen zwei Völkern polar zuzuweisen, erinnert von fern an die von Taylor dem menschlichen Geist zugeschriebene Tendenz, die Welt mittels einer Klassifizierung auszuschöpfen (Lévi-Strauss 1968; 23).

Im totemistischen Weltbild werden nicht nur Verhaltensweisen, sondern auch alle Tiere und Pflanzen auf beide Hälften aufgeteilt: „Wenn die Vorfahren aus den Tiefen der Erde aufstiegen, waren sie, sagt man, in zwei Gruppen geteilt, die eine friedlich, vegetarisch, und der linken Seite zugeordnet, die andere kriegerisch, fleischessend, und der rechten Seite zugeordnet.“ (Lévi-Strauss

1962; 92) Eine kognitive Zweiteilung der Welt ist in abgeschwäch-
ter Form auch in der modernen politischen Betrachtung anzutreffen; eine Polarisation nach Rechts und nach Links hilft auch hier,
sich schnell zurechtzufinden und den eigenen Standpunkt zu beziehen. Duverger (1951; 215 ff.) spricht von einem „tiefersitzenden
Manichäismus moderner Form". Die weltweite Verbreitung dieser politischen Zweiteilung, wobei in den meisten Ländern beide
Flügel in etwa gleichstark besetzt sind, deutet an, daß es sich bei
diesem Einteilungsprinzip um eine der menschlichen Natur ge-
mäße Ordnungsform handelt.

5.2.4. Das Fremde als von jeher Vertrautes

„Die Auslegung wäre unmöglich, wenn die Lebensäußerungen
gänzlich fremd wären", erkennt Dilthey (VII; 225). Er fährt fort:
„Sie wäre unnötig, wenn an ihnen nichts fremd wäre. Zwischen
diesen beiden äußersten Gegensätzen liegt sie also." Es gibt nun
eine Figur, die den zweiten Pol der hermeneutischen Bewegung
besonders betont, ihn als absolut setzt. Diese Figur ist aus der
indischen Philosophie besonders bekannt.

Zur Weisheit vorzustoßen, heißt hier, zu erkennen, daß das
Fremde nur fremd scheint, in Wirklichkeit aber bekannt, ja mit mir
selbst identisch ist. Tat twam asi, das bist du, heißt die Erkenntnis
für den, der den Schleier der Maja zerreißt. Auch in der abendländischen Philosophie ist dieser Topos verbreitet, die Mystik spricht
nicht vom unbekannten Gott, dem deus absconditus, sondern vom
Nachbar Gott, vom Bruder Gott. Der heilige Franziskus sah in
dem unvorstellbar fernen heißen Zentralgestirn unseres Planeten-
systems den Bruder Sonne.

Heraklit, Plotin und der Neuplatonismus nehmen als Vorbedingung des Erkennens den gemeinsamen Ursprung des Erkenners
und des Erkannten an: „Wär nicht das Auge sonnenhaft, die Sonne
könnt es nie erblicken." (Goethe)

Von Heraklit stammt der Gedanke vom Logos als dem Umgrei-
fenden, dem Gemeinsamen: „Gemeinsam ist allen das Denken."
Diese Denkfigur wird von Hegel aufgenommen, der die Identität

der Identität und Nicht-Identität betont. „Im Fremden das Eigene zu erkennen, in ihm heimisch zu werden, ist die Grundbewegung des Geistes, dessen Sein nur Rückkehr zu sich selbst aus dem Anderssein ist." (Gadamer 1965; 11) Hegels Gedanke ist dann zum bestimmenden Prinzip der geisteswissenschaftlichen Psychologie geworden. Verstehen ist nach Spranger (1950) nur dort möglich, wo ich mit dem mir Fremden die gemeinsame Basis des Geistes habe. Verstehen kann ich nur das jeweils schon Verstandene. Das Band des Geistes erlaubt mir auch, scheinbar Totes zu verstehen wie einen verschollenen, neuentdeckten Text. Zwischen dem Verstehen eines Textes und einer fremden Nation, des anderen Geschlechts, anderen Alters besteht kein prinzipieller Unterschied. Auch das Sich-Selbst-Verstehen ist nicht direkt möglich, sondern nur auf der Basis des allgemein zugänglichen Geistes (Litt, Bollnow, Misch 1949).

Doch nicht nur auf den kalten Bergen des Geistes gibt es das beglückende Erlebnis des Verstehens. Verstehen ist auch in der Form des Austausches gegeben, es ist nicht allein ein einseitiger Prozeß. „Verstehen ist ebenso auffällig szenisches, situatives Verstehen." (Heinrich 1977; 20; Mauss 1950) Die Ansichten der Geisteswissenschaften sind um die Erkenntnisse aus der Physiologie zu ergänzen. Christian konnte am Beispiel der beidarmigen Säge zeigen, daß es ein meßbares ursprüngliches Verstehen auf motorischer Ebene gibt. Diese Einsicht vermitteln uns schon zwei Kinder auf einer Wippe. Die Ansätze Lipps, der von Einfühlung sprach, sollten von der Psychologie wieder aufgegriffen werden. (Vgl. Scheler 1927)

In den Techniken der non-verbalen Übungen experimentiert die Psychotherapie mit diesen ursprünglichen Formen des Verstehens.

Ein Verständnis für die Männer können Feministinnen dann erlangen, wenn sie erkennen, daß auch die Männer Menschen sind. Kretschmer (1965) machte die Schizophrenie einfühlbarer, indem er in ihr eine Überhöhung, eine Verschärfung von Zügen sah, die auch beim gesunden Schizothymen zu finden sind. Jetzt wird die Schizophrenie eine extreme menschliche Möglichkeit, das Leben zu fristen. Geisteskranke werden „Leuchttürme" im Bereich der

Seele. Das scheinbar Sinnwidrige im Heranwachsenden wird mir vertrauter, wenn ich identische Strukturen bei mir selbst finde und das „Kind im Manne" erkenne.

Wenn Herodot versucht, sich und seinen Lesern die Götter fremder Völker vertraut zu machen, so benutzt er die rhetorische Figur der Similitudo: Hier wird Fremdes, Unverständliches, Seltenes durch Vertrautes, Bekanntes ersetzt. Als Beispiele aus der Ilias und Odyssee nennt Lausberg (1963; 134): „Fügung einer Mauer durch einen Maurer als Bild der dichten Schlachtreihe; spielendes, die selbstgebauten Sandhaufen wieder zertretendes Kind als Bild des die Schanzen der Achäer zerstörenden Apoll; Kinder, die sich über die Genesung des Vaters freuen als Bild des Odysseus, der nach dem Seesturm das Ufer der Phäaken erreicht." Herodot gemeindet die fremden Götter schlicht ein, er belegt sie (falls sie den griechischen nur irgendwie gleichen) mit dem entsprechenden griechischen Namen.

Die Franzosen beginnen bei ihrem Verständnis Deutschlands mit den Teilen, die ihnen aufgrund des gemeinsamen Kulturhintergrundes vertraut sind. Chateaubriand sieht auf seinen Reisen durch Deutschland vor allem Orte mit Beziehungen zu römischer und französischer Geschichte. „Frankreich reicht bis hierher", schreibt er von Mainz an die Madame Récamier. „Köln erinnert ihn an Caligula, den Sohn Agrippinas, den Gründer der Stadt. Aber es erinnert ihn auch an St. Bruno, der in Köln geboren wurde und dessen Zelle er in der Grande Chartreuse gesehen hatte. In Aachen, hebt er hervor, ist das Leichentuch, das Frankreich als Lehensgabe zur Bestattung Karls des Großen sandte. Karlsbad veranlaßt ihn, die Geschichte der Entdeckung des Sprudels durch Karl IV. von Frankreich zu erzählen. In Bayreuth erinnert er sich an die Markgräfin, Schwester Friedrichs des Großen, an Voltaire und an seine Ode auf die Markgräfin." „In den städtischen Bezirken Böhmens stößt er auf den Einfluß der Kultur von Versailles." „Auf dem Lande in Böhmen gehen die Frauen barhäuptig, oder „wie die Milchfrauen in Paris, mit einem Tuch umhüllt". „Die Tracht der Männer ist die gleiche wie die der französischen Bauern, bevor sie die roten Mützen der Revolution aufsetzten." (Diem 1935; 16, 19)

Die ganz ursprüngliche Technik des Sichklammerns an Bekanntes benutzt vor allem der Reisende in sprachfremder Umgebung. Chateaubriand erwähnt lobend, wenn er Deutsche fand, die Französisch sprachen. Amerikaner finden in baseballspielenden Japanern eine Art home away from home. Die Anziehungskraft der heimischen Küche nach langem Aufenthalt in fremden Ländern ist bekannt, und die Hinneigung zu jenen fremden Gesichtern, in denen eine gewisse Analogie zu Vertrautem zu finden ist. Wie sehr sich das Auge in fremder Umgebung an Vertrautem erfreut, sieht man an der Antwort eines Negerfürsten, der auf Besuch in England war und gefragt wurde, was ihn am meisten in Europa beeindruckt habe. Er nannte das Armheben englischer Verkehrspolizisten, wenn sie den Kreuzungsverkehr stoppten. Diese Geste glich dem Gruße, der in seiner Heimat üblich war. (Bartlett 1932)

Auch für die Engländer ist die Beschäftigung mit Teilen der deutschen Kultur eine Art Heimkehr zu den gemeinsamen Quellen der germanischen Vorzeit. Galinsky (1968) spricht vom „Durchschimmern des Englischen durch das Deutsche". Das Interesse an der deutschen Romantik, an Heidelberg, an den quaint old towns, den deutschen Wäldern, galt auch der eigenen Vergangenheit, die man in Deutschland wiederfand. Die Franzosen suchten in der deutschen Romantik die eigenen, mit den Deutschen gemeinsamen Wurzeln, und schon Tacitus meinte ja im Grunde, als er die Germanen beschrieb, auch ein Idealbild des ursprünglichen Römers, das dieser zu seinem Nachteil verlassen hatte.

Ein Volk, dem man seine Zuneigung schenkt, verliert fremde Züge, diese werden plötzlich vertraut, den eigenen ähnlich gesehen. Ein klassisches Beispiel für diese spannungsabbauende Technik der seelischen Eingemeindung findet sich in der modernen schönen Literatur. Heimito von Doderer erzählt in den „Wasserfällen von Slunj", wie ein anglophiler Wiener Briten beim Golfspiel zusieht. An sich müßte der Wiener die befremdliche Tätigkeit, die in dem Versuch besteht, einen Ball über den Rasen hinweg in ein Loch zu schlagen, ablehnen, weil ein derart unsinniges Unterfangen in seinem Weltbild kaum eine positive Stellung einnehmen kann. In dem Dilemma zwischen dem positiven Briten-Image, den einheimischen Werten und dem scheinbar kindischen Golfspiel, das mit diesen Werten kaum zu vereinbaren ist, gelingt dem Wiener eine Formulierung, die die kognitive Dissonanz überwindet und das Briten-Spiel als etwas schon Vertrautes erkennt. Er bezeichnet das Golfspiel als „Wiesen-Billard".

6. Anhang

6.1. Exkurs: Formen der Ambivalenz: Les deux Allemagnes

Alexandre Arnoux meint 1950 in seinem Buch „Contacts allemands", daß ein Zwiespalt im deutschen Wesen liege: der Wechsel zwischen Sanftmut und Grausamkeit. „So sind seine Empfindungen bei einer Besichtigung der Burg von Nürnberg: ‚Ein kleines blondes Mädchen führte uns durch das Museum der Folterinstrumente, sah uns mit seinen großen blauen Augen an und erzählte uns mit einer engelsgleichen Stimme schreckliche Einzelheiten. Das ganze Deutschland lag in diesem Kontrast'." (Pistorius 1964; 71)

Vorurteile haben oft ambivalenten Charakter. Der Fremde, die Frau, das Kind, sie alle werden verdammt, verachtet, ja selbst gepeinigt, aber zugleich bewundert, verklärt, idealisiert. Die züchtige Hausfrau wird der leichtfertigen Dirne antithetisch gegenübergestellt, das gute Kind dem bösen vorgehalten, dem bösen Fremden steht der Edle Wilde gegenüber. In einer besonderen Figur des Verstehens kann jedoch die Ambivalenz in ein und dieselbe Person verlegt werden. Diese hat dann zwei Seiten. Wenn man am Russen kratzt, kommt der Tatar zum Vorschein. Der Verbrecher metzelt sein Opfer kaltblütig nieder und füttert anschließend liebevoll seinen Kanarienvogel. Der Geisteskranke ist zweigeteilt, in populärer Deutung „schizophren", manchmal ganz vernünftig, ruhig, normal und dann plötzlich, ohne erkennbaren Anlaß unverständlich, wild, gefährlich. Dr. Jekyll and Mr. Hyde.

Auf dem Gebiete der nationalen Stereotype ist diese Figur der Ambivalenz im Deutschenbild besonders gut belegt. Wir gehen jetzt dem Topos „Les deux Allemagnes", dem Gemeinplatz „schizophrenic Germany" nach.

„Immer wieder stellt der Amerikaner fest, daß ihm das deutsche Volk unverständlich und daher auch unheimlich ist. Vor allem steht man der Tatsache fassungslos gegenüber, daß ein Volk, dessen kulturelle Leistungen in Friedenszeiten aufs höchste zu bewundern waren, jetzt plötzlich einen Eroberungskrieg vom Zaun gebrochen hat, in dem es zu unmenschlichen Barbaren geworden zu sein scheint. Durch dieses komplizierte Volk geht ein Zwiespalt, der sich schon in den Sagen zeigt, in denen selbst in den freundlichen Märchen immer wieder die dunklen Wälder eine Rolle spielen." (Eisele 1959; 97)

In den britischen Schulbüchern nach dem Zweiten Weltkrieg ist eine neue Form des zwiespältigen Deutschen zu finden. „Das herausfallendste Element im Portrait des deutschen Polizisten ist der Kontrast zwischen seinem Verhalten im Privatleben und im Dienst. Privat erscheint er als jemand, der gegenüber seinen Mitmenschen freundlich gestimmt ist, sich für Angelegenheiten außerhalb seiner unmittelbaren Umgebung interessiert, allerdings zur gleichen Zeit recht naiv ist. Im Dienst zeigt er nur negative Qualitäten: Rücksichtslosigkeit, extremes Mißtrauen, Ellenbogen und Amtsmiene. Wieder ist es interessant, die Diskrepanz zwischen privatem und öffentlichem Verhalten zu beobachten, die für die Engländer eine Tendenz anzuzeigen scheint, daß die Deutschen an einer Art von Schizophrenie leiden." (Johnson 1973; 51)

Der neurotische (oder schizophrene) Deutsche ist allerdings nur die moderne Fassung eines älteren Topos, der schon im 18. Jahrhundert auftaucht und dann zur Zeit des deutsch–französischen Krieges 1870–71 mit der Formel von den „deux Allemagnes" umschrieben wurde. In ihrem enthusiastischen Lob für Deutschland und die Deutschen hatte die Madame de Staël doch auch stets auf die fast unvermittelt neben den Vorzügen stehenden Schattenseiten hingewiesen. „Man ist in Deutschland", sagt sie einmal, „fortwährend frappiert von dem Kontrast, der sich zwischen den Gefühlen und den Gewohnheiten, zwischen den Fähigkeiten und dem Geschmack äußert: Die Zivilisation und die Natur scheinen noch keinen rechten Bund eingegangen zu sein. Die Begeisterung für Kunst und Poesie verträgt sich mit äußerst plebejischen Gewohnheiten im sozialen Leben" (Steinhausen 1910; 59). Die französischen Reisebeschreibungen des 19. Jahrhunderts verwundern sich stets von neuem über die Koexistenz von Idealem und Materiellem bei den Deutschen. „Sie haben", bemerkt Marmier 1859, „zu gleicher Zeit eine natürliche Neigung für die Freuden der Küche und einen angeborenen Hang zum Ideal. Dieselben Deutschen, die man derartig gefangen sieht vom Verzehr eines Beefsteaks und deren drängender Appetit vielleicht als grobe Sinnlichkeit schockiert, kann man einen Augenblick später dabei sehen, an einer schönen Aussicht sich zu begeistern, mit tiefer Sammlung ein Gedicht von Schiller oder Uhland anzuhören und im Chor mit perfekter Harmonie einen alten Choral oder eine Melodie von Schubert anzustimmen." (Schneider 1929; 55)

E. Lavisse zeichnet 1891 die preußische Atmosphäre und spricht von einem „Preußen der Wissenschaft und des Militärs", einem „Berlin der

Kasernen und der Schulen; wo die Universität neben dem Arsenal steht, où la statue de Humboldt fait face a celle de Blücher ...". Auch Broglie (1883) sieht schon in Friedrich dem Großen jenen deutschen Zwiespalt aufbrechen: „Eine Armee und eine Akademie am selben Tag gegründet für dieselbe Politik, das ist der ganze Friedrich". (Busmann 1951; 386 ff.)

Margueritte zeichnet 1898 in einem Roman einen Deutschen, dessen Charakterschilderung dem Rätsel des deutschen Wesens näherkommen soll. „Er hatte zwei Menschen in sich, und in diesem Punkt war er für seine Rasse typisch! Auf der einen Seite ein Träumer, ein großer Musikhörer und Theoretiker, auf der anderen Seite mit beiden Beinen auf der Erde, ein Mann der Aktion ..." (Teven 1915; 132) Die Lehre von den beiden miteinander unverbundenen Deutschlands, eine Lehre, die an die tiefenpsychologischen Auffassungen vom Schatten, vom „Hintergänger", von Unbewußten und Verdrängten erinnert, wird dann von Heine weitergesponnen.

Er hatte schon in seinen französischen Aufsätzen auf die Wichtigkeit Luthers für die Erklärung des deutschen Nationalcharakters hingewiesen. Jetzt, unter dem Eindruck des deutschen Sieges, werden diese Schriften neu entdeckt (Leube 1941; 109). Man sah, daß das philosophische, sentimentale, unpolitische Deutschland der Mme de Staël nur eine Seite des Phänomens war. Daneben gab es die gefährliche, die revolutionäre, die unruhige, die nach Heine durch die großen Zerstörer Luther und Kant gekennzeichnet ist. Es gibt zwei Deutschlands, die nicht in Harmonie miteinander sind (Caro 1872). Luther wird zur Symbolfigur dieser dunkeln Seite Deutschlands. In ihm finden wir die gefährlichen Gegensätze der deutschen Seele wieder. „Es gibt in der deutschen Art eine einzigartige Mischung von brutaler Roheit und mystischer Gefühlsseligkeit, von leidenschaftlichen Begierden und zarter innerlicher Religion." (Baudrillart 1904) Luther ist ein Mensch, an dem sich das deutsche Wesen exemplarisch studieren läßt. Der ungeschlachte Bauer Luther ist das Urbild des Deutschen (Engelmayer 1936). Er ist Engel und Teufel in einer Person.

1900 und zu Beginn des ersten Weltkrieges spielt die Formel von den „deux Allemagnes", deren typischer Vertreter Luther war, in der Diskussion eine wichtige Rolle. Der englische Historiker Ramsay hatte in seinem Buch „Britains Case against Germany" die These vertreten, es gebe zwei Deutschlands, ein gutes und ein schlechtes. Das Deutschland Goethes und Kants, das für den Frieden eintrat, sei groß geworden ohne den Schutz der Macht. Das schlechte Deutschland dagegen wurzele im Erobererstaat Friedrichs des Großen. Macht war sein Ziel, Gewalt und List waren seine Mittel, und Verträge achtete er nur so lange, als sie ihm nützten (Meinecke 1915; 4 f.). Eine beinahe logische Folge aus diesem Deutschenbild ist die

Interpretation auch des guten Deutschland aus den schlechten Prinzipien. So urteilte der englische Bischof Welldon 1915, die deutsche Kultur sei in ihrem Wesen nicht wie in anderen Ländern Wissenschaft, Unterricht, Kunst und Literatur, sondern schlicht „organisierte Wirksamkeit" (Meinecke 1915; 5).

In der englischen Geschichtsschreibung tritt der Topos von den zwei Deutschlands um die Jahrhundertwende in mehreren Varianten auf. Einmal ist der böse Teil Preußen. So erklärten Dawson (1894) und Marriott und Robertson (1937), „der preußische Geist habe besonders seit 1870 die alte deutsche Kultur ausgerottet"; „das preußische Schwert sei nur ein trauriger Ersatz für Schuberts Lieder und die einmaligen Harmonien der Neunten Symphonie" (Messerschmidt 1955; 82).

Dann aber liegt der Zwiespalt in der romantischen deutschen Seele selbst, der Zwiespalt wird als deutscher Charakter konstitutionell angesehen. Butler (1941) versuchte eine „Zauberformel" für den deutschen Charakter herauszudestillieren. „Schon Kleist habe in seinen Gedichten gezeigt, daß ein Deutscher ,die Extreme idyllischer Gutmütigkeit und stählerner Wildheit in sich vereinigen könne'". „Im Nationalsozialismus triumphierte die Nachtseite der deutschen Seele. Es war eigentlich die Suprematie des Doppelgängers (spielt doch auch die Figur des Doppelgängers in der deutschen Literatur eine bedeutende Rolle)." (Messerschmidt 1955; 126)

Immer wieder kreisen die Gedanken englischer Geschichtsschreiber um das Rätsel der Deutschen, und immer wieder versuchen sie, den „bösen Kern", den Hintergänger, den Schatten, den irren Zweiten in ein Interpretationsschema zu zwängen.

„Schizophrenic Germany" ist der Titel eines Nachkriegsbuches (Dornberg 1961). Es wird gesagt, man verstehe einen Teil des deutschen Wesens, der andere sei schlechthin nicht verstehbar. Das deutsche Wesen wird als neurotisch abgetan. Oder zumindest der Nationalsozialismus wird als seelische Erkrankung aufgefaßt.

Die englische Geschichtsschreibung seit dem ersten Weltkrieg, die von Deutschland handelt, ähnelt mehr einem psychiatrischen Krankenbericht als einer historischen Analyse. Bei den Deutschen wird einmal Regression festgestellt, Retardierung: Deutschland hat sich nicht normal entwickelt, jedenfalls nicht synchron mit den europäischen Nachbarn. Toynbee (1915) „setzt seine Kritik zunächst an der preußischen Verfassung, am preußischen Militarismus, am preußischen Geist an. Dabei ergibt sich, daß Preußen in allen wesentlichen Belangen mittelalterlich ist, in seinen Institutionen sowohl als seinen Traditionen, mit einem Wort: ein Anachronismus: ,Das zivilisierte Deutschland wendete sich zurück zum Ideal der dunkeln

Jahrhunderte, das die glücklicheren Nationen längst durchlebt und überwunden hatten'" (Messerschmidt 1955; 86). Deutschland wird von Headlam (1910) in Beziehung gesetzt zu atavistischen Heerführern. „Man sei in Deutschland von der Sehnsucht nach großen Taten besessen gewesen, von dem Drange, ,wenn nicht die Taten eines Alexander oder Caesar, doch die eines Alarich oder Attila nachzuahmen, denn auch der Zerstörungswut winkt Unsterblichkeit, so gut wie der Schöpferkraft, und es gab nur ein Ding, das versuchenswert erschien: die Zerstörung des britischen Weltreiches'." (Messerschmidt 1955; 91 f.)

Alexander und Caesar gehören bei anderen Autoren zu sehr der rationalen Mittelmeerwelt an, um als Vorbilder für die Deutschen und als Interpretationsschema in Frage zu kommen. „Dagegen gleicht der Geist des wilhelminischen Deutschland dem der assyrischen Könige." Butler (1947) sieht in den deutschen Anschauungen von Treitschke über Nietzsche bis Hitler „Dschungelrecht": „Macht ist Recht, Fanatismus ist Tugend, Gewissenhaftigkeit ist common sense, Furcht ist der Herr über alles, der im Namen des Ideals herrscht" (Messerschmidt 1955; 128). Die englische Vorstellung vom Deutschen, der 1914 durch eine Clique in den Krieg getrieben wurde, sei total falsch. „Obwohl sie Luther, Böhme, Kant, Goethe und Beethoven hervorbrachten, paßten sich die Deutschen niemals gänzlich dem Geist des Abendlandes an ... Im Herzen behielten sie stets die Einstellung des primitiven Menschen, etwas von einer ,tribal conception of society'." (Messerschmidt 1955; 128)

Rowse (1948) geht bei seiner psychologischen Analyse auf die alten Germanen zurück, „so wie der Psychologe die dunklen Kammern der Infantilität an seinen Patienten aufzuschließen versucht. Dabei ergeben sich auch überraschende Erkenntnisse: ,Die Kräfte des Barbarentums, die Abneigung gegen Vernunft und Kultur, der Kult von Gewalt und Aggression, der entzündete Inferioritätskomplex, der Neid, die Eifersucht, die Schadenfreude' – alles dies erkläre sich aus der Tatsache, daß Deutschland nie unter römische Herrschaft gekommen sei. Die Deutschen seien jetzt ein für allemal mit diesen Kindheitseindrücken belastet". (Messerschmidt 1955; 132)

Aber nicht nur entwicklungspsychologische Gedankengänge werden zur Erklärung der deutschen Geschichte angeführt, sondern auch solche der „Rassenseele". Die Deutschen seien als Germanen nun einmal so. „Der Deutsche ist nicht zu ändern, er handelt nach eingeborenen martialischen und brutalen Instinkten ..." Hearnshaw (1940) „spricht von der ständigen Kriegslust der deutschen Horden. Karl der Große war Deutscher durch und durch: er zeigte bis ins letzte die fränkische Leidenschaft für den Krieg, die generelle teutonische Begierde nach Eroberung, die kombinierte Treulosigkeit und Wildheit seiner Rasse". „Friedrich der Große und Katharina die Große verstanden einander ausgezeichnet: sie waren beide Preußen. Die polnischen Teilungen zeigten sie als erfolgreiche Banditen." (Messerschmidt 1955; 130)

Die Ambivalenz ist eine frühe Form der Weltauffassung. Freud weist auf den „Gegensinn der Urworte" hin. Ambivalent ist die Haltung des Kindes und vor allem die des Paranoiden. Das Urbild der Frau ist das der Verführerin. Eva erschleicht das Vertrauen Adams und bringt ihn so ins Verderben. Auch Siegfried wird durch weibliche Spionage zu Fall gebracht, Samson erleidet ein ähnliches Schicksal durch die schöne, verführerische Dalilah. Gerade die Kinder, die man besonders verwöhnt, sind besonders undankbar. Neben dem Bild der Spaltung ist das Bild der Tarnung eine Metapher des Vorurteils. Der Fremde ist unheimlich, also ist er wahrscheinlich ein Spion. Goethe wurde auf seiner Italienreise in Assisi von den Sbirren als ein solcher verdächtigt etc. Im englischen und französischen Roman des ausgehenden 19. und anfangenden 20. Jahrhunderts findet sich dieser Topos häufig.

„Die große Masse der Franzosen, die Deutschlands eigenste Macht und Wehrkraft nicht kannte, konnte die Kriegsereignisse nicht fassen und eine natürliche Erklärung für die Siege nicht finden." Da lag es nahe, alle Deutschen, die sich vor dem Kriege in Frankreich aufgehalten hatten, als Spione zu sehen. „Den natürlichen Mittelpunkt dieser novellistischen Freischärler- und Spionagegeschichten bildet im allgemeinen eine französische Heldenfigur oder auch eine ganze Freischärlertruppe auf der einen Seite, ein deutscher Spion oder eine Reitertruppe auf der anderen Seite" (Teven 1915; 7). Fremde kommen allenthalben leicht in den Verdacht, Spione zu sein, selbst dann, wenn es weit und breit nichts zu spionieren gibt. Insbesondere Photoapparate erregen in einer Reihe von Ländern heute von vornherein Bedenken. Selbst bei Proust in der „Suche nach der verlorenen Zeit" findet sich noch der Gemeinplatz vom Spion für die Deutschen. Von M. de Charles nimmt eine mißtrauische Landsmännin an, er sei gar kein Franzose („Il est prussien"). „So kommt mir das komisch vor, wie dieser Mann sich mir vorgestellt hat. Der hat etwas an sich, was nicht stimmt. Wir haben einen Besitz am Ende einer Bucht, auf einem hochgelegenen Punkt. Er ist sicher von den Deutschen beauftragt, dort für deren Unterseeboote einen Stützpunkt vorzubereiten." (Pistorius 1964; 126)

Eine eigenständige Ausprägung hat die Lehre von den „deux Allemagnes" in der osteuropäischen Propaganda erfahren. Zunächst wird der Topos aus der westlichen Literatur übernommen. „Eine Etikettierung, an der sich im allgemeinen auch die heutige ungarische Presse orientiert: Hier die bösen Charaktere, extreme Gestalten der Aggressivität wie Friedrich der Große, Bismarck, Kaiser Wilhelm, Hitler, dort die guten Charaktere, Humanisten und Dichter und Denker wie Goethe, Schiller, Hölderlin, Marx und Engels..." (Tormay 1971; 113). Dann wird dieses Denkschema ohne viel Federlesens auf die Bundesrepublik Deutschland und die DDR angewandt: „Es gibt da einen Adenauer, einen besessenen Greis, einen Wahnsinnigen wie Hitler und Kaiser Wilhelm, ein verschrobenes Gehirn, der sein Land trotz der Millionen Verluste im letzten Krieg am liebsten wieder in einen neuen Krieg führen möchte. Und es gibt Frontkämpfertreffen in Westdeutschland, wo man Hitler hochleben läßt und wo marschiert wird; wo Übungen abgehalten werden, bei denen Soldaten mit den neuesten Methoden der Massenvernichtung bekanntgemacht werden, wo die Kommunistische Partei verboten ist; wo zwei von drei neuen Büchern mittelbar oder unmittelbar die Unbesiegbarkeit des deutschen Heeres verherrlichen und wo solche Bücher auch noch Leser finden, und der Egoismus des nach Bier stinkenden feigen Kleinbürgers duldet und applaudiert sogar diesem parlamentarisch verkleideten Faschismus". „Im Westen Deutschlands... finde man die von Nationalismus, Untertanengeist und Rassenstolz durchdrungenen Massen. Teutonenesprit, der Monumentales leicht mit Großem verwechselt. Die schlechtesten der deutschen Eigenschaften wie Wichtigtuerei, Hochmut, pedantischer Dogmatismus, dumme Überheblichkeit, Grobheit und Gewalttätigkeit." „Einerseits kleinbürgerliche Sentimentalität, andererseits myrtengeschmückter Soldatenrock, und manchmal auch beides zusammen. Der gefallene junge deutsche Soldat umrankt von Rosenzweigen."

Das gute Deutschland hingegen wird mit der DDR identifiziert. „Es gibt auch ein anderes Deutschland, wo der ‚heilige‘ und ‚unantastbare‘ Grundbesitz der alten Junkerkaste aufgeteilt wurde, wo mehr als 90% der Industrieerzeugnisse aus modernen Großbetrieben stammen, die volkseigener Besitz sind; wo das große technische Können der Deutschen, ihr sprichwörtlicher Fleiß und ihre Gründlichkeit, dem Frieden, der besseren Zukunft der Menschheit, unserer Sache dienen..." „Im besseren Deutschland... finde man 17 Millionen fleißige, arbeitsame, ehrliche Bürger der DDR, in denen die Liebe zum Betrieb und Handwerk tief verwurzelt ist..., die bescheiden über ihre Erfolge berichten und den Schwierigkeiten tapfer entgegentreten, aus denen weder der vielgescholtene Hochmut noch Überheblichkeit sprechen." (Tormay 1971; 115)

Schließlich wird das Denkschema auf die Bundesrepublik selbst angewandt, deren politische Entwicklung als ein Kampf zwischen dem Guten und Bösen, zwischen dem Licht und der Finsternis interpretiert wird. Die

CDU nimmt hierbei die Rolle der Finsternis, die linken Parteien die Rolle des Lichtes ein. Willy Brandt wird bald als stolzer Lichtbringer angesehen, manchmal jedoch argwöhnisch den Kräften des Dunkels zugeordnet. Während früher Preußen als die Heimat des deutschen Ungeistes galt, als der Ort der falschen Deutschen, scheint in den neueren Publikationen des Ostens Bayern diesen Part des Sündenbocks zu übernehmen. „Vor dem Zweiten Weltkrieg gehörte es zu den wohletablierten Urteilen bzw. Vorurteilen, den preußischen Geist oder den preußischen Militarismus für die ganze deutsche Misere verantwortlich zu machen. Noch während der Konferenz von Jalta soll Churchill gesagt haben, ‚das Böse am Deutschen stammt aus Preußen‘. Das Schicksal aber wollte es, daß das ehemalige Preußen heute geographisch zu dem Teil Deutschlands gehört, in dem die ‚guten Deutschen‘ wohnen. Dadurch ging der ungarischen Presse ein historisch bereits bestens eingeführter Sündenbock verloren. Die sich häufenden abschätzigen Bemerkungen und einige speziell Bayern gewidmete Artikel lassen den Versuch erkennen, einen neuen Prügelknaben aufzubauen, der den heutigen politisch-geographischen Verhältnissen entspricht. Die Bayern, ‚die Freunde kompakter, schwerer Speisen und des vielen Bieres‘, die ‚biertrinkenden Katholiken‘, aus deren Kreis schon ‚die arme Tony Buddenbrook erschrocken entflohen ist‘.“ (Tormay 1971; 162)

6.2. Anmerkungen

[1] Titchener, der amerikanische Psychologe, wollte an der Einheit des psychologischen Weltbildes festhalten. Für ihn gab es nur Wahrnehmungen, auch bei der Introspektion. Aber seine berühmten Introspektionsprotokolle gleichen bei bestimmten Begriffen durchaus den oft ungenauen Berichten unserer Versuchspersonen über Chicago, aus denen sich ebenfalls einige klare Details absetzen. Ein Pferd ist in Titcheners Introspektion: „A double curve and a rampant posture with a touch of mane about it." („Eine doppelte Kurve und eine die Vorderhufe hochnehmende Position mit einem Tupfer Mähne darüber.") Auch Titcheners Erlebnisse anläßlich des Begriffs „Bedeutung" erinnern sehr an Einstellungen, Stereotype oder wie immer wir die eigenständige Erlebniskategorie nennen wollen, von der hier die Rede ist. Titchener gibt für sein Bild des Begriffes Bedeutung („Ein Schäufelchen mit einem kleinen gelben Flecken") eine Erklärung, die ebenfalls mit unseren Ergebnissen übereinstimmt. Die Quelle dieses Bildes ist ihm nicht mehr präsent. Die Herkunft ist dunkel, eigentümlich unpräzise, verwaschen, vielleicht eine Reminiszenz aus dem Lateinunterricht. („I was educated on classical lines; and it is conceivable that this picture is an echo of the often-repeated admonition to ‚dig out the meaning' of some passage of Greek or Latin.")

[2] Die Tatsache, daß die wissenschaftliche Psychologie in den ersten 50 Jahren nach der Gründung des Leipziger Instituts vornehmlich im Laboratorium betrieben wurde, hatte zur Folge, daß den Forschern ein für das gesamte Seelenleben nicht repräsentativer Querschnitt der Erlebnisse und Verhaltensweisen auffiel, nämlich zunächst das Wahrnehmen und das Lernen, später das Denken. Die Motivation ist in ihrem ganzen Umfang noch später in das Blickfeld der psychologischen Forschung gerückt. Wenn man die Schriften der frühen Experimentalpsychologen liest, muß man zu der Auffassung kommen, daß der Mensch vornehmlich mit dem Wahrnehmen beschäftigt ist. Dies ist jedoch nicht der Fall. Man wird dem tatsächlich sich darbietenden Leben eher gerecht, wenn man das wahrnehmende Verhalten als eine Art Grenzsituation bezeichnet, als eine Notfallsfunktion. Unser tägliches Erleben spielt sich in Einstellungen ab und diese unterscheiden sich deutlich von Wahrgenommenem (sie sind nicht in der Außenwelt antreffbar), von Erinnertem (sie sind nichts Vergangenes) und von Gedachtem (sie sind nicht dynamisch auf die Lösung von Problemen ausgerichtet). Wenn die Einstellungen, wie wir hier behaupten, tatsächlich eine Erlebnis-

art sind, der das eigenständige Geburtsrecht in der Psychologie weitgehend vorenthalten wurde, müßte sich diese Erlebnisart auch in anderen Protokollen psychologischer Experimente irgendwie nachweisen lassen, zwar nicht in den Versuchen, in denen die Versuchspersonen starr eingespannt sind und überhaupt nicht aufgefordert werden, frei über Erlebnisse zu berichten, aber doch in den lebensnäheren Untersuchungen. Genau dies ist auch der Fall. Als Beispiel aus dem bisher noch nicht herangezogenen Bereich der Lern- und Gedächtnispsychologie sei an die Experimente Sir Frederick Bartletts (1932) erinnert. Auch die Erinnerungen, so wird hier gezeigt, haben jenen verschwimmenden, vereinfachten, schematisierten Charakter, der den Einstellungen den Namen Stereotype eingebracht hat. Dies läßt sich nicht nur an bildlichem Material (vgl. Gombrich 1965) sondern auch an Erzählungen aufzeigen, die aus dem Gedächtnis wiederholt werden sollen (Morris 1939, Clark 1940, Tresselt u. Spragg 1941).

[3] Weitere Beispiele für den Mechanismus der Centration bei nationalen Vorurteilen: Für die Amerikaner sind die Pfälzer Bauern in Pennsylvanien die typischen Deutschen (Totten 1964), für die Russen übernehmen die Balten teilweise diese imagebildende Funktion (Laqueur 1939), das Deutschenbild der Franzosen orientiert sich zentrierend an den Elsässern, die als Deutsche par excellence überbewertet werden (Sartre, Malraux). Im 19. Jahrhundert waren es die deutschen, vornehmlich die rheinischen Wirte, also wieder eine kleine herausgehobene Minderheit, die für den Engländer auf seiner Grand tour das Bild vom Deutschen formte, der dann ganz allgemein als unhöflich und geldgierig galt.

Eine andere geographische Zentrierung zeigt das Deutschlandbild, das die englischen Schulbücher vermitteln (Johnson 1973). Diese übersehen Süddeutschland fast vollständig und bevorzugen in ihrer Darstellung Norddeutschland. „Der Informationswert und die realistische Qualität der Beschreibungen nehmen ab, sobald sie nach Süden vorrücken. Deutschland wird mit Nordwest-Deutschland gleichgesetzt, und der katholische Süden erscheint als ein unbekanntes Land verglichen mit dem protestantischen Norden. Vier Faktoren können zur Erklärung herangezogen werden:
1. Die geographische Nähe Nordwest-Deutschlands macht es für englische Besucher leichter zugänglich.
2. Die Engländer empfinden eine engere kulturelle Ähnlichkeit mit dem protestantischen Norden, den sie besser interpretieren können, als mit dem katholischen Süden.
3. Die Stationierung englischer Truppen im Nordwesten seit 1945 hat das Interesse an dieser Region gesteigert.

4. Die historische englische Verbindung mit Hannover gibt dem Nordwesten einen traditionellen Vorrang in englischer Sicht."

Stempel (1967) weist auf einen anderen falsch zentrierenden Einfluß einer besonderen Gruppe auf das Deutschenbild hin, den der französischen Emigranten, deren Berichte über Deutschland vor allem von ihrer deutschen Interessenlage gegenüber den in Frankreich herrschenden Umständen geprägt werden. Nicht Deutschland an sich ist für sie interessant und der Schilderung wert, sondern nur solche besonderen Umstände, die im Emigrationsland in das innenpolitische Weltbild der Emigranten passen. Eine derartige innenpolitisch zentrierte Betrachtungsweise leitet auch die beiden klassischen Berichte über Deutschland, den des Tacitus und den der Mme de Staël. Beiden Autoren ging es nicht um ein abgewogenes Bild von den Deutschen, sondern vielmehr nur um die Punkte, die für ihre Argumentation wichtig waren: für Tacitus die Beweise der Unverdorbenheit, der Sittenstrenge, die er den seiner Meinung nach dekadenten Römern vorhielt; für die Mme de Staël die unschuldige, auf althergebrachten Sitten beruhende Kulturblüte, die sie den nach ihrer Ansicht despotischen Zuständen in Frankreich unter Napoleon entgegenstellte.

[4] Wollte man den Chauvinismus der Lebensziele systematisieren, so wäre hierfür am ehesten die Typologie Eduard Sprangers heranzuziehen. Er unterscheidet den theoretischen, den ökonomischen, den sozialen, den religiösen, den ästhetischen und den politischen Menschen. Unter all diesen Lebensformen treten typische Vorurteile und Fehlinterpretationen auf. Ein Krawattenmuster ist für den ästhetischen Menschen eine Augenfreude, ein Ausdruck des Lebensgefühls, der ökonomische zieht grobe Muster vor, auf denen man die Flecken nicht so sieht, dann spart man die Reinigung. Beim Weltraumflug denkt der Theoretiker an den gestirnten Himmel und an mathematische Formeln, der religiöse Mensch daran, daß man Gott näher kommt, der soziale an die größere Verbundenheit der Menschen untereinander, der ökonomische vor allem an den Teflon-Überzug, der auch auf Bratpfannen verwendet werden kann, der politische Mensch an die Verwendbarkeit der Raketen als Abschreckungswaffen. Es liegt nahe, daß es schwierig ist, gegenüber den fremden Gesichtspunkten Vorurteile zu vermeiden.

[5] Von einer Logik in diesem Zusammenhang zu sprechen scheint uns auch deswegen weniger am Platze zu sein, weil es sich bei den aufzufindenden Gesetzmäßigkeiten vermutlich um genetisch frühere Strukturen handelt, die den strengen Erfordernissen des Descartes kaum entsprechen. Wir werden uns also in die Nähe einer anderen wissenschaftstheoretischen Tradition begeben, die durch den Namen Giambattista Vicos gekennzeichnet

ist (vgl. Viehweg 1953). Wir glauben, daß in der Rhetorik nicht nur, wie man heute annehmen möchte, Figuren der Rede aufgezeichnet sind, also Techniken der Publikumsbeeinflussung, sondern eine Logik des primitiven Denkens. Die Vorurteile sind Versatzstücke, die aus dem Fundus der seelischen Bühne stammen und immer dann hervorgeholt werden, wenn ein Stück aufgeführt werden soll, in dem Fremde auftreten. Die Vorurteile sollen als Bestandteile des seelischen Apparats gesehen werden; sie sind die Bedingungen der Möglichkeit, das Fremde zu apperzipieren.

[6] Von der Verdrängung ist es allerdings nur ein kurzer Schritt zur Projektion. Insofern ist diese Form der Bewältigung des Fremden nicht ungefährlich. Die Völkerpsychologie zeigt, daß man oft unterdrückte eigene Wünsche, zensierte Triebregungen beim Gegner wiederfindet. Ein universeller Vorwurf gegen feindselige Völker ist der, daß sie in unverschämter Weise den eigenen Frauen nachstellten. In die Rassengesetzgebung des Dritten Reiches ist dieses Wahngespinst der Projektion eingegangen. Als „Rassenschande" wurden die sexuellen Beziehungen zwischen Juden und (vor allem) deutschen Frauen grausam bestraft. Auch in Südafrika spielt in der Politik der „Apartheid" der Gedanke mit, daß es dem andersartigen Neger verboten sein müsse, sich der weißen Frau zu bemächtigen. In den Südstaaten der USA verfolgte der Ku-Klux-Clan vor allem tatsächliche und angebliche Übergriffe von Schwarzen gegen die Ehre der weißen Frau. Cash (1941; 132) bespricht das Problem und kommt zu dem Schluß, daß die „aktuelle Gefahr für eine weiße Südstaatenfrau, von einem Neger vergewaltigt zu werden, immer verhältnismäßig klein war", „die Chance war viel kleiner als vom Blitz getroffen zu werden". Trotzdem sei es die „natürlichste Sache der Welt für den Süden gewesen, die Gefahr als sehr groß anzusehen, die es erforderlich mache, zu verzweifelten Maßnahmen zu greifen, um sie abzuwehren". Es sei darauf hingewiesen, daß ein angeblicher Überfall der Phönizier auf die Frauen von Argos, bei dem die Königstochter Io geraubt worden sei, nach Herodot (I, 1) der Ausgangspunkt der Feindschaft zwischen Hellenen und Barbaren war.

Eine konsequente Interpretation jeglicher Vorurteilsbildung im Sinne der Erfassungstechnik des Verdrängens und Projizierens geben Adorno und seine Mitarbeiter (1950). Für sie „ist die Angst vor der Bedrohung durch alles Fremde, das schlechthin als unheimlich wahrgenommen wird, einer der Grundfaktoren in der psychischen Struktur bestimmter Typen von intoleranten Menschen" (Quasthoff 1973; 107).

[7] Selbst eine deutsche Eigentümlichkeit, über die sich der Fremde lustig macht, über die er schmunzelt, kann zum Ansatzpunkt des Vorverständnisses werden. Zu den ersten Wörtern, die ein des Deutschen unkundiger

Fremder versteht, gehören die Anredeformeln. In den englischen Romanen treten sie oft, teilweise verballhornt, im Original auf. Die deutsche Titelsucht wird durch eine wörtlich zitierte Anrede persifliert. „Der ‚Herr Untermeister‘, der ‚Herr Obermeister‘, der ‚Herr Oberlehrer‘, die ‚Frau Feldleutnantswitwe‘, der ‚Herr Geheimarchivrat‘, die ‚gnädige Frau Oberregierungsrat‘, der ‚wohlgeborene Graf‘, sie alle müssen der Spottlust eines Thackeray, Charles Kingsley, Wells, Galsworthy, eines Lawrence und Jerome wie einer ‚Elizabeth‘, einer ‚Marcia‘ und Katherine Mansfield dienen.“ „Eine weitere Gruppe deutscher Ausdrücke hängt mit der den Deutschen so wichtigen Sorge für das leibliche Wohl zusammen: Wirtschaft, Konditorei, Küche, Hausfrau, Sauerkraut, Wurst, Kaiserschmarrn, dicker Reis, belegte Brötchen, Bier, Most, Schnaps, Kaffeeklatsch, Schlagsahne, allen diesen Worten glaubt man durch die Wahl des deutschen Ausdrucks ein echtes Lokalkolorit zu geben. Zu erwähnen ist hier auch Thackeray, der mit seinem ‚Pumpernickel‘, ‚Kalbsbraten‘, ‚Eyer‘, ‚Speck‘ u. a. gern aus dieser Sphäre seine Eigennamen für deutsche Personen und Verhältnisse wählt.“ Einen wenig objektiven Eindruck von der deutschen Sprache – und damit von den Deutschen – bekommt der englische Leser der romantischen Literatur allerdings durch den Umstand, daß oft gerade deutsche Flüche in teilweise verzerrter Form im Original wiedergegeben werden. Bei Sir Walter Scott flucht der Schmugglerkapitän Dick Hatteraick im Roman „Guy Mannering“ in seiner Muttersprache: „sturmwetter“, „wetter und donner“, „fluch und blitzen“, „tausend donner“, „potz donner“, „snow-wasser and hagel“, „hold me der deyvil“, „sapperment“, „strafe mich helle“. Auch Lord Byron erfreut seinen Leserkreis mit deutschen Flüchen in der Originalsprache, ihm sind „Hundsfot“ und „Verflucter“ in Erinnerung geblieben (Schultz 1939; 16, 34).

6.3. Literatur

Abelson, R. P. u. a., 1968, Theories of cognitive consistency. Chicago.

Ach, N., 1905, Über die Willenstätigkeit und das Denken. Göttingen.

Adorno, T. W., Frenkel – Brunswik, Else, Levinson, D. I., u. Sanford, R. N., 1950, The authoritarian personality. New York. Harper.

Adorno, Th. W., 1965, Tabus über den Lehrberuf. Neue Sammlung.

Adorno, Th. W. et al., 1970, Der Positivismusstreit in der modernen Soziologie. Neuwied.

Aebli, H. u. Montada, L., 1968, Über den Egozentrismus des Kindes. Stuttgart.

Alexander, C. N., 1966, Attitude as a scientific concept. Soc. forces 45.

Allport, G. W., 1931, What is a trait of personality? J. abnor. soc. psychol. 25.

Allport, G. W., 1935, Attitudes. In: Murchison, C. M. (Hrg.), Handbook of social psychology. Worcester, Mass.

Allport, G. W., 1954, The nature of prejudice. Cambridge, Mass.

Allport, G. W., 1968, The historical background of modern social psychology. In: Lindzey, G. u. Aronson, E. (Hrg.), The handbook of social psychology I. Reading, Mass.

Allport, G. W. u. Kramer, B. M., 1946, Some roots of prejudice. J. psychol. 22.

Allport, G. W. u. Postman, L., 1947, The psychology of rumor. New York.

Allport, G. W., Vernon, P. E. u. Lindzey, G., 1951, Study of values. Boston.

Anthony, S., 1973, The discovery of death in childhood and after. Harmondsworth (Penguin).

Apel, K.-O. u. a., 1971, Hermeneutik und Ideologiekritik. Frankfurt.

Aranguren, J. L., 1964, L'image espagnole de l'Allemagne. Rev. de psychol. des peuples (Le Havre) 19.

Ariès, Ph., 1975, Geschichte der Kindheit. München.

Ariès, Ph., 1976, Studien zur Geschichte des Todes im Abendland. München.

Aronson, E. u. Cope, V., 1968, My enemy's enemy is my friend. J. personality soc. psychol. 8.

Asch, S. E., 1952, Social psychology. New York. Prentice-Hall.

Asch, S. E., 1959, A perspective on social psychology. In: Koch, S. (Hrg.), Psychology: A study of a science. 3. New York. McGraw-Hill.

Baden, H. J., 1977, Rechtfertigung des Bürgers. Frankfurt.

Balet, K. u. Gerhard, E., 1972, Die Verbürgerlichung der deutschen Kunst, Literatur u. Musik im 18. Jh. Frankfurt.

Bandura, A., 1962, Social learning through imitation. In: Jones, M. E. (Hrg.), Nebraska symposium on motivation. Lincoln.

Bandura, A., 1965, Influence of models' reinforcement contingencies on the acquisition of imitative responses. J. personality soc. psychol. 1.

Bandura, A. u. Walters, R. H., 1963, Social learning and personality development. New York. Holt.

Barber, Th. u. Silver, M. J., 1968, Fact, fiction and experimenter bias effect. Psychol. bul. 70.

Barth, H., 1961, Wahrheit und Ideologie. Eschenbach-Zürich.

Barthes, R., 1957, Mythen des Alltags. 3. A. Frankfurt.

Bartlett, Sir F., 1932, Remembering. Cambridge.

Bass, B. M., 1955, Authoritarianism or acquiescence. J. abnor. soc. psychol. 45.

Bateson, G., 1935, Culture contact and schismogenesis. Man 3.

Bateson, G. u. a., 1956, Toward a theory of schizophrenia. Behavioral sci. I.

Baudet, H., 1965, Paradise on earth. Some thoughts on European images of non-European man. New Haven u. London.

Baumgarten, Franziska, 1961, Seelische Not und Vorurteil. München.

Beauvoir, S. de, 1972, Das Alter. Reinbek.

Becker, E., 1976, Dynamik des Todes. Olten.

Becker, G. et al., 1977, Aus der Zeit der Verzweiflung. Zur Genese und Aktualität des Hexenbildes. Frankfurt.

Beit, H. v., 1975, Symbolik des Märchens. 5. A. Bern.

Berelson, B. u. Salter, P., 1946, Majority and minority Americans. Public opinion quart 10.

Berelson, B. u. Steiner, G. A., 1964, Human behavior. New York u. Burlingame.

Berger, P. L. u. Luckmann, Th. (1966), 1971, The social construction of reality. Harmondsworth.

Berger, S. M. u. Lambert, W. W., 1968, Stimulus-response theory in contemporary social psychologie. In: Lindzey, G. u. Aronson, E. (Hrg.). The handbook of social psychology, I. Reading, Mass.

Bergler, R., 1966, Psychologie stereotyper Systeme. Bern u. Stuttgart.

Berlyne, D. E., 1960, Conflict, arousal and curiosity. New York.

Bernard, C., 1865, Introduction à la médicine expérimentale. Paris.

Berne, E., 1975, Spiele der Erwachsenen. Reinbek.

Bernfeld, S., 1931, Antiautoritäre Erziehung und Psychoanalyse. Neu 1975.

256

Bernstein, B., 1972, Studien zur sprachlichen Sozialisation. Düsseldorf.

Bertalanffy, L. V., 1950, An outline of general systems theory. Brit. j. phil. sci. 1.

Bettelheim, B. u. Janowitz, M., 1964, Social change and prejudice. Glencoe.

Betz, W., 1910, Vorstellung und Einstellung I. Über Wiedererkennen. Arch. ges. Psychol. 17.

Bierwirth, G., 1972, Zum Beispiel Jerry Cotton. LiLi 2.

Binion, R., 1973, Hitler's concept of Lebensraum. History of childhood quart. 1.

Binswanger, L., 1953, Grundformen und Erkenntnis menschlichen Daseins. 2. A. Zürich.

Birnbaum, N., 1960, The sociological structure of ideology (1940–1960). Current sociol. 9.

Bitterli, U., 1970, Die Entdeckung des schwarzen Afrikaners. Versuch einer Geistesgeschichte der europäisch-afrikanischen Beziehungen. Zürich.

Bitterli, U., 1976, Die „Wilden" und die „Zivilisierten". München.

Blake, R. u. Dennis, W., 1943, Development of stereotypes concerning the negro. J. abnor. soc. psychol. 38.

Bloom, L., 1959, Piaget's theory of the development of moral judgement. J. genet. psychol. 95.

Blumer, H., 1955, Attitudes and the social act. Soc. Problems 3.

Böge, K., 1932, Arm und reich vom kindlichen Standpunkt aus gesehen. J. Psychol. u. Jugendkunde 33.

Böll, H., 1974, Die verlorene Ehre der Katharina Blum. Köln.

Bogardus, E. S., 1925, Measuring social distance. J. appl. sociol. 9.

Bogardus, E. S., 1947, Changes in racial distances. Intern. j. opinion and attitudes res. 1.

Bogardus, E. S., 1968, Comparing racial distance in Ethiopia, South Africa, and the United States. Sociol. and social res. 52.

Bollnow, O. F., 1943, Das Wesen der Stimmungen. 2. A. Frankfurt.

Bollnow, O. F., 1962, Maß und Vermessenheit des Menschen. Göttingen.

Bollnow, O. F., 1970, Philosophie der Erkenntnis. Stuttgart.

Bondy, F., 1965, Für die Franzosen: Nächste Ferne. Der Monat 200.

Bondy, F. (Hrg.), 1970, So sehen sie Deutschland. Staatsmänner, Schriftsteller und Publizisten aus Ost und West nehmen Stellung. Stuttgart-Degerloch.

Boulding, K. E., 1956, The image. Ann Arbor.

Boulding, K. E., 1959, National images and international systems. J. confl. resol. 3.

Boyer, B.-M., 1973, Wechselseitige Stereotypen in Deutschland und Frankreich. Z. Kulturaustausch 23.

Brackert, H. u. Lämmert, E. (Hrg.), 1976, Literatur. Frankfurt

Brandt, L. W. u. E. P., 1974, Der Psychologe und der Mensch. Psychol. Rundschau 25.

Brim, O. G. u. a., 1970, The dying patient. New York.

Brown, R., 1965, Social psychology. New York u. London.

Bruner, J. S., Goodnow, Jacqueline, Austin, G. A., 1956, A study of thinking. New York.

Bruner, J. S. et al., 1957, Contemporary approaches to cognition. Cambridge, Mass.

Bruner, J. S. u. Postman, L. J., 1949, On the perception of incongruity. A paradigm. J. personality 18.

Brunswik, E., *1956*, Perception and representative design of psychological experiments. Berkeley.

Brunswik, E., 1957, Scope and aspects of the cognitive problem. In: Gruber, H. et al. (Hrg.), Cognition. The Colorado symposion. Cambridge, Mass.

Brunswik, E. u. Reiter, Lotte, 1938, Eindruckscharaktere schematisierter Gesichter. Z. Psychol. 142.

Bruster, M. u. Hohmeier, J. (Hrg.), 1975, Stigmatisierung. Neuwied.

Bühler, Charlotte, Hetzer, Hildegard u. Mabel, Francis, 1928, Die Affektwirksamkeit von Fremdheitseindrücken im ersten Lebensjahr. Z. Psychol. 107.

Bühler, K., 1907–8, Tatsachen und Probleme zu einer Psychologie der Denkvorgänge. Arch. ges. Psychol. 9, 12.

Bühler, K., 1927, Die Krise der Psychologie. Jena.

Bühler, K., 1934, Sprachtheorie. Jena.

Bürger, Chr., 1973, Textanalyse als Ideologiekritik. Frankfurt.

Burke, E., 1970, Reflections on the Revolution in France. London. Neuausgabe 1968.

Burland, C. A. u. Forman, W., 1968, So sahen sie uns. Das Bild der Weißen in der Kunst der farbigen Völker. Wien.

Busse, B., 1976, Der deutsche Schlager. Wiesbaden.

Campbell, D. T., 1950, The indirect assessment of social attitudes. Psychol. Bul. 47.

Campbell, D. T., 1963, Social attitudes and other acquired behavioral dispositions. In: Koch, S. (Hrg.), Psychology: A study of a science 6. New York. McGraw Hill.

Cannon, W. B., 1939, The wisdom of the body. New York. Norton.

Carter, W. A., 1958, Nicknames and minority groups. In: Thompson, E. T. u. Hughes, E. C. (Hrg.), Race. Glencoe, Ill.

Cartwright, D. u. Harary, F., 1956, Structural balance: A generalisation of Heider's theory. Psychol. rev. 63.

Catton, W. C. u. Sung, Ch. H., 1962, The relation of apparent minority ethnocentrism to majority antipathy. Amer. sociol. rev. 27.

Cauthen, N. R., Robinson, Ira, und Krauss, H. H., 1971, Stereotypes: A review of the literature 1926–1968. J. soc. psychol. 84.

Chein, I., 1948, Behavior theory and the behavior of attitudes: some critical comments. Psychol. rev. 55.

Child, I. L. u. Doob, L., 1943, Factors determining national stereotypes. J. soc. psychol. 17.

Chinard, G., 1913, L'Amérique et le rêve exotique dans la littérature française au XVII et au XVIII siècle, Paris.

Choron, J., 1967, Der Tod im abendländischen Denken. Stuttgart.

Christianson, B., 1959, Attitudes toward foreign affairs as a function of personality. Oslo.

Christie, R. u. Jahoda, Marie, 1954, Studies in the scope and method of „The authoritarian personality". New York. Free press.

Clark, K. B., 1940, Some factors influencing the remembering of prose material. Arch. Psychol. N. Y. 35.

Clark, K. B. u. Clark, Mamie P., 1958, Racial identification and preference in Negro children. In: Maccoby, Eleanor E., Newcomb, T. M., Hartley, E. L. (Hrg.), Readings in social psychology. New York. 2. A. 1961.

Clarke, Helen M., 1911, Conscious attitudes. Amer. j. psychol. 32.

Cofer, C. N. u. Foley, J. P., 1942, Mediated generalisation and the interpretation of verbal behavior. I. Prolegomena. Psychol. rev. 49.

Cofer, C. N. u. Foley, J. P., 1943, Experimental study of certain homophone and synonym gradients. J. exp. psychol. 32.

Cofer, C. N., Janis, Marjorie G., u. Rowell, Mary M., 1943, Experimental study of antonym gradients. J. exp. psychol. 32.

Cohn, F. S. u. Carsh, H., 1954, Administration of the F-Scale to a sample of Germans. J. abnor. soc. psychol. 52.

Comte, A., 1956, Discours sur l'esprit positif (Hrg. Fetscher). Hamburg.

Conrad, K., 1947, Über den Begriff der Vorgestalt und seine Bedeutung für die Hirnpathologie. Nervenarzt 18.

Cook, St. W. u. Selltitz, Claire, 1964, A multiple indicator approach to attitude measurement. Psychol. bul. 62.

Cooper, J. B. u. McGaugh, 1962, Integrating principles of social psychology. New York. Schenkman.

Cranach, M. v., Irle, M. u. Vetter, H., 1965, Analyse des Bumerang-Effektes. Psychol. Forschg. 28.

Curtius, E. R., 1954, Europäische Literatur und lateinisches Mittelalter. Bern.

Dach, J. S., 1937, Der erste Eindruck. Seine Bedeutung und Bedingtheit. Berlin.

Däumling, A., 1960, Psychologische Leitbildtheorien. Psychol. Rundsch. 9.

Davis, A., Gardner, B. B. u. Gardner, M. R., 1941, Deep South. Chicago.

Davis, E. E., 1964, Zum gegenwärtigen Stand der Vorurteilsforschung. Politische Psychol. 3.

Dawson, W. H., 1915, What is wrong with Germany? London.

DeFleur, M. L. u. Westie, F. R., 1958, Verbal attitudes and overt acts: An experiment on the salience of attitudes. Amer. sociol. rev. 23.

DeFleur, M. L. u. Westie, F. R., 1963, Attitudes as a scientific concept. Soc. forces 42.

DeMause, L. (Hrg.), 1977, Hört ihr die Kinder weinen. Frankfurt.

den Hollander, A. J. N., 1946, Het andere Volk. Leiden.

Deutsch, K. W., u. Merritt, R. L., 1965, Effects of events on national and international images. In: Kelman, H. C. (Hrg.), International behavior. New York.

Deutsch, M., 1949, A theory of cooperation and competition, Human relations 2.

Deutsch, M., 1973, The resolution of conflict. New Haven u. London.

Deutsch, M. u. Collins, Mary E., 1951, Interracial Housing. Minneapolis.

Devereux, G., 1967, Angst und Methode in den Verhaltenswissenschaften. München.

Devereux, G., 1970, Normal und Anormal. Frankfurt.

Dewey, J., 1930, Human nature and conduct. New York. Modern Library.

Dicks, H. V., 1950, Personality traits and national-socialist ideology. Human Relat. 3.

Diderot, D., ab 1751, Encyclopédie ou Dictionnaire raisonné des arts, des sciences et des métiers. 39 Bde. Genf 1777.

Diem, Heidi, 1935, Das Bild Deutschlands in Chateaubriands Werk. Bern.

Dilthey, W., 1959 ff., Gesammelte Schriften. Stuttgart und Göttingen.

Doob, L. W., 1947, The behavior of attitudes. Psychol. rev. 54.

Doob, L. W., 1964, Patriotism and nationalism. Their psychological foundations. New Haven and London.

Droba, D. D., 1933, The nature of attitude. J. soc. psychol. 4.

Duijker, H. C. J., Frijda, N. H., 1960, National character and national stereotypes. Amsterdam.

Duijker, H. C. J., Fraisse, P., Meili, R., Oléron, P., u. Paillard, J., 1961, Les attitudes. Paris, Presses univ.

Duncker, K., 1945, The influence of past experience upon perceptual properties. Amer. J. psychol. 52.

Duverger, M., 1951, Les partis politiques. Paris.

Ehrlich, H. J., 1964, Instrument error and the study of prejudice. Soc. forces 43.

Ehrlich, H. J., 1973, The social psychology of prejudice. New York. Wiley.

Eibl-Eibesfeldt, I., 1969, Grundriß der vergleichenden Verhaltensforschung. 2. A. München.

Eibl-Eibesfeldt, I., 1973, Der vorprogrammierte Mensch. Das Ererbte als bestimmter Faktor im menschlichen Verhalten. Wien-München-Zürich.

Eisele, Susanne, 1959, Das Deutschenbild in der amerikanischen Literatur. Phil. Diss. Erlangen.

Eliade, M., 1977, Im Mittelpunkt. Wien.

Elkind, D. u. Sameroff, A., 1970, Development psychology. Annual rev. psychol. 4.

Erikson, E. H., 1950, Childhood and society. New York.

Estes, W. K., 1972, An associative basis for coding and organization. In: A Melton, A. W. u. Martin, E. (Hrg.), Coding processes in human memory. Washington, D. C.

Eyferth, K., 1959, Starrheit und Integration. Ein Vergleich der typologischen Forschungen von E. R. Jaensch und T. W. Adorno. Psychol. Rundsch. 10.

Eyferth, K., 1964, Das Lernen von Haltungen, Bedürfnissen und sozialen Verhaltensweisen. Handbuch Psychol. 1,2. Göttingen.

Eyferth, K. u. Kreppner, K., 1972, Entstehung, Konstanz und Wandel von Einstellungen. Handbuch Psychol. 7,2. Göttingen.

Eysenck, H. J., 1961, Personality and social attitudes. J. soc. psychol. 53.

Fast, J., 1973, Typisch Mann! Typisch Frau! Reinbek.

Fendrich, J. M., 1967, A study of the association among verbal attitudes, commitment, and overt behavior in different experimental situations. Soc. forces 45.

Festinger, L., 1957, A theory of cognitive dissonance. Evanston, Ill.

Festinger, L., Riecken, H. u. Schachter, S., 1956, When prophecy fails. Minneapolis.

Fetscher, I., 1960, Rousseaus politische Philosophie. Zur Geschichte des demokratischen Freiheitsbegriffs. Neuwied.

Fiedler, F. E., 1958, Leader attitudes and group affectiveness. Urbana, Ill.

Fishbein, M., 1967, Attitude and prediction of behavior. In: Fishbein, M. (Hrg.), Attitude theory and measurement. New York, London, Sydney.

Flach, Auguste, 1925, Über symbolische Schemata im produktiven Denkprozeß. Arch. ges. Psychol. 52.

Flemming, W., 1931, Der Wandel des deutschen Naturgefühls vom 15. zum 18. Jh. Halle.

Foley, J. P. u. Mathews, M. A., 1953, Mediated generalization and the interpretation of verbal behavior. Experimental study of the development of interlinguistic syndrom gradients. J. exp. psychol. 33.

Foucault, M., 1968, Psychologie und Geisteskrankheit. Frankfurt.

Foucault, M., 1969, Wahnsinn und Gesellschaft. Frankfurt.

Foucault, M., 1977, Überwachen und Strafen. Frankfurt.

Franken, K. V., 1900, Der gute Ton. Neudruck München 1977.

Freud, S., 1900, Die Traumdeutung. Wien. Deuticke.

Freud, S., 1911, Formulierungen über die zwei Prinzipien des psychologischen Geschehens. Ges. Werke 8. London 1943.

Friedländer, M. J., 1923, Die niederländische Malerei des 17. Jh. Berlin.

Fröhlich, W. D. u. Laux, L., 1969, Serielles Wahrnehmen, Aktualgenese, Informationsintegration und Orientierungsreaktion I. Aktualgenetisches Modell und Orientierungsreaktion. Z. exper. angew. Psychol. 16.

Fromm, E., 1976, Haben oder Sein. Stuttgart.

Fuchs, W., 1973, Todesbilder in der modernen Gesellschaft. Frankfurt.

Gadamer, H.-G., 1965, Wahrheit und Methode. 2. A. Tübingen.

Gadamer, H.-G., 1971, Hegels Dialektik. Tübingen.

Galinsky, H., 1968, Deutschland in der Sicht von D. H. Lawrence und T. S. Eliot. In: Amerika und Europa. Berlin.

Gehlen, A., 1955, Der Mensch. 5. A. Bonn.

Gehlen, A., 1957, Die Seele im technischen Zeitalter. Hamburg.

Geiger, Th., 1953, Ideologie und Wirklichkeit. Stuttgart.

Gibson, J. J., 1941, A critical review of the concept of set in contemporary experimental psychology. Psychol. bul. 38.

Gilbert, G. M., 1951, Stereotype persistence and change among college students. J. abnor. soc. psychol. 46.

Ginsburg, H. u. Opper, Sylvia, 1969, Piaget's theory of intellectual development. An introduction. Englewood Cliffs, N. J.

Goffman, E., 1971, Interaktionsrituale. Frankfurt.

Goffman, E., 1975, Stigma. Frankfurt.

Golightly, Carole u. Byrne, D., 1964, Attitude statements as positive and negative reinforcements. Science 1946.

Gombrich, E. H., 1965, Art and illusion. A study in the psychology of pictorial representation. New York: Bollingen foundation.

Gorer, G., 1965, Death, grief and mourning. New York.

Gottschaldt, K., 1926, Über den Einfluß der Erfahrung auf die Wahrnehmung von Figuren. I. Über den Einfluß gehäufter Einprägung von Figuren auf ihre Sichtbarkeit in umfassenden Konfigurationen. Psychol. Forsch. 8.

Gottschaldt, K., 1929, Über den Einfluß der Erfahrung auf die Wahrnehmung von Figuren. II. Vergleichende Untersuchungen über die Wirkung figuraler Einprägung und den Einfluß spezifischer Geschehensabläufe auf die Auffassung optischer Komplexe. Psychol. Forsch. 12.

Graumann, C. F., 1955/56, Social perception. Z. exp. angew. Psychol. 3.

Graumann, C. F., 1959, Aktualgenese. Die deskriptiven Grundlagen und theoretischen Wandlungen des aktual-genetischen Forschungsansatzes. Z. exper. angew. Psychol. 6.

Graumann, C. F., 1960, Grundlagen einer Phänomenologie und Psychologie der Perspektivität. Berlin, de Gruyter.

Graumann, C. F., 1964, Eigenschaften als Problem der Persönlichkeitsforschung. Handbuch Psychol. 4. 2. Göttingen.

Graumann, C. F., 1965, Die Dynamik von Interessen, Wertungen und Einstellungen. Handbuch Psychol. 2. Göttingen.

Graumann, C. F., 1965a, Subjektiver Behaviorismus. Arch. ges. Psychol. 117.

Graumann, C. F. (Hrg.), 1965b, Denken. Köln u. Berlin.

Graumann, C. F., 1966, Nicht-sinnliche Bedingungen des Wahrnehmens. In: Metzger, W. (Hrg.), Handbuch Psychol. I., 1. Göttingen.

Graumann, C. F., u. Heckhausen, H. (Hrg.), 1973, Pädagogische Psychologie I. Entwicklung und Sozialisation. Frankfurt.

Greverus, Ina-Maria, 1972, Der territoriale Mensch. Ein literaturanthropologischer Versuch zum Heimatphänomen. Frankfurt.

Grunberger, B., 1962, Der Antisemit und der Ödipuskomplex. Psyche 16.

Guthrie, E. R., 1935, The psychology of learning. New York. Harpers.

Guttmann, L., 1944, A basis for scaling qualitative data. Amer. sociol. rev. 9.

Haber, R. N., 1966, Nature of the effect of set on perception. Psychol. rev. 73.

Habermas, J., 1963, Theorie und Praxis. Neuwied.

Habermas, J., 1968, Erkenntnis und Interesse. Frankfurt.

Hahn, A., 1968, Einstellungen zum Tode und ihre soziale Bedingtheit. Stuttgart.

Harding, J., Kutner, B., Proshansky, H., u. Chein, I., 1954, Prejudice and ethnic relations. In: Lindzey, G. (Hrg.), Handbook of social psychology 2. A. Reading, Mass.

Hartig, M. (Hrg.), 1975, Selbstkontrolle. 2. A. München.

Hartley, E. L., 1946, Problems in prejudice. New York.

Hartley, E. L. u. Hartley, Ruth E., 1955, Die Grundlagen der Sozialpsychologie. Berlin.

Hartmann, H., 1939, Ich-Psychologie und Anpassungsproblem. Imago 24.

Hassenstein, B., 1973, Verhaltensbiologie des Kindes. München.

Hastorf, A. u. Cantril, H., 1954, They saw a game. J. abnor. soc. psychol. 49.

Hayek, F. A., 1959, Mißbrauch und Verfall der Vernunft. Frankfurt.

Hayek, F. A., 1976, Der Weg zur Knechtschaft. München.

Hediger, H., 1942, Wildtiere in Gefangenschaft. Basel.

Heidegger, M., 1949, Sein und Zeit, 6. A. Tübingen.

Heider, F., 1946. Attitude and cognitive organisation. J. psychol. 21.

Heider, F., 1958, The psychology of interpersonal relations. New York. Wiley.

Heintz, P. 1957, Soziale Vorurteile, Köln.

Heller, Celia S. u. Pinkney, A., 1965, The attitude of Negroes toward Jews. Soc. forces 43.

Hellpach, W., 1936, Typenschauregel, Typenwerderegel, Typenschwellregel. Arch. ges. Psychol. 97.

Helson, H., 1964, Adaptation level theory. New York, Evanston, London.

Hering, E., 1920, Grundzüge der Lehre vom Lichtsinn. Berlin.

Herrmann, Th., 1957, Der Methodendualismus in der Psychologie. Jahrb. Psychol. Psychotherapie 2.

Herrmann, W., 1972, Der allein ausziehende Held. Deutsche Vjs. 46.

Hess, E. H., 1959, Imprinting, an effect of early experience. Science 130.

Hess, E. H., 1965, Attitudes and pupil size. Scient. Amer. 212.

Hess, E. H. u. Polt, J. M., 1960, Pupil size as related to interest value of visual stimuli. Science 132.

Hilgard, E. R. u. Marquis, D. G., 1940, Conditioning and learning. New York. Appleton-Century.

Himmelstrand, U., 1960, Verbal attitudes and behavior. Publ. opin. quart. 24.

Hobbes, Th., 1893–45, Leviathan. London.

Höhn, Elfriede, 1967, Der schlechte Schüler. München.

Hölzle, E., 1969, Idee und Ideologie. Bern u. München.

Hofstätter, P. R., 1949, Psychologie der öffentlichen Meinung. Wien.

Hofstätter, P. R., 1954, Einführung in die Sozialpsychologie. Stuttgart und Wien.

Hofstätter, P. R., 1954, Die beiden Wissensbegriffe und die Psychologie. Jahrb. Psychol. Psychotherapie 2.

Hofstätter, P. R., 1957, Behaviorismus als Anthropologie. Jahrb. Psychologie Psychotherapie 4.

Hofstätter, P. R., 1957, Gruppendynamik. Hamburg.

Hofstätter, P. R., 1960, Das Denken in Stereotypen. Göttingen.

Hofstätter, P. R., 1973, Sozialpsychologie. 5. A. Berlin.

Holsti, D. R., 1962, The belief system and national images: A case study. J. confl. resol. 6.

Holzkamp, K., 1959. Das Problem der Akzentuierung in der sozialen Wahrnehmung. Z. exp. angew. Psychol. 12.

Holzkamp, K., 1972, Soziale Kognition. In: C. F. Graumann (Hrg.), Sozialpsychologie. 2. Handb. Psychol. 7. Göttingen.

Holzkamp, K., 1973, Sinnliche Erkenntnis. Frankfurt.

Holzner, B., o. J., Völkerpsychologie. Leitfaden mit Bibliographie. Würzburg.

Horowitz, E. L., 1936, The development of attitude toward the Negro. Arch. psychol. New York 194.

Horowitz, E. L. u. Horowitz, Ruth E., 1938, Development of social attitudes in children. Sociometry 1.

Hovland, C. I., 1959, Reconciling conflicting results derived from experimental and survey studies of attitude change. American psychologist 14.

Hovland, C. I., Janis, I. L., u. Kelley, H. H., 1953, Communication and persuasion. New Haven.

Hovland, C. I. und Rosenberg, M. J. (Hrg.), 1960, Attitude Organization and change. New Haven.

Huizinga, J., o. J., Homo ludens. Basel.

Hull, C. L., 1943, Principles of behavior. New York. Appleton.

Hull, C. L., 1952, A behavior system. New Haven.

Humboldt, A. v., 1806, Ideen zu einer Physiognomik der Gewächse.

Humboldt, A. v., 1808, Ansichten der Natur.

Humphrey, G., 1951, Thinking. London. Methuen.

Insko, C. A., 1965, Verbal reinforcement of attitude. J. personal. soc. psychol. 2.

Irle, M., 1960, Eine Analyse von Beziehungen zwischen verwandten Einstellungen und Kenntnissen über den Gegenstand der Einstellungen. Z. exp. angew. Psychol. 7.

Irle, M., 1967, Entstehung und Änderung von sozialen Einstellungen (Attitüden). Bericht 25. Kongreß der deutschen Gesellsch. Psychol. Göttingen.

Isaacs, H. R., 1958, Scratches on our minds. New York. John Day.

Izard, C. E., 1960, Personality, similarity, and friendship. J. abnor. soc. psychol. 61.

Jahnke, J., 1975, Interpersonale Wahrnehmung. Stuttgart.

Jahoda, Marie, Lazarsfeld, P. u. Zeisel, H., 1931, Die Arbeitslosen von Marienthal. 2. A. Allensbach 1960.

Jahoda, Marie u. Warren, N., 1966, Attitudes. Selected readings. Harmondsworth, Middlesex.

Jain, U., 1967, A study of stereotypes of college students and teachers toward themselves and seven other national groups. Indian psychol. rev. 3.

Jakobson, R., 1960, Linguistik und Poetik. In: Sebeek, T. A. (Hrg.), Style in language. Cambridge, Mass.

Jalkotzky, A., 1925, Kindliche Erkenntnisse über Klassenscheidung. Die sozialist. Erziehung 71–76.

James, W., 1890, The principles of psychology. New York.

Janis, I. L. u. King, B. T., 1954, The influence of role playing on opinion change. J. abnor. soc. psychol. 49.

Janis, I. L. u. Smith, M. B., 1965, Effects of education and persuasion on national and international images. In: Kelman, H. C. (Hrg.), International behavior. New York.

Jaspers, K., 1911, Zur Analyse der Trugwahrnehmungen. Z. ges. Neurol. u. Psychiatrie 1.

Jaspers, K., 1912, Die Trugwahrnehmungen. Z. ges. Neurol. u. Psychiatrie 4.

Jaspers, K., 1954, Psychologie der Weltanschauungen. 4. A. Berlin, Göttingen, Heidelberg.

Jaspers, K., 1959, Allgemeine Psychopathologie. 7. A. Berlin, Göttingen, Heidelberg.

Jones, E. E. u. Kohler, Rika, 1958, The effects of plausibility on the learning of controversial statements. J. abnor. Soc. psychol. 57.

Jose, J. u. Cody, J. J., 1971, Teacher-pupil interaction. Americ. educ. res. j. 8.

Jung, C. G., 1935, Über die Archetypen des kollektiven Unbewußten. Zürich.

Jung, C. G., 1952, Symbole der Wandlung. 4. A. Zürich.

Jung, C. G., 1960, Psychologische Typen. 9. A. Zürich.

Jung, C. G. u. Kérenyi, K., 1951, Einführung in das Wesen der Mythologie. 4. A. Zürich.

Kainz, F., 1967, Psychologie der Sprache. 4. A. Stuttgart.

Karsten, Anitra, 1928, Psychische Sättigung. Psychol. Forsch. 10.

Karsten, Anitra, 1953, Das Vorurteil. Psychol. Beitr. 1.

Kastenbaum, R. u. Aisenberg, R., 1972, The psychology of death. New York.

Katz, David, 1911, Die Erscheinungsweise der Farben. Leipzig.

Katz, David, 1913, Studien zur Kinderpsychologie. Leipzig.

Katz, Daniel, 1960, The functional approach to a study of attitudes. Pub. opin. quart. 24.

Katz, Daniel u. Allport, F. H., 1931, Student's attitudes. Syracuse.

Katz, Daniel u. Braly, K. W., 1935, Racial prejudice and racial stereotypes. J. abnorm. soc. psychol. 45.

Katz, Daniel u. Stotland, E., 1959, A preliminary statement to a theory of attitude structure and change. In: Koch, S. (Hrg.), Psychology: A study of a science. 3. New York. McGraw-Hill.

Katz, E. u. Lazarsfeld, 1955, Personal influence. Glencoe, Ill.

Keller, Margaret, 1943, Mediated generalization: the generalization of a conditioned GSR established to a pictured object. Amer. j. psychol. 56.

Kelman, H. C., 1965, International behavior. New York.

Kidder, L. H. u. Stewart, V. M., 1976, Vorurteile. Weinheim, u. Basel.

Killy, W., 1973, Deutscher Kitsch. 7. A. Göttingen.

Klapper, J. T., 1960, The effects of mass communication. Glencoe, Ill.

Klein, A. u. Hecker, H., 1977, Trivialliteratur. Opladen.

Klein, G. S., u. Holzman, P. S., 1950, The ,schematizing' process: Personality qualities and perceptual attitudes in sensitivity to change. Amer. psychologist 5.

Kleining, G., 1959, Zum gegenwärtigen Stand der Imageforschung. Psychol. u. Praxis 3.

Kleint, H., 1925, Über den Einfluß der Einstellung auf die Wahrnehmung. Arch. ges. Psychol. 51.

Klineberg, O., 1940, Social psychology. New York. Holt.

Klix, F., 1971, Information und Verhalten. Bern, Stuttgart, Wien.

Koch(-Hillebrecht), M., 1954, Fernsehen als neuer Umweltfaktor. Psychol. Rundschau 5.

Koch(-Hillebrecht), M., 1960, Die Begriffe Person, Persönlichkeit und Charakter. Handbuch Psychol. 4. Göttingen.

Koch(-Hillebrecht), M., 1961, Über den Aufforderungscharakter optischer Schablonen. Z. Psychotherapie medizin. Psychol. 11.

267

Koch(-Hillebrecht), M., 1964, Gedanken und Gedankenerinnerungen. Handbuch Psychol. I, 2. Göttingen.

Koch(-Hillebrecht), M., 1966, Die Telefonumfrage als Methode der Meinungsforschung. München.

Koch(-Hillebrecht), M., 1968, Zur Psychologie der Vorurteile. Jugendrotkreuz und Erzieher 20; 4.

Koch(-Hillebrecht), M., 1974, Das Gleichgewicht, eine Denkfigur bei der psychologischen Theorienbildung. Psychol. Rundschau 25.

Koch-Hillebrecht, M., 1977, Das Deutschenbild. München.

Koch(-Hillebrecht), M. u. B. Bredereck, 1965, Systematische Inhaltsanalyse großer deutscher illustrierter Zeitschriften 1960/1963. München.

Koch(-Hillebrecht), M. u. Streifinger R., 1966, Die frohe Botschaft vom guten Deutschen. Die Zeit 34.

Köhler, W., 1921, Intelligenzprüfung an Menschenaffen. Berlin.

Köhler, W., 1933, Psychologische Probleme. Berlin.

Kofler, L., 1975, Soziologie des Ideologischen. Stuttgart.

Kohler, Ivo, 1966, Die Zusammenarbeit der Sinne und das allgemeine Adaptationsproblem. In: Metzger, W. (Hg.), Allgemeine Psychologie I, 1. Handbuch Psychol. 1. Göttingen.

Kolakowski, L., 1960, Der Mensch ohne Alternative. München.

Kolari, R., 1969, Über ideologische und nationale Werte. Helsinki.

Kool u. Krause (Hrg.), 1972, Die frühen Sozialisten. München.

Koppelmann, H. L., 1956, Nation, Sprache und Nationalismus. Leiden.

Kornder, Th., 1934, Der Deutsche im Spiegelbild der englischen Erzählliteratur des 19. Jh. Phil. Diss. Erlangen.

Koselleck, R. u. a. (Hrg.), 1977, Objektivität und Parteilichkeit in der Geschichtswissenschaft. München.

Kragh, U., 1955, The actual-genetic model of perception-personality. Lund.

Kramer, F., 1977, Verkehrte Welten. Frankfurt.

Krech, D., Crutchfield, R. S. u. Ballachey, E. L., 1962, Individual in society. New York. McGraw-Hill.

Kretschmer, E., 1947, Medizinische Psychologie. 9. A. Stuttgart.

Kretschmer, E., 1950, Der sensitive Beziehungswahn. 3. A. Berlin, Göttingen, Heidelberg.

Kretschmer, E., 1955, Körperbau und Charakter. 21./22. A. Berlin, Göttingen, Heidelberg.

Kretschmer, E., 1958, Hysterie, Reflex und Instinkt. 6. A. Stuttgart.

Kreuzer, H., 1968, Die Bohème. Stuttgart.

Kries, J. v., 1895, Über die Natur gewisser mit den psychischen Vorgängen verknüpfte Gehirnzustände. Z. psychol. Physiol. Sinnesorgane 8.

Krüll, M., 1977, Schizophrenie und Gesellschaft. München.

Kubie, L. S., 1965, The ontogeny of racial prejudice. J. nerv. ment. desease 141.

Kucher, W., 1968, Die Wertung der Lebensalter bei den Naturvölkern. In: Thomae, H. u. Lehr, U. (Hrg.), Altern.

Kübler-Ross, Elisabeth, 1972, Gespräche mit Sterbenden. Stuttgart.

Külpe, O., 1893, Grundriß der Psychologie. Leipzig.

Külpe, O., 1912, Über die moderne Psychologie des Denkens. Intern. Jahrbuch f. Wissensch., Kunst u. Technik.

Kutner, B., Wilkins, Carol, u. Yarrow, Penny R., 1952, Verbal attitudes and overt behavior involving racial prejudice. J. abnor. soc. psychol. 47.

Lambert, W. W. u. Lambert, W. E., 1964, Social psychology. Englewood cliffs.

Lang, K. u. G. E., 1953, The unique perspective of television and its effect. Amer. sociol. rev. 18.

Lange, L., 1888, Neue Experimente über den Vorgang der einfachen Reaktion auf Sinneseindrücke. Phil. Stud. 4.

LaPiere, R. T., 1934, Attitudes vs. actions. Soc. forces 14.

LaRoque, B. B. de, 1960, Stéréotypes ethniques et problèmes d'immigration. Bul. cent. étud. rech. psychotechn. 9.

Lasswell, H. D., 1948, The structure and function of communication in society. In: Bryson, L. (Hrg.), The communication of ideas. New York.

Lausberg, H., 1967, Elemente der literarischen Rhetorik. 3. A. München.

Lazarsfeld, P. F. (Hrg.), 1954, Mathematical thinking in the social sciences. Glencoe, Ill.

Lazarsfeld, P. F., 1955, Interpretation of statistical relations as a research operation. In: Lazarsfeld, P. F. u. Rosenberg, M. (Hrg.), The language of social research. Glencoe, Ill.

Lazarsfeld, P. F., 1957, Public opinion and the classical tradition. Publ. opin. quart. 21.

Lazarsfeld, P. F., 1959, Latent structure analysis. In: Koch, S. (Hrg.), Psychology: A study of a science 3. New York. Mc Graw-Hill.

Lazarsfeld, P. F., Berelson, B. u. Gaudet, Hazel, 1948, The people's choice. New York. Columbia.

LeBon, G., 1895, La psychologie des foules. Paris.

Leidermann, P. H. u. Shapiro, D. (Hrg.), 1964, Psychobiological approaches to social behavior. Stanford.

Leiris, M., 1977, Die eigene und die fremde Kultur. Frankfurt.

Lemberg, E., 1954, Nationalismus. 2. A. Hamburg.

Leube, H., 1941, Deutschlandbild und Lutherauffassung in Frankreich. Stuttgart u. Berlin.

Lévi-Strauss, C., 1949, Les structures élémentaires de la parenté. Paris.

Lévi-Strauss, C., 1955, Tristes tropiques. Paris.

Lévi-Strauss, C., 1958, Anthropologie structurale. Paris.

Lévi-Strauss, C., 1962a, Le totémisme aujourd'hui. Paris.

Lévi-Strauss, C., 1962b, La pensée sauvage, Paris.

Levine, J. M. u. Murphy, G., 1943, The learning and forgetting of controversial material. J. abnor. soc. psychol. 38.

Lévy-Bruhl, L., 1910, Les fonctions mentales dans les sociétés inférieurs. Paris.

Lévy-Bruhl, L., 1912, La mentalité primitive, Paris.

Lévy-Bruhl, L., 1927, L'âme primitive. Paris.

Lewin, K., 1931, Die psychologische Situation bei Lohn und Strafe. Leipzig.

Lewin, K., 1936, Principles of topological psychology. New York. McGraw-Hill.

Lewin, K., 1963, Feldtheorie in den Sozialwissenschaften. Bern und Stuttgart.

Likert, R., 1932, A technique for the measurement of attitudes. Archives psychol. 140.

Lilli, W., 1970, Das Zustandekommen von Stereotypen über einfache und komplexe Sachverhalte. Z. Sozialpsychol. 1.

Lilli, W., 1975, Soziale Akzentuierung. Stuttgart.

Linn, L. S., 1965, Verbal attitudes and overt behavior. Soc. forces 43.

Lippmann, W., 1922, Public opinion. Neuausgabe New York 1961: Macmillan.

Litt, Th., 1926, Individuum und Gemeinschaft. 3. A. Berlin.

Locke, John, 1700, An essay concerning human understanding.

Lohmann, J. D. u. Reitzes, D. C., 1954, Deliberately organized groups and racial behavior. Amer. sociol. rev. 19.

Lorenz, K., 1937, Über die Bildung des Instinktbegriffes. Die Naturwissensch. 25.

Lorenz, K., 1943, Die angeborenen Formen möglicher Erfahrung. Z. Tierpsychol. 5.

Lott, Bernice E., 1955, Attitude formation: The development of a colorpreference response through mediated generalisation. J. abnor. soc. psychol. 50.

Lovejoy, A. O. u. Boas, G., 1935, Primitivism and related ideas in antiquity. Baltimore.

Luchins, A. S., 1942, Mechanization in problem solving: the effect of Einstellung. Psychol. monogr. 54.

Luchins, A. S. u. Luchins, E. H., 1959, Rigidity of behavior. Eugene, Oreg.

MacCorquodale, K. u. Meehl, P. E., 1948, On a distinction between hypothetical constructs and intervening variables. Psychol. rev. 55.

MacRae, D. J., 1949, A test of Piaget's theories of moral development. J. abnor. soc. psychol. 49.

Mandler, Jean M. u. Mandler, G., 1964, Thinking. From association to gestalt. New York. Wiley.

Mann, J. H., 1959, The relationship between cognitive, affective, and behavioral aspects of racial prejudice. J. soc. psychol. 21.

Mannheim, K., 1952, Ideologie und Utopie. 3. A. Frankfurt.

Manz, W., 1968, Das Stereotyp. Zur Operationalisierung eines sozialwissenschaftlichen Begriffs. Meisenheim a. Glan.

Marbe, K., 1926, Über Einstellung und Umstellung. Z. angew. Psychol. 26.

Marbe, K., 1933, Theorie der motorischen Einstellung und Persönlichkeit. Z. Psychol. 4–6.

Marcuse, H., 1967, Der eindimensionale Mensch. Neuwied u. Berlin.

Maschewsky, W., 1977, Das Experiment in der Psychologie. Frankfurt.

Maslow, A. H., 1977, Die Psychologie der Wissenschaft. München.

Mayer, A. u. Orth, J., 1901, Zur qualitativen Untersuchung der Assoziation. Z. Psychol. u. Physiol. Sinnesorgane 26.

McDougall, W., 1921, An introduction to social psychology. Boston.

McGeoch, J. A. u. Irion, A., 1952, The psychology of human learning. New York. Longmans, Green.

McGuire, W. J., 1966, Attitudes and opinions. Annual rev. psychol. 17.

Mead, Margaret, 1971, Der Konflikt der Generationen. 2. A. Olten.

Meinecke, F., 1937, Schiller und der Individualitätsgedanke. In: Werke Bd. 4. Stuttgart 1959.

Meinecke, F., 1959, Die Entstehung des Historismus. München.

Melikien, P., Prothro, T. u. Levon, R., 1955, Studies in Stereotypes. J. soc. psychol. 41.

Menninger, K., 1963, The vital balance. New York. Viking.

Merker, H. M., 1973, Generations-Gegensätze. Darmstadt.

Merton, R. K., 1957, Social theory and social structure. 2. A. Glencoe, Ill.

Messer, A., 1906, Experimentell-psychologische Untersuchungen über das Denken. Arch. ges. Psychol. 8.

Messerschmidt, M., 1955, Deutschland aus englischer Sicht. Düsseldorf.

Metzger, W., 1954, Psychologie. Die Entwicklung ihrer Grundannahmen seit der Einführung des Experiments. 2. A. Darmstadt.

Metzger, W., 1959, Die Entwicklung der Erkenntnisprozesse. Handbuch Psychol. 3. Göttingen.

Metzger, W., 1966, Der Ort der Wahrnehmungslehre im Aufbau der Psychologie. Handbuch Psychol. I, 1. Göttingen.

Metzger, W., 1976, Vom Vorurteil zur Toleranz. 2. A. Darmstadt.

Miller, G. E., Galanter, E., u. Pribram, K., 1960, Plans and the structure of behavior. New York. Holt.

Miller, N., 1951, Learnable drives and behavior. In: Stevens, S. S. (Hrg.) Handbook of experimental psychology. New York. Wiley.

Miroglio, A., 1961, Rapport sur les journées havraises d'études de septembre 1960 sur les images de la France. Rev. psychol. peuples 16.

Misch, G., 1957, Einleitung zu Dilthey V. Göttingen.

Mitford, Jessica, 1963, The American way of death. New York.

Mitscherlich, A., 1964, Zur Psychologie des Vorurteils. Politische Psychol. 3.

Mittenecker, E., 1964, Subjektive Tests zur Messung der Persönlichkeit, Handbuch Psychol. 6. Göttingen.

Möbius, P. J., 1903, Über den physiologischen Schwachsinn des Weibes. Neuauflage München 1977.

Molnar, E., 1933, Die Einstellung der Persönlichkeit und die Kunstbetrachtung. Arch. ges. Psychol. 87.

Montmollin, G. de u. Le Ny, J. F., 1962, Conditionnement d'attitude et conditionnement verbal. Psychol. franc. 7.

Morris, D., 1974, The human zoo. London.

Morris, R. u. Morris, D., 1968, Der Mensch schuf sich den Affen. München.

Morris, W. W., 1939, Story remembering among children. J. soc. psychol. 10.

Moscovici, S., 1963, Attitudes and opinions. Annual rev. psychol. 14.

Mühle, G. W., 1955, Entwicklungspsychologie des zeichnerischen Gestaltens. München.

Mühlmann, W. E., 1961, Chiliasmus und Nativismus. Berlin.

Mühlmann, W. E., 1964, Rassen, Ethnien, Kulturen. Neuwied u. Berlin.

Mühlmann, W. E., 1968, Geschichte der Anthropologie. 2. A. Frankfurt/ M. u. Bonn.

Mühlmann, W. E., 1976, Heilsverlangen und Unheilsmächte in der Welt von heute. In: Was ist Glück? dtv. München.

Murphy, G., 1947, Personality. New York.

Muschg, W., 1969, Tragische Literaturgeschichte. 4. A. Bern.

Nagy, Maria H., 1948, The child's view of death. J. genet. psychol. 73.

Neumann, F., 1961, Einstellung als seelisches Verhalten. Z. dt. Wortforschg. 17.

Newcomb, T. M., 1953, An approach to the study of communicative acts. Psychol. rev. 60.

Newcomb, T. M., 1956, The prediction of interpersonal attraction. Amer. psychologist 11.

Newcomb, T. M., 1959, Individual systems of orientation. In: Koch, S. (Hrg.), Psychology: A study of a science 5. New York. McGraw-Hill.

Newcomb, T. M., Turner, R. H. u. Converse, P. E., 1964, Social psychology. New York. Holt.

Nietzsche, Fr., 1954–1956, Werke (Hrg. Schlechta). 3 Bde. München.

Noelle-Neumann, Elisabeth, 1963, Umfragen in der Massengesellschaft. Reinbek bei Hamburg.

Oldfield, R. C., 1954, Memory mechanisms and the theory of schemata. Brit. j. psychol. 45.

Oléron, P., 1961, Les attitudes dans les activités intellectuelles. In: Duijker, H. C. J. et al. (Hrg.), Les attitudes. Paris. Presses univ.

Orth, J., 1903, Gefühl und Bewußtseinslage. Berlin.

Osgood, C. E., Suci, G. J. u. Tannenbaum, P. H., 1957, The Measurement of meaning. Urbana, Ill.

Panofsky, E., 1930, Das erste Blatt aus dem „Libro" Giorgio Vasaris; eine Studie über die Beurteilung der Gotik in der italienischen Renaissance ... In: Meaning in the visual arts. Garden city, N.Y.

Panofsky, E., 1936, Et in Arcadia ego. In: Philosophy and history. Essays presented to E. Cassirer.

Pareto, V., 1953, Traité de sociologie générale. Paris.

Peak, Helen, 1955, Attitude and motivation. Nebraska symposion on motivation. Lincoln.

Peirce, Ch. S., 1967, Schriften I. Frankfurt.

Peters, H. M., 1953, Zum Problem des „angeborenen Schemas". Psychol. Forschg. 24.

Peters, W., 1955/56, Vorurteile. Psychol. Beitr. 2.

Pfänder, A., 1922, Zur Psychologie der Gesinnungen. Halle.

Piaget, J., 1926, La représentation du monde chez l'enfant. Paris. Presses univ.

Piaget, J., 1930, Le langage et la pensée chez l'enfant. Neuchâtel.

Piaget, J., 1932, Le jugement moral chez l'enfant. Paris. Presses univ.

Piaget, J., 1936, La naissance de l'intelligence chez l'enfant. Neuchâtel.

Piaget, J., 1950, Introduction à l'épistémologie génétique. Paris. Presses univ.

Piaget, J., 1964, Six études de psychologie. Genève.

Piaget, J., 1970, Psychologie et épistémologie. Genève.

Piaget, J. u. Inhelder, Bärbel, 1948, Le représentation de l'espace chez l'enfant. Neuchâtel.

Piaget, J. u. Inhelder, Bärbel, 1966, L'image mentale chez l'enfant. Paris. Presses univ.

Piaget, J. u. Weil, A. M., 1951, The development in children of the idea of homeland and of relations with their countries. Internat. soc. sci. bul. 3

Piettre, M. A., 1974, La condition feminine à travers les âges. Verviers.

Pistorius, G., 1964, L'image de l'Allemagne dans le roman français entre les deux guerres. Paris.

Popper, K. R., 1962, The open society and it's enemies. 4. A. London.

Popper, K. R., 1969, Conjectures and refutations. 3. A. London.

Popper, K. R., 1972, Objective knowledge. Oxford.

Portmann, A., 1953, Das Tier als soziales Wesen. Zürich.

Postman, L. u. Bruner, J. S., 1948, Perception under stress. Psychol. rev. 55.

Prokop, D. (Hrg.), 1973, Massenkommunikationsforschung. 2. Konsumtion. Frankfurt.

Pross, Harry, 1975, Politische Symbolik. Stuttgart.

Prothro, T. E. u. Melikian, L. H., 1955, Studies in stereotyping. Familiarity and the kernel of truth hypothesis. J. soc. psychol. 41.

Quasthoff, Uta, 1973, Soziales Vorurteil und Kommunikation. Frankfurt.

Raddatz, F. J., 1975, Karl Marx. Hamburg.

Radke, Marian u. Trager, Helen G., 1950, Children's perceptions of the social role of Negroes and Whites. J. psychol. 29.

Radke, Marian, Trager, Helen G. u. Davis, H., 1949, Social perceptions and attitudes of children. Genet. psychol. monogr. 40.

Rang, M., 1959, Rousseaus Lehre vom Menschen. Göttingen.

Rankin, R. E. u. Campbell, D. T., 1955, Galvanic skin response to Negro and White experimenters. J. abnor. soc. psychol. 51.

Rapaport, D., 1950, On the psycho-analytic theory of thinking. Int. j. psychoanalysis 31.

Rapaport, D., 1965, Organization and pathology of thought. 4. A. New York u. London.

Rasehorn, Th., 1974, Recht und Klassen. Darmstadt u. Neuwied.

Reinich, L. (Hrg.), 1964, Werden wir richtig informiert? München.

Reinisch, J., 1977, Das Unternehmerbild in der deutschen Erzählliteratur der ersten Hälfte des 19. Jh. Frankfurt.

Reiwald, P., 1948, Vom Geist der Massen. 3. A. Zürich.

Remppis, M., 1911, Die Vorstellungen von Deutschland im altfranzösischen Heldenepos und ihre Quellen. Beih. roman. Philol. 34.

Renckstorf, K., 1973, Zur Hypothese des two-step-flow der Massenkommunikation. In: Prokop (Hrg.), Massenkommunikationsforschung. Frankfurt.

Revers, W. J., 1962, Ideologische Horizonte der Psychologie. München.

Richter, H. E., 1963, Eltern, Kind und Neurose. Stuttgart.

Richter, H. E., 1970, Patient Familie. Reinbek.

Ricoeur, P., 1974, Die Interpretation. Frankfurt.

Riehl, W. H., 1974, Die bürgerliche Gesellschaft. Frankfurt.

Ritsert, J., 1977, Denken und gesellschaftliche Wirklichkeit. Frankfurt.

Rodi, F., 1969, Morphologie und Hermeneutik. Stuttgart.

Röhrich, L., 1976, Sage und Märchen. Freiburg.

Rogers, C. R., 1950, The significance of self-regarding attitudes and perceptions. In: Ch. Gordon u. K. J. Geiger, 1908, The self in social interaction. New York (Wiley).

Rogers, C. R., 1973, Die Klient-bezogene Gesprächstherapie. München.

Rohracher, H., 1963, Einführung in die Psychologie. 6. A. Wien, Innsbruck.

Rohracher, H., 1965, Steuerung des Verhaltens durch Einstellung. Ber. 24. Kongr. dt. Gesellschaft Psychol. Göttingen.

Rokeach, M., 1960, The open and the closed mind. New York. Basic books.

Rosenhan, D. L., 1973, On being sane in insane places. Science 179.

Rosenthal, R., 1966, Experimenter effects in behavioral research. New York.

Rosenthal, R. u. Jacobson, L., 1971, Pygmalion im Unterricht. Weinheim.

Roth, E., 1967, Einstellung als Determination individuellen Verhaltens. Göttingen.

Rothacker, E., 1952, Die Schichten der Persönlichkeit. 5. A. Bonn.

Rothacker, E., 1954, Die dogmatische Denkform in den Geisteswissenschaften und das Problem des Historismus. Mainz.

Rothacker, E., 1966, Zur Genealogie des menschlichen Bewußtseins. Bonn.

Rousseau, J. J., 1905ff., Oeuvres complètes. Paris.

Rutschky, K. (Hrg.), 1977, Schwarze Pädagogik. Frankfurt.

Saenger, G. N., Flowerman, S., 1954, Stereotyping and prejudiced attitudes. Hum. relat. 7.

Sander, F., 1932, Funktionale Struktur, Erlebnisganzheit und Gestalt. Arch. ges. Psychol. 85.

Sander, F. u. Volkelt, H., 1962, Ganzheitspsychologie. München.

Sanford, N., 1959, Psychology of personality. In: McCary, J. L. (Hrg.) Psychology of personality. New York. Logos press.

Sarris, V., 1967, Die Abhängigkeit des Adaptationsniveaus. von Ankerreizen. Z. exper. angew. Psychol. 14.

Schadeberg, W., 1934, Über den Einstellungscharakter komplexer Erlebnisse. Neue psychol. Studien 10.

Scheff, Th. J., 1973, Das Etikett „Geisteskrankheit". Frankfurt.

Scheler, M., 1924, Versuche zu einer Soziologie des Wissens. München, Leipzig.

Scheler, M., 1955, Die Idole der Selbsterkenntnis. In: Vom Umsturz der Werte. 4. A. Bern.

Schelsky, H., 1977, Die Arbeit tun die anderen. München.

Scheuch, E. K., 1965, Die Sichtbarkeit politischer Einstellungen im alltäglichen Verhalten. In: Scheuch, E. K. u. Wildenmann, R. (Hrg.), Zur Soziologie der Wahl. Sonderheft 9 Köl. Z. Soziol. Soz.-psychol. Köln u. Opladen.

Schjelderup-Ebbe, Th., 1922, Soziale Verhältnisse bei Vögeln. Z. Psychol. 90.

Schmitt, C., 1932, Der Begriff des Politischen. 2. A. Berlin 1963.

Schneider H., 1929, Deutsche Art und Sitte im Spiegel französischer Reisebeschreibungen aus den Jahren 1830–1870. Phil. Diss. Köln.

Schoenfield, 1942, An experimental study of some problems relating to stereotypes. Arch. psychol. 38 (270).

Schramm, P. E., 1954, Herrschaftszeichen und Staatssymbolik. Stuttgart.

Schultz, F., 1939, Der Deutsche in der englischen Literatur vom Beginn der Romantik bis zum Ausbruch des Weltkrieges. Halle.

Schwerte, H., 1968, Ganghofers Gesundung. In: Burger, H. O. (Hrg.), Studien zur Trivialliteratur. Frankfurt.

Scott, W. A., 1965, Psychological and social correlates of international images. In: Kelman, H. C. (Hrg.), International behavior. New York.

Secord, P. F., Bevon, W. W., Dukes, W. F., 1953, Occupational and physiognomic stereotypes in the perception of photographs. J. soc. psychol. 37.

Secord, P. F. u. Backman, C. W., 1964, Social psychology. New York. McGraw-Hill.

Sengle, F., 1963, Wunschbild Land und Schreckbild Stadt. Studium generale 16.

Sherif, Carolyn, Sherif, M. u. Nebergall, E. R., 1965, Attitude and attitude change. Philadelphia u. London.

Shneidman, E. S. (Hrg.), 1976, Death: Current perspectives. Palo Alto.

Simmel, G., 1923, Soziologie. Untersuchung über die Formen der Vergesellschaftung. 3. A. München u. Leipzig.

Simmons, R. G. u. Rosenberg, M., 1971, Functions of children's perceptions of the stratification system. Amer. sociol. rev. 36.

Smith, H., 1971, The Russians. New York.

Smith, M. B., Bruner, S. J. u. White, R. W., 1956, Opinions and personality. New York. Wiley.

Smithe, H. H. u. Siedman, Myrna, 1957, Name calling: A significant factor in human relations. J. hum. rel. 6.

Snell, B., 1955, Arkadien. Die Entdeckung einer geistigen Landschaft. In: Die Entdeckung des Geistes. 3. A. Hamburg.

Sodhi, K. S. u. Bergius, R., 1953, Nationale Vorurteile. Berlin.

Sodhi, K. S., Bergius, R. u. Holzkamp, K., 1957, Urteile über Völker. Psychol. Beitr. 3.

Speier, H., 1966, Die sozialen Typen des Krieges. In: Nerlich, U. (Hrg.), Krieg und Frieden im industriellen Zeitalter. Gütersloh.

Spiegel, B., 1961, Die Meinungsverteilung im sozialen Feld. Bern u. Stuttgart.

Spitz, K., 1957, Die Entstehung der ersten Objektbeziehungen. Stuttgart.

Spitz, K., 1967, Vom Säugling zum Kleinkind. Stuttgart.

Spitz, K., 1970, Nein und Ja. Die Ursprünge der menschlichen Kommunikation. 2. A. Stuttgart.

Spranger, E., 1929, Der Sinn der Voraussetzungslosigkeit in den Geisteswissenschaften. Nachdruck Heidelberg 1963.

Spranger, E., 1950, Lebensformen. 8. A. Tübingen.

Staats, A. W. u. Staats, Carolyn K., 1958, Attitudes established by classical conditioning. J. abnor. soc. psychol. 57.

Stark, W., 1960, Die Wissenssoziologie. Stuttgart.

Steffens, L., 1900, Über die motorische Einstellung. Z. Psychol. Physiol. Sinnesorgane 23.

Steins, M., 1972, Das Bild des Schwarzen in der europäischen Kolonialliteratur. Frankfurt.

Stempel, Ilse, 1967, Deutschland in der „Revue germanique" von Dollfus und Nefftzer (1858–65). Phil. Diss. Bonn.

Stern, E., 1968, Das Erlebnis des Alterns und des Alters. In: Thomae, H. u. Lehr, U. (Hrg.), Altern.

Stern, W., 1902, Zur Psychologie der Aussage. Berlin.

Stierlin, H., 1975, Eltern und Kinder im Prozeß der Ablösung. Frankfurt.

Stierlin, H., 1975a, Adolf Hitler. Familienperspektiven. Frankfurt.

Stoetzel, J., 1963, La psychologie sociale. Paris. Flammarion.

Stouffer, S. A. et al., 1950, Measurement and prediction. Studies in social psychology of World War II, vol. 4. Princeton.

Strohal, R., 1933, Untersuchungen zur deskriptiven Psychologie der Einstellung. Z. Psychol. 130.

Suchmann, E. A., 1950, The intensity component in attitude and opinion research. In: Stouffer, S. A. et al. (Hrg.), Measurement and prediction. Princeton.

Sumner, W. G., 1906, Folkways. Neudruck New York. Dover 1959.

Symonds, P. M., 1927, What is an attitude? Psychol. bul. 24.

Szasz, T. S., 1972, Geisteskrankheit – ein moderner Mythus? Freiburg.

Tausch, R. u. A., 1977, Erziehungspsychologie. 5. A. Göttingen.

Taylor, I. W., 1960, Similarities in the structure of extreme attitudes. Psychol. monogr. 74.

Taylor, R. G., 1966, Racial stereotypes in young children. J. psychol. 64.

Tembrock, G., 1961, Verhaltensforschung. Jena.

Teven, L., 1915, Der Deutsche im französischen Roman seit 1870. Phil. Diss. Bonn.

Thomae, H., 1943, Die existentielle Lage im Sinngefüge des menschlichen Handelns. Z. angew. Psychol. 64.

Thomae, H., 1953, Über Daseinstechniken sozial auffälliger Jugendlicher. Psychol. Forsch. 23.

Thomae, H., 1958, Lage und Lageschema. In: Konkrete Vernunft. Festsch. E. Rothacker. Bonn.

Thomae, H., 1965, Das Problem der Motivarten. Handbuch Psychol. 2. Göttingen.

Thomae, H., 1968, Das Individuum und seine Welt. Eine Persönlichkeitstheorie. Göttingen.

Thomae, H., 1977, Psychologie in der modernen Gesellschaft. Hamburg.

Thomae, H. u. Lehr, Ursula (Hrg.), 1968, Altern. Probleme und Tatsachen. Frankfurt.

Thomas, W. I. u. Znaniecki, F., 1918–20, The polish peasant in Europe and America. Boston.

Thompson, D. C., 1962, The formation of social attitudes. Amer. j. orthopsychiatr. 32.

Thurstone, L. L., 1928, Attitude can be measured. Amer. j. sociol. 33.

Thurstone, L. L., 1931, The measurement of social attitudes. J. abnor. soc. psychol. 26.

Thurstone, L. L. u. Chave, E. J., 1929, The measurement of attitude. Chicago.

Tinbergen, N., 1951, The study of instinct. London.

Titchener, E. B., 1909, Lectures on the experimental psychology of the thought-processes. New York. Macmillan.

Toch, H. u. Smith, H. C. (Hrg.), 1968, Social perception. Princeton.

Tolman, E. C., 1951, A psychological model. In: Parsons, T. u. Shils, E. A. (Hrg.), Toward a general theory of action. Cambridge, Mass.

Topitsch, E. (Hrg.), 1965, Logik der Sozialwissenschaften. Köln u. Berlin.

Tormay, Th. v., 1971, Der böse Deutsche. Studia hungarica 5.

Totten, Christine, 1964, Deutschland – Soll und Haben. München.

Tresselt, M. E. u. Spragg, S. D. S., 1941, Changes occuring in the serial reproduction of verbally perceived material. J. genet. psychol. 58.

Triandis, H. C., 1964, Explanatory factor analysis of the behavioral contents of social attitudes. J. abnor. soc. psychol. 26.

Triandis, H. C. u. Triandis, Leigh M., 1960, Race, social class, religion, and nationality as determinants of social distance. J. abnor. soc. psychol. 61.

Triandis, H. C. u. Vassiliou, V., 1967, Frequency of contact and stereotyping. J. personality soc. psychol. 7.

Trotter, W., 1920, Instincts of the heard in peace and war. London.

Uexküll, J. v., 1921, Umwelt und Innenwelt der Tiere. 2. A. Berlin.

Uexküll, J. v., 1928, Theoretische Biologie. 2. A. Berlin.

Ullmann, L. P. u. Krasner, L., 1969, A psychological approach to abnormal behavior. Englewood cliffs.

Uznadze, D. N., 1966, The psychology of set. New York.

Van de Geer, J. P. u. Jaspers, J. M. F., 1966, Cognitive functions. Annual rev. psychol. 17.

Van de Ven, F., 1972, Sozialgeschichte der Arbeit. München.

Viehweg, Th., 1954, Topik und Jurisprudenz. München.

Vinacke, W. E., 1957, Stereotypes as social concepts. J. soc. psychol. 46.

Voigt, J., 1959, Die Aktualgenese im Denkprozeß. Z. exper. angew. Psychol. 6.

Volkelt, H., 1925, Fortschritte der experimentellen Kinderpsychologie. In: Sander, F. u. Volkelt, H., 1962.

Volkova, B. D., 1953, Some characteristics of conditioned reflex formation to verbal stimuli in children. Sechenov physiol. j. USSR 39.

Voltaire, 1964, Dictionnaire philosophique. Neuausgabe (Hrg. Benda) Paris. Garnier 1967.

Vorweg, M., 1966, Einstellungsstereotype. Probleme und Ergebnisse. Z. Psychol. 16.

Wacker, A. (Hrg.), 1976, Die Entwicklung des Gesellschaftsverständnisses bei Kindern. Frankfurt.

Walther, H., 1959, Scherz und Ernst in der Völker- und Stämme-Charakteristik mittellateinischer Verse. Arch. f. Kulturgeschichte 41.

Warner, L. G., 1967, Verbal attitude and overt behavior. Soc. forces 46.

Warner, W. L. u. Lunt, P. S., 1942, The status system of a modern community. Yale.

Watt, H. J., 1905, Experimentelle Beiträge zu einer Psychologie des Denkens. Arch. ges. Psychol. 4.

Watzlawick, P. u. a., 1969, Menschliche Kommunikation. Bern, Stuttgart.

Waugh, E., 1950, The loved one. Boston.

Weber, M., 1905, Die protestantische Ethik und der Geist des Kapitalismus. Ges. Aufsätze zur Religionssoziologie. 4. A. Tübingen 1947.

Weber, M., 1910, Antikritisches Schlußwort zum „Geist des Kapitalismus". Arch. f. Sozialwissenschaft u. Sozialpolitik 31.

Weber-Kellermann, I., 1974, Die deutsche Familie. Frankfurt.

Weineck, K., 1938, Deutschland und der Deutsche im Spiegel der englischen erzählenden Literatur seit 1860. Jg. Forschung 4. Halle.

Weisgerber, L., 1953, 1973, Vom Weltbild der deutschen Sprache. I. 2. A., II. 4. A. Düsseldorf.

Wellek, A., 1959, Der Rückfall in die Methodenkrise der Psychologie und ihre Überwindung. Göttingen.

Wellmer, A., 1969, Kritische Gesellschaftstheorie und Positivismus. Frankfurt.

Werner, H., 1953, Einführung in die Entwicklungspsychologie. 3. A. München.

Westie, F. R. u. deFleur, M. L., 1959, Autonomic responses and their relationship to race attitudes. J. abnor. soc. psychol. 58.

Wilson, W. V., 1963, Development of ethnic attitudes in adolescence. Child developm. 34.

Wiswede, G., 1973, Soziologie abweichenden Verhaltens. Stuttgart.

Witte, W., 1960, Über Phänomenskalen. Psychol. Beiträge 4.

Wolf, H. E., 1969, Soziologie der Vorurteile. In: R. König (Hrg.), Handb. der empirischen Sozialforschung 2. Stuttgart.

Wundt, W., 1907, Über Ausfrageexperimente und über die Methoden zur Psychologie des Denkens. Psychol. Studien 3.

Wundt, W., 1908, Kritische Nachlese zur Ausfragemethode. Archiv. ges. Psychol. 11.

Wundt, W., 1908–1911, Grundzüge der physiologischen Psychologie. 6. A. Leipzig.

Wygotski, L. S., 1964, Denken und Sprechen. Frankfurt.

Yang, K., Lee, P. u. Yu, Ch., 1963, The social distance attitudes of Chinese students towards 25 national and ethnic groups. Acta psychol. Taiwanica.

Young, K. (Hrg.), 1931, Social attitudes. New York. Holt.

Zajong, R. B., 1968, Cognitive theories of social behavior. In: Lindsey, G. u. Aronson, E. (Hrg.), Handbook of social psychology. Reading, Mass.

Zijderfeld, A. C., 1976, Humor und Gesellschaft. Graz.

Zillig, Maria, 1928, Einstellung und Aussage. Z. Psychol. 10.

Zoll, R. u. Hennig, E., 1970, Massenmedien und Meinungsbildung. München.

6.4. Quellenverzeichnis der Abbildungen

Die Abbildungen wurden aus folgenden Quellen reproduziert:

1. Giuseppe Verdi, La Traviata. Schallplattenhülle der Pergola-Auslese (Nr. 6593007).
2. Marlboro. Zigarettenwerbung der Werbe-Agentur Leo Burnett, erschienen im „Spiegel" Nr. 16 vom 17. April 1978.
3. Feist Feldgrau im Kriege. Sekt-Inserat aus dem Ersten Weltkrieg. Aus: Barbara Jones u. Bill Howell, Popular arts of the first World War. Studio Vista, London N 19, 1972; 91.
4. Aus: Johanna Spyri, Heidi. Insel Taschenbuch, 1978; 44.
5. Heiratsinserate aus der „Zeit" Nr. 18 vom 28. April 1978.
6. King Kong. Hollywood-Version, 1933. Aus: Ramona u. Demond Morris, Der Mensch schuf sich den Affen. Bayerischer Landwirtschaftsverlag GmbH., München 1968; 68.
7. Frühchinesisches Sakralgefäß. Schang Dynastie. Musée Cernuschi, Paris. Aus: Andreas Lommel, Schätze der Weltkunst Bd. 1, Vorgeschichte und Naturvölker. Bertelsmann, Gütersloh 1974; 40.
8. Bauerndorf Seeleitn, Faaker See. Aus: Urlaub, der nicht in die Luft geht. Hummel-Prospekt Sommer 1978; 167.
9. Der Turmbau zu Babel. Darstellung aus dem Jahre 1670. Aus: Alfons Rehkopp, Unsterbliche Stadt. 5000 Jahre Stadtkultur. Grote'sche Verlagsbuchhandlung K.G., Köln 1970; 33.
10. Joseph-Charles Marin, Kanadische Indianer auf dem Grabe ihres Kindes. Etwa 1795. Ibid.; 185.
11. Louisa Corbaux, Eva und Topsy (aus Onkel Tom's Hütte). 1852. Ibid.; 304.
12. Kaiser Wilhelm II.: „Völker Europas, wahret eure heiligsten Güter!" Zeichnung für den Zaren. Aus: Kurt Zentner, Kaiserliche Zeiten. Wilhelm II. und seine Ära in Bildern und Dokumenten. F. Bruckmann, München 1964; 128.
13. Johann Ludwig Haselmeyer, Mohr und Gärtnerin mit Gemüsekorb. Ludwigsburg um 1780. Aus: Siegfried Ducret, Deutsches Porzellan und deutsche Fayencen. Holle Verlag GmbH., Baden-Baden 1962; 73.
14. Russisches Schiff. Japanischer Farbholzschnitt. Meiji Periode. Aus: Bradley Smith, Japan. Geschichte und Kunst. Droemer-Knaur Verlag, München 1965; 244.

15. Ringkampf. Japanischer Farbholzschnitt. Meiji Periode. Ibid.; 249.

16. Wachspuppe der Familie Pierotti. Aus: Eileen King, Puppen und Puppenhäuser. Albatros Verlag AG, Zollikon (Schweiz) 1977; 67.

17. Haussubsellium nach Lickroth. Aus: Katharina Rutschky (Hrsg.), Schwarze Pädagogik. Quellen zur Naturgeschichte der bürgerlichen Erziehung. Ullstein, Frankfurt M. 1977; 143.

18. Before – After. Werbe-Inserat für Coty Creamsticks. USA 1976.

19. Kathedrale von Reims. Das Jüngste Gericht. Skulptur aus dem Sturz des linken Nordquerhausportals. Aus: Martin Hürlimann u. Paul Clemen, Gotische Kathedralen in Frankreich. Atlantis Verlag Zürich, 7.A. 1976; Abb. 96.

20. Klaus Staeck, Eigentum verpflichtet zur Ausbeutung. Politisches Plakat. Aus: Klaus Staeck, Die Reichen müssen noch reicher werden. Rowohlt Taschenbuch Verlag GmbH., Reinbek 1973; 229.

21. Bruno Paul, Bei Stinnes. 1905. Aus: Ausstellungskatalog Simplizissimus. Eine satirische Zeitschrift, München 1896–1944. München, Haus der Kunst 19. 11 1977–15. 1 1978; 176.

22. Luca Beltrami, Modell für die Fassade des Mailänder Domes. Aus: Rudolf Wittkower, Gothic vs. Classic. Architectural projects in seventeenth-century Italy. George Braziller, New York 1974; Abb. 86.

Buchanzeigen

Beck'sche Schwarze Reihe

Eine Auswahl

Manfred Koch-Hillebrecht
Das Deutschenbild

Gegenwart, Geschichte, Psychologie. 1977. 315 Seiten mit
16 Abbildungen im Text. Paperback (Band 162)

Der Autor gibt einen Überblick darüber, was die Ausländer heute von uns
denken, und geht den bis in die Antike reichenden Wurzeln der Deutschenbilder nach.

Rudolf Schenda
Die Lesestoffe der Kleinen Leute

Studien zur populären Literatur im 19. und 20. Jahrhundert.
1976. 208 Seiten. Paperback (Band 146)

Das Buch führt anhand ausgewählter Aufsätze mitten in das Konfliktfeld
zwischen Lese-Interessen der Unterschichten, Indoktrinierungsabsichten
von Buchproduzenten und Zensurbemühungen der Sittenwächter.

Richard R. Pokorny
Grundzüge der Tiefenpsychologie

Freud – Adler – Jung. 1973. 2. Auflage 1977. 163 Seiten.
Paperback (Band 103)

In diesem Buch stellt Richard R. Pokorny die Tiefenpsychologie aufgrund
der Lehren ihrer wichtigen Vertreter (Freud, Adler, Jung) dar.

Marianne Krüll
Schizophrenie und Gesellschaft

Zum Menschenbild in Psychiatrie und Soziologie. 1977. 214 Seiten.
Paperback (Band 155)

Während vor allem Psychiater die Schizophrenie als Ergebnis eines organischen, erblich bedingten Krankheitsprozesses verstehen, sehen Soziologen
in ihr das Resultat von gestörten zwischenmenschlichen Beziehungen und
fordern eine radikal andere Therapie.

Verlag C. H. Beck München

Beck'sche Schwarze Reihe

Die zuletzt erschienenen Bände

Verlag C. H. Beck München